Armin Nassehi

Editorial

Es ist ein alter Topos, dass die Kunst nicht nur das Schöne und das Erhabene darstellt, sondern auch ein besonderes Erkenntnismittel ist und der Wahrheit womöglich näher kommt als die begrifflich und methodisch geschärfte, deshalb rational genannte, weil wiederholbare und rekonstruierbare Form, die Welt auf den Begriff zu bringen. Oh – das Schreiben ist schneller als das Denken: eben *nicht* auf den Begriff zu bringen, sondern zu begreifen oder wenigstens in eine Form zu bringen oder ins Bild zu setzen. Freilich ist der Topos nicht allzu alt – er stammt aus der bürgerlichen Gesellschaft, also aus einer Zeit, in der das »Auf-den-Begriff-Bringen« in den unterschiedlichen sich dynamisierenden Bereichen der modernen Welt exorbitant wächst – in der Wirtschaft ebenso wie in der Wissenschaft, in der politischen Programmierung ebenso wie in der philosophischen Methodik, im gesetzten Recht ebenso wie in den Verwaltungsstäben. Nicht dass man das nicht zuvor auch schon gemacht hätte, aber mit der Entstehung der modernen Nationalstaaten und mit der Verbetrieblichung des Ökonomischen, mit der Verwissenschaftlichung des Wissens, vor allem aber damit, dass organisierte Bildungsprozesse zur obligatorischen Lebenserfahrung kompletter Bevölkerungen werden, wird dieses »Auf-den-Begriff-Bringen« letztlich zum Hauptmodus der Welterfahrung und Informationsverarbeitung.

In dieser Gemengelage konnte die Kunst erst jenen Sonderstatus beanspruchen, den sie seit ihrer bürgerlichen Neuformierung erfahren hat. Sie sollte das ganz Andere sein – und zwar sowohl als ein gewisser Ausgleich für die sich rationalisierenden Lebenswelten in affirmativer Hinsicht als auch als Stachel und Relativierung jener Welt in kritischer Hinsicht. Diese Unterscheidung – kritisch und affirmativ zu sein, sogar affirmativ in ihrer kritischen Attitüde, auch umgekehrt: sogar noch dort kritisch, wo sie habituell und in der Rezeption affirmativ war – gehört zum Standradrepertoire der Reflexion übers Künstlerische und über die Kunst. Und letztlich hat sich daran bis heute nicht prinzipiell etwas verändert. An der Kunst sich zu reiben, heißt nach wie vor, ihren Sonderstatus als Erkenntnismittel, als Kritikmedium und als das ganz Andere in den Blick zu nehmen – um dann am Ende doch darauf zu kommen, dass die Kunst der Gesellschaft und der Welt nicht gegenübersteht. Das wirklich Aufregende an der Kunst ist ihre Gesellschaftlichkeit, ihre Weltlichkeit – und zugleich die Frage, wie man auf die Idee kommen kann und wie diese Idee begründet wird, sie für etwas zugleich Internes wie Externes zu halten.

Es sieht fast wie eine Kränkung aus – dass das ganz Andere stärker am Selbigen hängt, als es zunächst den Anschein hat, ähnlich der Kränkung, die wir erfahren, wenn wir das Transzendente religiös behaupten, es aber stets nur mit den Mitteln der Immanenz tun können. Der Religion stehen dafür Figuren wie die Begrenztheit menschlicher Perspektiven, das Erstarren vor der Größe Gottes oder die Erbsünde zur Verfügung, was zumindest die Selbstüberhöhung jener ermöglicht, die im Namen der Unüberwindlichkeit des Immanenten auf das Transzendente sich beziehen dürfen. Der Kunst stehen dagegen keine priesterlichen Autoritätsrollen zur Verfügung, sondern nur ein Habitus, sich der Welt in der Welt als das ganze Andere zu zeigen.

All das kann man freilich wissen, wenn man nicht in Substanzen, sondern in Unterscheidungen denkt. Das Andere ist eben das Andere dessen, was nicht anders ist – und schon ist man mittendrin in der Welt: die Kunst, die in ihrer Selbstbeschreibung so gerne behauptet, der einzige Raum in der Gesellschaft zu sein, in dem es nicht um Zwecke und Ziele, nicht um Funktionen und die Erfüllung von Aufträgen geht, sondern um jenen Selbstzweck, in den sich der Zweck dann doch wieder hineingeschlichen hat. Freilich ändern sich die Schnittstellen zwischen der Kunst und der sie umgebenden Gesellschaft – und zugleich ändern sich auch die Zwecke, Ziele und Funktionen, die eigentlich keine sein wollen oder sollen.

Dieses *Kursbuch* setzt genau hier an. Es präsentiert keine Kunsttheorie. Es bringt nicht die Erhabenheit selbst auf den Begriff – und wie wir aus der Geschichte wissen, gefallen sich Texte über die Erhabenheit der Kunst gerne selbst in einem Habitus, der Erhabenheit zu beanspruchen scheint. Texte über die Kunst scheinen sich selten dagegen zu wehren, unter Kunstverdacht geraten zu können, wie übrigens auch Texte übers Politische allzu oft politische Texte werden, womit sie zwar durchführen, was sie beschreiben, es darin aber auch kategorial verfehlen. Das also macht dieses *Kursbuch* – über die weitesten Strecken wenigstens – nicht. Es nimmt sich vielmehr die Schnittstellen vor, also jene Verbindungen der Kunst zu den anderen gesellschaftlichen Formen und Handlungsbereichen, an denen die sich reiben, die selbst unter Kunstverdacht geraten oder die bestimmte Vermögen und Leistungen der Kunst in Anspruch nehmen, um ihr eigenes Geschäft zu erledigen.

Diese Schnittstellen reichen in diesem *Kursbuch* von der geradezu klassischen Frage nach dem Verhältnis von Kunst und Wahrheit, wie es Boris Groys besorgt, bis hin zur Frage von Jürgen Dollase, ob denn die Kochkunst Kunst sei und was denn diese Frage eigentlich bedeuten soll. Groys stellt die klassische Frage vor dem empirischen Hintergrund der (Selbst-)Vermarktung der Kunst im Internet, das mit seinen technischen Möglichkeiten selbst für eine ganz andere Wahrheit über die Kunst sorgt. Dollase behauptet nicht einfach, dass gutes Kochen eine Kunst sei, weist aber darauf hin, dass es beim Kochen auf Kunstniveau darum geht, Wahrnehmungsmuster aufzubrechen. Mit den Wahrnehmungsgrenzen des Publikums rechnet auch Peter Rawert, dessen Einblick in die Arbeit eines Zauberers vor allem zeigt, wie dieser mit den Wahrnehmungsroutinen seines Publikums rechnen muss. An der Schnittstelle von Kunst und der Führung von Organisationen arbeitet Martin Kornberger. Auch er behauptet nicht einfach die Übertragbarkeit der Kunst aufs Management. Mit der metaphorischen Unterscheidung von Karte und Territorium weist er darauf hin, was das Management mit seinen eigenen kartografischen Mitteln eigentlich sehen kann – und was nicht. Conny Habbel arbeitet sich an der Frage der Politisierbarkeit der Kunst ab und stellt fest, dass der Gegner mit künstlerischen Mitteln nicht so einfach dingfest zu machen ist – und dass der Gegner bisweilen in den eigenen Reihen zu suchen ist. Der Gegner bewegt sich also auf dem Boden der Ästhetik und nicht des Politischen selbst. Auch mein eigener Beitrag nimmt diese Schnittstelle in Anspruch und behauptet, dass die Kunst als Hinweis auf die Kontingenz von Blicken und Sehgewohnheiten auch eine ästhetische Kritik des Politischen erlaubt. Friedrich von Borries und Mara Recklies schließlich plädieren für eine selbstreflexive, autoethnografische Perspektive als Methode der Designforschung, um die politische Dimension des Gegenstandes freizulegen.

Auf einem anderen Feld bewegt sich Karl Bruckmaier. Er beschreibt den Pop, der nicht einmal ein Vier-Buchstaben-Wort sei, als eine Form der Selbstermächtigung und Selbstaneignung der Kunst und damit eine Erweiterung des Zugangs zu den künstlerischen Produktionsmitteln, während Stephan Opitz leidenschaftlich für eine staatliche Förderung jener Produktionsmittel eintritt, die politisch ermöglicht, aber weniger politisch kontrolliert werden sollten. Jakob Schrenk hat sechs Kuratoren ziemlich verfängliche Fragen gestellt. Etwa, was ein Kurator macht, und was die Kunst, und wie es sich mit Museen verhält – und manche von ihnen schauen sogar aus dem Fenster. Vielleicht weil Menschen viel zu viel Gehirn haben. Das jedenfalls schreiben Ernst Pöppel, Eva Ruhnau und Alexandra von Stosch, die den Rahmen für ästhetisches Erleben und Erzeugen abstecken.

Es sollte deutlich geworden sein, dass dieses *Kursbuch* tatsächlich die Frage danach stellt, was die Kunst *macht*, nicht was sie *ist* – was ja ernsthafterweise nicht beschrieben werden könnte, ohne zu sagen, was sie macht. Es schließt dann übrigens mit der Frage nach den sich verändernden Bedingungen, unter denen man heute Bücher und Zeitschriften machen kann. Peter Felixberger macht sich Gedanken über die Kunst des Buch- und Zeitschriftenverlegens. Selbstverständlich behauptet er nicht, das Bücher- und Zeitschriftenmachen sei eine Kunst im engeren Sinne. Er kommt aber zu erstaunlichen Einsichten, die hier nicht vorwegzunehmen sind, die aber darauf verweisen, dass es auch hier darum geht, gewohnte Blicke und Sehgewohnheiten zu ändern und so genau das zu tun, was ganz offensichtlich ein Proprium der Kunst ist: zu zeigen, dass schon kleine Perspektivenverschiebungen und kleine Veränderungen von Wahrnehmungsgewissheiten zu ganz anderen Welten führen.

Was sie wirklich macht, die Kunst – dafür lohnt sich ein Blick in die wunderbaren Bilder von Wilfried Petzi. Ein Blick freilich genügt nicht – die Bilder erzwingen sofort mehrere. Vielleicht hätte das schon ausgereicht, um unsere Titelfrage zu beantworten.

Hanno Rauterberg danken wir, dass er unsere Kolumne »Brief eines Lesers« fortführt.

Hanno Rauterberg

Brief eines Lesers (12)

Was macht die Kunst? Sie macht, das hat sich herumgesprochen, ein Vermögen. Geschätzte 50 Milliarden Euro konnten die Galerien, Auktionen und Messen 2014 umsetzen, denn es gilt die Regel: Je schlechter die Weltwirtschaft dasteht, desto besser steht es um die Kunst. Sie ist ein Krisengewinnler, produziert einen Millionenrekord nach dem nächsten, sie wird zum ultimativen Statussymbol einer postfordistischen Gesellschaft.

Natürlich bleibt die fast schon hysterische Ökonomisierung des Kunstfelds nicht ohne Folgen für die Macht der Ästhetik. Neben den glanzvollen Auktionsergebnissen erscheint die Kunst oft seltsam ermüdet und ausgehöhlt. Sie hat eine schlagende Konkurrenz bekommen. Denn, so formuliert es der Theoretiker Jörg Scheller, der Markt beginnt sich als ein eigenes Artefakt zu begreifen. »Mehr noch, er wird autonom, er beerbt die in die Jahre gekommene autonome Kunst. Was Mittel war, wird zum Zweck.«

Die Folgen sind oft Ratlosigkeit und Depression, abgemischt mit einer gehörigen Portion Bigotterie, wie sich auf der Biennale in Venedig im Sommer 2015 beobachten ließ. Im Zentrum der gewaltigen Kunstausstellung stand kein Bild, keine Skulptur oder Installation, sondern ein schwarzer leerer Raum, ein Auditorium, in dem neben einigen musikalischen Einlagen vor allem das *Kapital* von Karl Marx verlesen wurde, alle Bände von der ersten bis zur letzten Seite. Arrangiert und organisiert wurde die Lesung von dem Künstler Isaac Julien, offenbar ein engagierter Antikapitalist. In einem Nebenraum unterhielt er sich, dargeboten auf großen Bildschirmen, mit dem Marxisten David Harvey über die Abgründe des Neoliberalismus. Zugleich präsentierte

Julien auf der Biennale seinen neuen Film, in Auftrag gegeben von Rolls-Royce. Offenbar gehört es zu den hinnehmbaren Nebenwidersprüchen der Gegenwartskunst, einerseits die wachsende Ungleichheit zu beklagen und zugleich von ihr zu profitieren.

Entsprechend doppelzüngig kommen mir manche der Aussagen Okwui Enwezors vor, der in München das Haus der Kunst leitet und als Kurator die Biennale ins Werk gesetzt hatte. Einerseits beschwört er in seinen Katalogbeiträgen die hellseherische Macht der Kunst. Andererseits sieht er sie in heilloser Ohnmacht gefangen. Mit Blick auf die 120-jährige Geschichte der Biennale erinnert er daran, wie eilfertig diese oft mit den Mächtigen paktierte, vor allem mit den Faschisten. Auch heute, so Enwezor, habe sich das Kunstsystem in »stillschweigendem Einverständnis« mit den Interessen des Kapitals arrangiert und seine Autonomie ebenso eingebüßt wie jede Art von transformierender Kraft. Enwezor spricht von »vollständiger Machtlosigkeit«.

Was also macht die Kunst, was bleibt ihr anderes übrig, als sich nach neuen Geschäftsmodellen umzuschauen? War sie bislang dem Ideal eines Angebotsmarkts verpflichtet, setzt sie nun, so kommt es mir vor, auf das Prinzip der Nachfrage und findet nichts dabei, den Wünschen und Begehrlichkeiten ihrer Kunden zu entsprechen. Mal sind es Kuratoren, mal reiche Sammler, mal Museen, die als Patrone fungieren und damit eine Form der Kunstproduktion reetablieren, die über weite Strecken der Moderne ausgeschlossen schien, weil sie gegen das Reinheitsgebot der Autonomie verstieß. Ich nenne es die Wiederkehr der Auftragskunst. Selbst ein Maler wie Michaël Borremans, eigentlich als eigensinniger Geist bekannt, lässt sich für ein Auftragswerk im neohofischen Sinne gewinnen, wenn er auf Bitten des Händlers und Sammlers Axel Vervoordt dessen Reitpferd auf die Leinwand bringt, lebensgroß und naturgetreu.

Gebraucht werden die Künstler aber nicht nur für Ausstattungszwecke. Sie dienen auch als Reputationsbeschaffer, als Produktveredler, als Bedeutungsgaranten. Sogar einem Wäscheunternehmen wie Schiesser scheint es nun hilfreich und angemessen, ein Doppelrippunterhemd für Herren künstlerisch aufwerten zu lassen. Das Unternehmen lud 2012 zehn namhafte Künstler dazu ein, dem üblicherweise verdeckt getragenen Kleidungsstück zu markanter Sichtbarkeit und einem neuen Image zu verhelfen. Tobias Rehberger, Marc Brandenburg, Monica Bonvicini oder Thomas Zipp ließen sich nicht lange bitten, entwarfen mal bunte Muster, launige Streifen oder auch einen Totenschädel und stellten sich außerdem für den Prospekt als Models zur Verfügung, bekleidet mit einem weißen, ungestalteten Schiesser-Unterhemd. Vertrieben werden die von den Künstlern bearbeiteten Hemden als »limitierte Sonderedition« für einen Stückpreis von 129 Euro. In gehobenen Kaufhäusern wurden Fotografien der Sonderstücke im Stile einer aufwendigen Kunstausstellung dargeboten, und der Konzern rühmte sich der Inszenierung als eines »Kunst und Mode überschreitenden Werks«.

Aufschlussreich an dieser »Artists for Revival« betitelten Unternehmung ist vor allem der enorme rhetorische Aufwand, der im begleitenden Prospekt getrieben wird. Dort erklärt der Konzern sein Selbstverständnis und damit auch, warum er Kunst und Künstlern eine besondere Bedeutung zumisst. »Mit Neugier und Entdeckungslust«, heißt es dort, »mit Innovation und höchster Qualität kleiden wir lebenshungrige Individualisten und Pioniere, die selbstbewusst und wagemutig in die Zukunft vorausgehen.«

Manche mögen darin ein fortschrittliches Moment erkennen, gehört es doch spätestens seit den 1960er-Jahren zu den selbst gesetzten Zielen vieler Künstler, das vermeintlich elitäre Museum zu verlassen und die ästhetische Wirklichkeit des Alltags für sich zu erobern. Unter dem Stichwort »Entgrenzung« ging es lange Zeit darum, high culture mit low culture zu vereinen. Design, Werbung, Mode, Kino, Fernsehen und die ganze Welt der Unterhaltung wurden nun nicht mehr als mindere Sphären der Gestaltungskultur angesehen. In gewisser Weise folgten auch die Museen diesem Credo, indem sie sich für Rockkonzerte öffneten oder Modeschöpfern eine Ausstellung ausrichteten. Der Prinzipienlosigkeit des »anything goes« folgend, löste man sich von vielen Traditionen und erklärte die Verschmelzung der vormals getrennten

Sphären zum produktiven, ja emanzipatorischen Ereignis. Allerdings erschien dieses Credo nur glaubwürdig, solange sich eine deutliche Differenz zwischen Hoch- und Populärkultur ausmachen ließ. Waren es anfangs die Künstler, die sich bei Werbung, Design und dem Unterhaltungskino bedienten, so den Spielraum ihrer Kunst erweiterten und zugleich ihre Allzuständigkeit unter Beweis stellten, so drehten sich die Verhältnisse rasch um. Nun begann low auf high zuzugreifen, und die anfänglich bereichernde Bewegung der Kunst heraus aus den üblichen Gefilden der Stile und Sujets wurde mit einem Mal von ökonomischen Interessen durchzogen.

Allerdings gibt es, das sollte nicht verschwiegen werden, auch eine Gegenbewegung: Künstler, die sich einer vorschnellen Vereinnahmung durch den Markt entziehen, die andere Produktionsformen erproben, die aussteigen aus dem System der Galerien und Museen und sich ihre eigenen Aufträge suchen. Ihr Ziel ist der soziale Wandel. So sammelte 2008 der Künstler Pedro Reyes für sein Projekt »Palas Por Pistolas« in einer mexikanischen Stadt mehrere Hundert Waffen ein und ließ sie zu Schaufeln umschmelzen, mit denen dann mehrere Hundert Bäume gepflanzt wurden. In Argentinien kümmerte sich die Künstler- und Umweltgruppe Ala Plástica um die Folgen einer Öltankerkatastrophe. Die dänischen Künstler der Gruppe Superflex wiederum halfen brasilianischen Bauern, eine eigene Limonade namens Guaraná Power herzustellen und zu vermarkten, um so das Monopol der Getränkeindustrie aufzulösen. Und die Künstlerin Suzanne Lacy lud 2013 rund 400 Frauen in New York zu öffentlichen Gesprächen über Genderfragen. Die Kunst macht sich nützlich. Von den Zwecken der Zweckfreiheit will sie nichts wissen.

Mitunter ist der Drang zur sozialen Tat so stark, dass sich manche Hilfseinrichtungen schon bedrängt fühlen und die Künstler um Zurückhaltung bitten. Die in Melbourne ansässige Flüchtlingsorganisation Rise veröffentlichte im Oktober 2015 einen geradezu flehentlichen Appell an jene Künstler, die sich beständig bei ihnen meldeten und ihre Unterstützung anboten: »Wir sind nicht dein nächstes interessantes

Kunstprojekt«, heißt es dort. Statt vorschnell den eigenen, vermeintlich guten Absichten zu folgen, sollten die Künstler lieber innehalten und sich fragen, welche Intentionen sie tatsächlich verfolgten. »Wir sind ganze Menschen mit verschiedensten Erfahrungen, Kenntnissen und Fähigkeiten. Wir können uns zu vielen Dingen äußern, reduziere uns nicht auf ein einziges Narrativ.«

Auch andernorts drohen meiner Beobachtung nach die eigentlich Hilfsbedürftigen zu Objekten einer künstlerischen Selbstbestätigung zu werden. Aus Sicht des Künstlers Renzo Martens scheitern etliche der sozialen Interventionisten mit ihren Vorhaben schon deshalb, weil sie sich außengesteuert um die Anerkennung der Kunstwelt bemühten und »überall auf der Welt alle möglichen Dinge tun, doch entfalten diese Dinge ihre wahren sozialen Auswirkungen an den Orten der Rezeption und nicht an den Orten, an denen sie angeblich intervenieren«. Selber um eine politische Kunst der Veränderung bemüht, war Martens 2008 in den Kongo gereist, gelangte dort allerdings zu der Erkenntnis, dass Künstler unweigerlich zu einem Teil jener Hilfsindustrie werden, die sich über das Elend definiert und vom Elend profitiert, das sie doch eigentlich bekämpfen möchte. Am Ende erschien es ihm am sinnvollsten, einem Plantagenarbeiter eine Mahlzeit zu kochen, ohne dabei die Rolle des Künstlers einzunehmen.

Nicht selten gerät der Selbstwiderspruch, in dem sich nicht wenige der Sozialkünstler verheddern, zu einer eigenen Form der Bigotterie, dann nämlich, wenn sich jemand nur deshalb Künstler nennt und seine Arbeit nur deshalb als Kunst bezeichnet, weil er das symbolische Kapital, das der Kunstbegriff noch immer verspricht, verwenden möchte, um so seinen sozialen Absichten nachkommen zu können. Möglicherweise gibt es Fördertöpfe, die sich nur öffnen, wenn sich mit einem Projekt ein künstlerisch-kreativer Mehrwert verbinden lässt. Deshalb wird dieser Mehrwert für das Vorhaben behauptet, auch wenn es im besten Sinne allein um soziale Hilfe geht. Somit verhält sich der Künstler im Prinzip wie jene Unterwäschefirma, die mehr Trikotagen verkaufen will und deshalb ihr Produkt zum Kunstwerk erhebt. Der Zweck heiligt die Mittel, nur dass dieser Zweck mal sozial, mal ökonomisch definiert ist.

Was also macht die Kunst? Nicht unbedingt den besten Eindruck, so viel lässt sich sagen.

Kunst kann was

Gespräche mit Kuratoren & Direktoren (1).
Von Jakob Schrenk

Chris Dercon

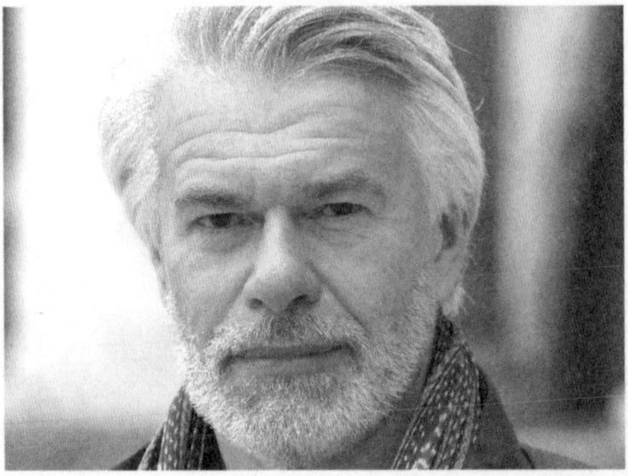

Foto: Klaus Haag

1. Was macht eigentlich ein Kurator?

Ein intelligenter Kurator bringt Objekte zusammen, die für den Durchschnittsbetrachter überhaupt nicht zusammengehören – und mit einem Mal macht diese Kombination Sinn. Der Kurator kann so die Bedeutung des Zwischenraums zeigen, das Gefäß der Zeit fühlen, von Unterschieden und Ähnlichkeiten berichten, Einzelheiten in einen größeren Zusammenhang stellen, die Imagination des Künstlers reimaginieren, den Künstler auf neuen formalen Wegen begleiten, die erste Darstellungsebene einer künstlerischen Vision entdecken und hoffentlich auch tiefere Bedeutungsschichten beilegen. Das Ziel ist, den Betrachter zu verblüffen: Er hat das auf diese Weise noch nie gesehen, gerade wegen der Distanz zwischen den Objekten. Und ohnehin befindet sich ja jedes künstlerische Objekt auf Distanz zum Betrachter. In letzter Zeit muss ein intelligenter Kurator übrigens auch noch den Unterschied zeigen und erklären, der zwischen Kunstobjekten der Luxusindustrie herrscht und jenen Kunstobjekten, die wahre kulturelle Errungenschaften sind.

2. Was kann die Kunst?

Die Kunst, an der ich interessiert bin, entdeckt Formen und Ideen, an die ich noch nie gedacht habe, die ich nicht auf Anhieb oder gar nicht vollständig verstehe. In letzter Zeit interessiert mich vor allem die Kunst, die sich im sozialen und politischen Raum positioniert. Es ist Zeit, dass sich die Kunst neu definiert. Die Ethik ist ein Schlüsselwert für alle Kunstinstitutionen.

3. Und was nicht?

Die Kunst alleine kann nicht die schwache Verbindung zwischen Kunst und Politik überbrücken. Aber dennoch muss die Kunst ihren Glauben an eine starke, idealerweise politische Idee ausdrücken. Die Kunst kann nicht die Politik ersetzen, aber sie kann die Realität der Ereignisse stark machen, die sie zeigt und auf die sie sich einlässt. Ganz allgemein sind Künstler in einer viel besseren Position als andere Menschen, um den Wandel zu zeigen und von ihm zu sprechen, schon weil sie so sichtbar sind. »Shock and Awe« sind aber keine brauchbaren Werkzeuge mehr, das sind die Instrumente der alten Avantgarde. Der intelligente Künstler ist auf vollkommen neue Weise sozial.

4. Ein Museum, in das jeder gehen sollte.

In diesen Zeiten würde ich die Staatlichen Kunstsammlungen Dresden empfehlen. Nicht nur wegen der prächtigen Architektur, der ausgestellten Schätze, der Schaukästen. Das alles ist alt und neu, groß und nicht ganz so groß, komplex und direkt, autonom und praktisch, privat und öffentlich. Tatsächlich ermöglichen nur große Kunstsammlungen solche Gegensätze. Und natürlich ist das Museum auch ein Gegensatz zu dem, was derzeit jeden Montag in Dresden geschieht. Das Museum ist auch ein Symbol der Andersartigkeit, des Ernstes, der Eigentümlichkeit, der Durchlässigkeit, der Beweglichkeit und des Unterschieds. Also ein Ort, an dem die Perversitäten von PEGIDA keinen Platz haben.

5. Schauen Sie manchmal im Museum nur aus dem Fenster?
Das Museum ist ein einzigartiger Ort. Es ist erlaubt, hier Menschen anzuschauen. Und diese Menschen schauen auf … Kunst. Deswegen ist das Museum der ideale Dating-Ort.

6. Wie sieht das Museum der Zukunft aus?
Das Museum der Zukunft wird ein Ort der Begegnung sein, wo die Menschen sich auf die Welt und auf sich selbst einlassen. Der *Guardian* hat neulich, zugegebenermaßen provokant, geschrieben: Eine Galerie ohne Bilder, warum nicht? Tony Bennett, der so brillant über die Geburt des Museums schrieb, hat formuliert: Gebt mir ein Museum und ich werde die Gesellschaft verändern. Durch die wohlüberlegte Manipulation der Beziehung zwischen Menschen und Dingen in einer maßgefertigten Umgebung ist das Museum in der Lage, neue Instanzen zu schaffen, die sowohl innerhalb als auch außerhalb des Museums mobilisiert werden können. Das ist auch die perfekte Zusammenfassung aller meiner Antworten, die ich weiter oben gegeben habe, aller meiner Hoffnungen und Wünsche.

Boris Groys

Die Wahrheit der Kunst

Versuch, die Welt zu verändern

Die wesentliche Frage, die sich uns zur Kunst stellt, lautet: Kann Kunst ein Medium der Wahrheit sein? Diese Frage ist wesentlich für die Existenz und das Überleben der Kunst. Denn wenn Kunst kein Medium der Wahrheit sein kann, dann ist sie nur eine Sache des Geschmacks. Die Wahrheit muss man akzeptieren, selbst wenn sie einem nicht gefällt. Doch wenn die Kunst nur eine Sache des Geschmacks ist, dann wird der Betrachter wichtiger als der Produzent. In diesem Fall kann die Kunst nur soziologisch oder unter Aspekten des Kunstmarkts betrachtet werden – sie hat keine Eigenständigkeit und keine Macht. Kunst wird gleichbedeutend mit Design.

Nun gibt es verschiedene Möglichkeiten, wie wir über Kunst als Medium der Wahrheit sprechen können. Lassen Sie mich eine dieser Möglichkeiten aufgreifen. Unsere Welt wird von großen Kollektiven dominiert: Staaten, politischen Parteien, Unternehmen, wissenschaftlichen Communitys etc. Innerhalb dieser Kollektive kann der Einzelne die Möglichkeiten und Einschränkungen seines eigenen Handelns nicht erfahren – sein Handeln wird von den Aktivitäten des Kollektivs absorbiert. Nun beruht unser Kunstbetrieb jedoch auf der Voraussetzung, dass ein individuelles Kunstwerk zu schaffen oder eine Kunstaktion umzusetzen der Verantwortung des einzelnen Künstlers obliegt. Deshalb ist die Kunst in der heutigen Welt der einzige anerkannte Bereich, in dem persönliche Verantwortung existiert. Der nicht anerkannte Bereich mit persönlicher Verantwortung, den es natürlich auch gibt, ist der der kriminellen Handlungen. Die Analogie zwischen Kunst und

Verbrechen hat eine lange Geschichte, auf die ich hier nicht eingehen werde. Heute möchte ich lieber folgende Frage aufwerfen: Bis zu welchem Grad und auf welche Weise kann der Einzelne hoffen, die Welt, in der er lebt, zu verändern? Betrachten wir die Kunst nun als einen Bereich, in dem Künstler immer wieder versuchen, die Welt zu verändern, und sehen, wie diese Versuche funktionieren. Dabei interessiere ich mich hier weniger für die Resultate dieser Versuche als für die Strategien, zu denen die Künstler greifen, um sie umzusetzen.

Wenn die Künstler tatsächlich die Welt verändern wollen, stellt sich die folgende Frage: In welcher Weise vermag Kunst die Welt, in der wir leben, zu beeinflussen? Grundsätzlich sind zwei Antworten auf diese Frage möglich. Die erste Antwort: Kunst kann die Fantasie anregen und das Bewusstsein der Menschen verändern. Wenn das Bewusstsein der Menschen sich verändert – dann werden diese veränderten Menschen auch die Welt verändern, in der sie leben. In diesem Fall wird Kunst als eine Art Sprache verstanden, die es dem Künstler erlaubt, eine Botschaft zu verbreiten. Und diese Botschaft ist darauf angelegt, die Seelen der Empfänger zu erreichen und ihre Sensibilität, ihre Geisteshaltung und ihre moralischen Überzeugungen zu verändern. So gesehen handelt es sich um eine idealistische Kunstauffassung – vergleichbar mit unserem Verständnis von Religion und dem Einfluss, den sie auf die Welt hat.

Um eine Botschaft zu verbreiten, muss der Künstler jedoch dieselbe Sprache sprechen wie sein Publikum. Die Statuen in antiken Tempeln wurden als Verkörperungen der Götter angesehen: Sie wurden verehrt, man fiel demütig vor ihnen auf die Knie, um zu beten, man erwartete Hilfe von ihnen und fürchtete ihren Zorn und ihre Strafe. Gleichermaßen hat die Verehrung von Heiligenbildern eine lange Tradition im Christentum – selbst wenn Gott als unsichtbar gilt. Hier hat die gemeinsame Sprache ihre Wurzeln in den gemeinsamen religiösen Bräuchen. Doch kein moderner Künstler kann erwarten, dass sich jemand vor seinem Werk zum Beten niederkniet, praktische Hilfe von ihm erwartet oder sich seiner bedient, um Gefahr abzuwenden. Zu Beginn des 19. Jahrhunderts diagnostizierte Hegel diesen Verlust des gemeinsamen Glaubens in die Gestalt gewordenen, sichtbaren Gottheiten als den Grund dafür, dass die Kunst ihre Wahrheit verloren habe: Hegel zufolge gehörte die Wahrheit der Kunst nunmehr der Vergangenheit an. (Er spricht von dem bildhaften Denken der alten Religionen im Gegensatz zu unsichtbaren Kräften wie Gesetz, Vernunft und Wissenschaft, die die moderne Welt beherrschen.) Im Laufe der Neuzeit haben sich viele moderne und zeitgenössische Künstler vermittels eines wie auch immer gearteten politischen oder ideologischen Engagements bemüht, wieder zu einer gemeinsamen Sprache mit ihrem Publikum zu finden. So wurde die religiöse Gemeinschaft von einer politischen Bewegung ersetzt, an der sich sowohl die Künstler als auch ihr Publikum beteiligten.

Soll Kunst jedoch politische Wirkung haben und als politische Propaganda genutzt werden, muss sie dem Publikum gefallen. Doch eine Gemeinschaft, die auf der Grundlage entstanden ist, dass bestimmte künstlerische Projekte als gut empfunden werden und gefallen, ist nicht notwendigerweise eine transformative Gemeinschaft – eine Gemeinschaft, die die Welt tatsächlich verändern kann. Wir wissen, dass ein modernes Kunstwerk vom zeitgenössischen Publikum abgelehnt werden muss, wenn es als wirklich gut gelten soll (innovativ, radikal, zukunftsweisend) – andernfalls gerät es unter den Verdacht, konventionell, trivial und rein kommerziell zu sein. (Wir wissen, dass politisch progressive Bewegungen in Fragen der Kultur häufig konservativ waren – und letztendlich war es diese konservative Dimension, die sich durchsetzte.)

Deshalb misstrauen zeitgenössische Künstler dem Geschmack der Öffentlichkeit. Und das zeitgenössische Publikum misstraut seinem eigenen Geschmack ebenfalls. Wir glauben, die Tatsache, dass uns ein Kunstwerk gefällt, könnte bedeuten, dass dieses Kunstwerk nicht gut genug sei – und die Tatsache, dass uns ein Kunstwerk nicht gefällt, könnte bedeuten, dass es ein wirklich gutes Kunstwerk sei. Kasimir Malewitsch war der Überzeugung, dass der größte Feind des Künstlers die Aufrichtigkeit sei: Der Künstler sollte niemals etwas erschaffen, das ihm wirklich gefällt, denn es sei sehr wahrscheinlich, dass es sich dabei um etwas Triviales und künstlerisch Irrelevantes handele. Tatsächlich wollten die künstlerischen Avantgarden nie gefallen. Und – was noch wichtiger ist – sie wollten nicht »verstanden« werden, wollten nicht dieselbe Sprache wie ihr Publikum sprechen. Folglich waren die Avantgarden äußerst skeptisch, was die Möglichkeit betraf, die Seele der Öffentlichkeit zu beeinflussen und eine Gemeinschaft aufzubauen, an der sie teilhaben konnten.

An dieser Stelle kommt die zweite Möglichkeit, die Welt durch Kunst zu verändern, ins Spiel. Hier wird Kunst nicht als Produktion von Botschaften verstanden, sondern vielmehr als Produktion von Dingen. Selbst wenn der Künstler und sein Publikum nicht dieselbe Sprache sprechen, leben sie dennoch in derselben materiellen Welt. Als spezifische Form von Technologie hat Kunst nicht den Anspruch, die Seele des Betrachters zu verändern. Vielmehr verändert sie die Welt, in der dieser Betrachter tatsächlich lebt – und indem er sich an die neuen Bedingungen seiner Umwelt anzupassen versucht, verändern sich seine Sensibilität und seine Geisteshaltung. In marxistischen Begriffen ausgedrückt hieße das: Kunst kann als Teil des Überbaus oder als Teil der materiellen Basis betrachtet werden. Oder anders formuliert, Kunst kann als Ideologie oder als Technologie verstanden werden. Die radikalen künstlerischen Avantgarden verfolgten diesen zweiten, technologischen Weg der Weltveränderung. Sie versuchten neue Umfelder zu erschaffen, die die Menschen verändern würden, indem sie sie in diese neuen Umfelder versetzten. In seiner radikalsten Form wurde dieses Prinzip von den Avantgardebewegungen der 1920er-Jahre verfolgt: russischer Konstruktivismus, Bauhaus, De Stijl. Die Kunst der Avantgarde sollte nicht der bestehenden Öffentlichkeit gefallen. Die Avantgarde wollte ein neues Publikum für ihre Kunst erschaffen. Denn wenn man in eine neue visuelle Umgebung versetzt wird, beginnt man, seine eigene Sensibilität daran anzupassen, und mit der Zeit wird man Gefallen daran finden. (Der Eiffelturm ist ein gutes Beispiel dafür.) Demnach wollten die Künstler der Avantgarde ebenfalls eine Gemeinschaft aufbauen – doch sie sahen sich selbst nicht als Teil dieser Gemeinschaft. Sie teilten sich dieselbe Welt mit ihrem Publikum – aber nicht dieselbe Sprache.

Natürlich war die historische Avantgarde eine Reaktion auf die moderne Technologie, die unsere Umwelt für immer verändert hat und immer noch verändert. Diese Reaktion war zwiespältig. Die Künstler verspürten eine gewisse Affinität zu der neuen, technologischen Welt. Doch zugleich waren sie irritiert über das Nichtvorhandensein von Richtung und Endzweck, das charakteristisch ist für den technologischen Fortschritt. (Marshall McLuhan: den Elfenbeinturm in einen Kontrollturm verwandeln.) Der Avantgarde galt die politisch und ästhetisch vollkommene Gesellschaft als Ziel – als Utopie, wenn man dieses Wort noch zu verwenden wagt. Utopie bedeutet hier nichts anderes als das Endstadium der historischen Entwicklung – eine Gesellschaft, die keiner weiteren Veränderungen mehr bedarf, in der kein weiterer Fortschritt mehr vorausgesetzt wird. In anderen Worten, die künstlerische Zusammenarbeit mit dem technologischen Fortschritt hatte das Ziel, diesen Fortschritt aufzuhalten.

Dieser der Kunst eigene Konservatismus – es kann sich auch um einen revolutionären Konservatismus handeln – ist in keiner Weise zufällig. Also: Was ist Kunst? Wenn Kunst eine Form von Technologie ist – dann unterscheidet sich die künstlerische Anwendung von Technologie von der nicht künstlerischen Anwendung. Der technologische Fortschritt beruht darauf, ständig alte, überholte Dinge durch neue (bessere) Dinge zu ersetzen. (Keine Innovation, sondern Verbesserung – Innovation kann nur in der Kunst stattfinden: ein schwarzes Quadrat.) Die Technologie der Kunst ist im Gegensatz dazu keine Technologie der Verbesserung und des Ersetzens, sondern vielmehr des Erhaltens und des Wiederherstellens – eine Technologie, die die Überbleibsel der Vergangenheit in die Gegenwart und die Dinge der Gegenwart in die Zukunft überführt. Martin Heidegger war bekanntermaßen davon überzeugt, dass auf diese Weise die Wahrheit der Kunst wiedergewonnen werden könne: Wenn der technologische Prozess zumindest für einen Moment angehalten wird, kann die Kunst die Wahrheit der technologisch definierten Welt und das Schicksal der Menschen in dieser Welt offenbaren. Heidegger glaubte jedoch auch, dass diese Offenbarung nur einen Augenblick lang währen könne: Im nächsten Moment wird sich die Welt, die von dem Kunstwerk eröffnet worden war, wieder schließen – und das Kunstwerk wird zu einem ganz gewöhnlichen Gegenstand, der von unseren Kunstinstitutionen auch so behandelt wird. Heidegger tat diesen profanen Aspekt des Kunstwerks als irrelevant für das essenzielle, wahre philosophische Verständnis von Kunst ab – denn für Heidegger ist es der Betrachter, der das Subjekt eines solchen essenziellen Verständnisses ist, und nicht der Kunsthändler oder der Museumskurator.

Und selbst wenn der Museumsbesucher die Kunstwerke isoliert vom profanen Alltagsleben sieht, erleben die Museumsangestellten sie niemals auf diese sakralisierte Weise. Die Museumsangestellten stellen keine Betrachtungen über die Kunstwerke an, sie regulieren die Temperatur und die Luftfeuchtigkeit in den Ausstellungsräumen, restaurieren die Kunstwerke und entfernen Staub und Schmutz von ihnen. Im Umgang mit den Kunstwerken gibt es die Perspektive des Museumsbesuchers – doch es gibt auch die Perspektive der Putzfrau, die das Museum sauber hält, wie sie jeden anderen Ort sauber halten würde. Die Technologien der Konservierung, Restaurierung und des Ausstellens sind profane Technologien – selbst wenn sie Objekte ästhetischer Kontemplation produzieren. Im Museum herrscht ein profanes Leben – und es ist eben dieses profane Leben und es sind diese profanen Praktiken, die es den Museumsstücken erlauben, als ästhetische Objekte zu funktionieren. Das Museum braucht keine zusätzliche Profanierung, keinen zusätzlichen Aufwand, um die Kunst mit dem Leben oder das Leben mit der Kunst zusammenzubringen – das Museum ist bereits durch und durch profan. Das Museum, ebenso wie der Kunstmarkt, behandeln die Kunstwerke nicht als Botschaften, sondern als profane Dinge.

Dieses profane Leben der Kunst ist gewöhnlich durch die Mauern des Museums vor der Öffentlichkeit geschützt. Natürlich hat die historische Avantgarde spätestens seit Beginn des 20. Jahrhunderts versucht, die materielle, profane Dimension der Kunst zu thematisieren und offenzulegen. Doch die Avantgarde ist bei dieser Suche nach der Wirklichkeit nie vollständig erfolgreich gewesen, denn die Realität der Kunst, ihre materielle Seite, die die Avantgarde thematisieren wollte, wurde ständig reästhetisiert – diese Thematisierungen gehören heute zu den Grundvoraussetzungen der Kunstpräsentation. Dasselbe kann über die Institutionskritik gesagt werden, die ebenfalls versucht hat, die profane, faktische Seite der Kunstinstitutionen zu thematisieren. Doch auch die Institutionskritik verblieb innerhalb der Kunstinstitutionen. Ich möchte aber behaupten, dass sich die Situation in den letzten Jahren verändert hat – wegen des Internets und der Tatsache, dass das Internet die traditionellen Kunstinstitutionen als wichtigste Plattform für die Produktion und Verbreitung von Kunst abgelöst hat. Das Internet thematisiert gerade diese profane Dimension von Kunst. Warum ist das so? Die Antwort auf diese Frage ist ganz einfach: In unserer heutigen Welt ist das Internet sowohl Produktions- als auch Präsentationsort von Kunst.

Traditionsgemäß produzierte der Künstler sein Werk in der Abgeschiedenheit, jenseits der Öffentlichkeit – in einer privaten Wohnung oder im Atelier. Diese Abwesenheit der Öffentlichkeit ist wesentlich für das, was wir den kreativen Prozess nennen – genau genommen ist es das, was wir den kreativen Prozess nennen. André Breton erzählt uns eine Geschichte über einen französischen Dichter, der – bevor er schlafen ging – einen Zettel an die Tür hängte: Ruhe bitte – Poet bei der Arbeit. Diese Anekdote bringt das herkömmliche Verständnis von kreativer Tätigkeit auf den Punkt: Eine kreative Tätigkeit ist deshalb kreativ, weil sie sich der öffentlichen Kontrolle entzieht – und sogar der bewussten Kontrolle des Autors. Diese Zeit der Abwesenheit kann Tage, Monate, Jahre andauern – oder auch ein ganzes Leben lang. Erst wenn diese Phase der Abwesenheit abgeschlossen ist, erwartet man von einem Autor, dass er eine Arbeit vorlegt (die sich vielleicht nach seinem Tod zwischen seinen Unterlagen findet), die dann eben deshalb als kreativ akzeptiert wird, weil sie scheinbar aus dem Nichts entstanden ist. Anders gesagt, die kreative Tätigkeit ist eine Tätigkeit, die die Desynchronisierung der Zeit des Schaffens und der Zeit der Präsentation der Ergebnisse voraussetzt. Der Grund dafür ist nicht, dass die Künstler ein Verbrechen begangen haben oder ihre schmutzigen Geheimnisse vor den Blicken der anderen verbergen wollen. Der Blick der anderen wird von uns als böser Blick empfunden, nicht etwa dann, wenn er unsere Geheimnisse ergründen und transparent machen will (ein solcher durchdringender Blick ist vielmehr schmeichelhaft und erregend) – sondern wenn er negiert, dass wir überhaupt Geheimnisse haben, wenn er uns auf das reduziert, was er sieht und wahrnimmt. Wenn der Blick des anderen uns banalisiert und trivialisiert. (Sartre – die Hölle, das sind die anderen, der Blick des anderen verneint unser Projekt; Lacan – der Blick des anderen ist immer ein böser Blick.)

Heute hat sich die Situation verändert. Zeitgenössische Künstler arbeiten mit dem Internet – und sie stellen ihre Werke ins Internet. Die Kunstwerke von einem bestimmten Künstler kann ich im Internet finden, wenn ich seinen Namen bei Google eingebe – und sie werden mir zusammen mit anderen Informationen gezeigt, die ich im Internet über diesen Künstler finde: seine Biografie, weitere Werke, politische Aktivitäten, Kritiken, Details aus seinem Privatleben etc. Ich spreche hier nicht von dem fiktionalen, auktorialen Subjekt, das das Kunstwerk angeblich mit Intentionen und Bedeutungen ausstattet, die hermeneutisch dechiffriert und offengelegt werden sollen. Dieses auktoriale Subjekt wurde bereits mehrfach dekonstruiert und für tot erklärt. Ich meine die echte Person, die in der Offline-Realität existiert, auf die sich die Internetdaten beziehen. Dieser Autor benutzt das Internet nicht nur, um Kunst zu produzieren – sondern auch, um Tickets zu kaufen, Restaurantreservierungen zu machen, Geschäftliches zu erledigen etc. All diese Aktivitäten finden in demselben integrierten Raum des Internets statt – und sie alle sind anderen Internetnutzern potenziell zugänglich. Hier wird das Kunstwerk »real« und profan, weil es in die Informationen über den Autor als einen realen, profanen Menschen eingebunden wird. Kunst wird im Internet als eine spezifische Form von Aktivität präsentiert: als Dokumentation eines realen Arbeitsprozesses, der in der realen Offline-Welt stattfindet. Tatsächlich agiert Kunst im Internet im selben Raum wie Militärplanung, Touristik, Kapitalbewegungen etc.: Google zeigt neben anderem, dass im Raum des Internets keine Wände existieren. Der Internetnutzer benutzt die Informationen über Kunst auf dieselbe Weise, wie er Informationen über alle anderen Dinge auf der Welt benutzt. Es ist, als ob wir alle zu Mitarbeitern eines Museums oder einer Galerie geworden wären – Kunst wird explizit als etwas dokumentiert, das im vereinheitlichten Raum profaner Aktivitäten stattfindet.

Das Wort »Dokumentation« ist an dieser Stelle ausschlaggebend. Während der letzten Jahrzehnte ist die Kunstdokumentation zunehmend in Kunstausstellungen und Kunstmuseen einbezogen worden – neben den traditionellen Kunstwerken. Doch diese Nachbarschaft schien schon immer hochproblematisch zu sein. Die Kunstwerke sind Kunst – sie stellen sich selbst ganz unmittelbar als Kunst dar. Deshalb können sie bewundert, emotional erlebt werden etc. Aber die Kunstdokumentation ist keine Kunst: Sie bezieht sich lediglich auf einen Kunstevent, eine Ausstellung, Installation oder ein Projekt, von denen wir annehmen, dass sie wirklich stattgefunden haben. Die Kunstdokumentation bezieht sich auf Kunst, ist aber keine Kunst. Deshalb kann die Kunstdokumentation umformatiert, umgeschrieben, erweitert, gekürzt werden etc. Man kann die Kunstdokumentation all diesen Verfahren aussetzen, die sich im Fall eines Kunstwerks verbieten, weil solche Verfahren die Form des Kunstwerks verändern. Und die Form des Kunstwerks ist institutionell garantiert, weil nur die Form die Reproduzierbarkeit und Identität dieses Kunstwerks gewährleistet. Im Gegensatz dazu kann die Dokumentation willkürlich verändert werden, weil ihre Identität und Reproduzierbarkeit nicht von ihrer Form, sondern von ihrem »realen«, externen Referenzobjekt gewährleistet wird. Aber selbst wenn die Entstehung der Kunstdokumentation der Entstehung des Internets als Kunstmedium vorangegangen ist, hat erst die Einführung des Internets der Kunstdokumentation ihren legitimen Platz gegeben. (Hier kann man mit Walter Benjamin sagen: Montage in der Kunst und im Film.)

Inzwischen haben die Kunstinstitutionen selbst damit begonnen, das Internet als bevorzugten Ort für ihre Selbstdarstellung zu nutzen. Die Museen stellen ihre Sammlungen im Internet zur Schau. Und natürlich sind die digitalen Bildergalerien viel kompakter und viel günstiger im Unterhalt als herkömmliche Kunstmuseen. Somit bekommen die Museen die Möglichkeit, Teile ihrer Sammlung zu präsentieren, die normalerweise im Magazin untergebracht sind. Das Gleiche gilt für die Webseiten der einzelnen Künstler – hier kann man sich das umfassendste Bild von ihrer Arbeit machen. Heutzutage zeigen Künstler einem Atelierbesucher meistens ihre Webseite – wenn man in ein Atelier kommt, um sich die Arbeiten eines bestimmten Künstlers anzusehen, stellt dieser Künstler gewöhnlich einen Laptop auf den Tisch und zeigt einem eine Dokumentation seiner Aktivitäten, einschließlich der Produktion der Kunstwerke, aber auch die Teilnahme an Langzeitprojekten, temporäre Installationen, Interventionen im urbanen Raum, politische Aktionen etc. Das eigentliche Werk des zeitgenössischen Künstlers ist sein Lebenslauf.

Natürlich versuchen die Künstler, wie andere Individuen und Organisationen, der völligen Durchleuchtung zu entrinnen, indem sie raffinierte Systeme von Passwörtern und Datensicherung erstellen. Heute ist Subjektivität zu einem technischen Konstrukt geworden: Das zeitgenössische Subjekt ist als Eigner einer Reihe von Passwörtern definiert, die er kennt – und die andere Menschen nicht kennen. Somit ist das zeitgenössische Subjekt im Wesentlichen ein Geheimnisträger. In gewisser Weise ist das eine sehr traditionelle Definition des Subjekts: Das Subjekt wurde immer darüber definiert, etwas über sich selbst zu wissen, das vielleicht nur noch Gott weiß, andere Menschen aber nicht wissen können, weil sie ontologisch gesehen unfähig sind, die Gedanken eines anderen zu lesen. Heute haben wir es jedoch nicht mit ontologisch, sondern vielmehr mit technisch geschützten Geheimnissen zu tun. Das Internet ist der Ort, an dem das Subjekt sich ursprünglich als ein transparentes, beobachtbares Subjekt konstituiert – das erst im Nachhinein beginnt, sich technisch zu schützen, um das ursprünglich offenbarte Geheimnis zu verschleiern. Jede Form von technischem Schutz kann jedoch überwunden werden. Der Hermeneutiker ist heute zum Hacker geworden. Das Internet ist der Ort der Cyberkriege, in denen das Geheimnis die Beute ist. Das Geheimnis zu kennen bedeutet, das Subjekt, das sich aus diesem Geheimnis konstituiert, unter Kontrolle zu bringen – Cyberkriege sind Kriege der Subjektivierung und Desubjektivierung. Doch diese Kriege können nur stattfinden, weil das Internet ursprünglich der Ort der Transparenz und Referenzialität ist. Das Internet als Ganzes kann nur mittels des algorithmischen Blicks erfasst werden – wie Google oder die NSA es tun.

Die Ergebnisse der Überwachung werden von Unternehmen verkauft, die das Internet kontrollieren, weil sie die Produktionsmittel, die materiell-technische Grundlage des Internets besitzen. Man sollte dabei nicht vergessen, dass das Internet sich in privatem Besitz befindet. Und der Profit stammt hauptsächlich aus gezielter Werbung. Hier haben wir es mit einem interessanten Phänomen zu tun: der Monetarisierung der Hermeneutik. Die klassische Hermeneutik, die nach dem Autor hinter dem Werk suchte, wurde von den Theoretikern des Strukturalismus, des »Close Reading« etc. kritisiert, die es als sinnlos erachteten, ontologischen Geheimnissen nachzuspüren, die per Definition unzugänglich sind. Heute ist die alte, traditionelle Hermeneutik wiederauferstanden, und zwar als Mittel der zusätzlichen ökonomischen Ausbeutung der Subjekte, die im Internet agieren, wo alle Geheimnisse ursprünglich aufgedeckt worden sind. Das Subjekt wird nicht mehr von seinem Werk verborgen. Der Mehrwert, den ein solches Subjekt produziert und den sich die Internetunternehmen aneignen, ist der hermeneutische Wert: Das Subjekt tut nicht nur etwas im Internet, sondern das Internet entlarvt es auch als ein menschliches Wesen mit bestimmten Interessen, Wünschen und Bedürfnissen. Die Monetarisierung der klassischen Hermeneutik ist einer der interessantesten Prozesse, mit denen wir in den letzten Jahrzehnten konfrontiert worden sind. Nicht als Produzent, sondern als Konsument ist der Künstler von Interesse. Die künstlerische Produktion eines Inhaltsanbieters ist nur ein Mittel, um das zukünftige Konsumverhalten dieses Inhaltsanbieters zu prognostizieren – und allein diese Prognose ist hier von Bedeutung, denn sie bringt Profit.

Doch hier ergibt sich folgende Frage: Wer ist der Betrachter des Internets? Der einzelne Mensch kann nicht dieser Betrachter sein. Aber das Internet braucht auch keinen Gott als Betrachter – das Internet ist groß, aber nicht unendlich. Tatsächlich wissen wir, wer der Betrachter des Internets ist: Es ist ein Algorithmus – wie die Algorithmen, die Google oder die NSA verwenden.

Lassen Sie mich aber nun zu der anfänglichen Frage zurückkehren, die die Wahrheit der Kunst betrifft – im Sinne einer Demonstration der Möglichkeiten und Einschränkungen der Handlungen des Individuums in der Welt. Zuvor habe ich über die künstlerischen Strategien gesprochen, die die Welt zu beeinflussen suchen – mittels Überzeugung oder mittels Anpassung. Beide Strategien setzen etwas voraus, was man, verglichen mit dem Verständnis des Publikums, als Überschuss an Wahrnehmung seitens des Künstlers bezeichnen kann. Traditionell galt der Künstler als eine außergewöhnliche Person, dazu fähig, das zu sehen, was den »durchschnittlichen«, »normalen« Menschen entging. Und dieser Überschuss an Wahrnehmung sollte dem Publikum durch die Macht des Bildes oder die Kraft des technologischen Wandels vermittelt werden. Unter der Maßgabe des Internets liegt der Überschuss an Wahrnehmung jedoch aufseiten des algorithmischen Blicks – und nicht mehr aufseiten des Künstlers. Dieser Blick erkennt den Künstler – doch für ihn bleibt er unsichtbar. (Sofern der Künstler nicht anfängt, selbst Algorithmen zu entwickeln – doch das würde die künstlerische Tätigkeit verändern, denn diese Algorithmen sind unsichtbar –, und nur Sichtbares erschafft.) Vielleicht können Künstler noch immer mehr wahrnehmen als ein durchschnittliches menschliches Wesen – aber sie sehen weniger als der Algorithmus. Die Künstler verlieren ihre Sonderstellung – doch dieser Verlust wird kompensiert: Anstatt außergewöhnlich zu sein, wird der Künstler paradigmatisch, exemplarisch, repräsentativ.

Tatsächlich hat das Aufkommen des Internets zu einem explosionsartigen Anstieg der künstlerischen Massenproduktion geführt. Während der letzten Jahrzehnte verbreitete sich die künstlerische Praxis wie zuvor nur Religion und Politik. Heute leben wir zwar in einer Zeit der künstlerischen Massenproduktion, aber nicht in einer Zeit des massenhaften Kunstkonsums.

Heutige Mittel der Bildproduktion wie Foto- und Videokameras sind relativ günstig und für jeden zugänglich. Die heutigen sozialen Netzwerke wie Facebook, YouTube und Instagram bieten der Weltbevölkerung eine Möglichkeit, ihre Fotos, Videos und Texte allgemein zugänglich zu machen – und dabei die Kontrolle und Zensur durch herkömmliche Institutionen zu umgehen. Zugleich ermöglicht heutiges Design es dieser Bevölkerung, ihre Wohnungen oder Arbeitsstätten wie eine künstlerische Installation zu arrangieren und zu erleben. Und Diäten, Fitnesstraining und Schönheitsoperationen erlauben es ihnen, ihre Körper als Kunstobjekte zu gestalten. Heutzutage macht nahezu jeder Fotos, dreht Videos, schreibt Texte, dokumentiert seine Aktivitäten – und stellt die Dokumentation dann ins Internet. Früher haben wir über massenhaften Kulturkonsum gesprochen – heute müssen wir über massenhafte Kulturproduktion sprechen. Unter den Bedingungen der Moderne war der Künstler eine seltene, ungewöhnliche Erscheinung – heute gibt es niemanden, der nicht irgendwie an künstlerischer Aktivität beteiligt ist.

Deshalb ist heutzutage jeder in ein kompliziertes Spiel mit dem Blick des anderen verwickelt. Dieses Spiel ist paradigmatisch für unsere Zeit, ohne dass wir seine Regeln kennen. In der Kunstwelt hat dieses Spiel jedoch eine lange Tradition. Schon die Dichter und Künstler der Romantik begannen, ihr eigenes Leben als ihre eigentlichen Kunstwerke anzusehen. Nietzsche sagt in *Die Geburt der Tragödie aus dem Geiste der Musik*, es sei besser, ein Kunstwerk zu sein als ein Künstler. (Zum Objekt zu werden ist besser, als zum Subjekt zu werden – bewundert zu werden ist besser, als zu bewundern.) Wir können Baudelaires Texte über die Verführungslist lesen – und wir können lesen, was Roger Caillois und Jacques Lacan über die Mimikry des Gefährlichen sagen oder darüber, wie man den bösen Blick des anderen mittels der Kunst in eine Falle lockt. Natürlich kann man behaupten, dass der Algorithmus weder verführt noch eingeschüchtert werden kann. Doch darum geht es an dieser Stelle nicht.

Die künstlerische Praxis wird gemeinhin als etwas Individuelles und Persönliches verstanden. Doch was bedeutet individuell oder persönlich eigentlich? Das Individuum wird oft als etwas gesehen, das sich von anderen unterscheidet. (Vergleiche: In einer totalitären Gesellschaft sind alle gleich. In einer demokratischen, pluralistischen Gesellschaft sind alle verschieden – und werden als verschieden respektiert.) Hier geht es jedoch nicht so sehr um die Differenz zu den anderen, sondern um die Differenz zu sich selbst – die Weigerung, sich anhand der allgemeinen Kriterien der Identifikation identifizieren zu lassen. Die Parameter, die unsere sozial codierte, nominelle Identität definieren, sind uns in der Tat fremd. Wir haben uns unsere Namen nicht ausgesucht, wir waren an Ort und Zeit unserer Geburt nicht bewusst anwesend, wir haben uns unsere Eltern, unsere Nationalität etc. nicht ausgesucht. All diese äußeren Parameter unserer Persönlichkeit stimmen nicht mit den subjektiven Kennzeichen überein, die wir zu haben meinen. Sie zeigen nur an, wie die anderen uns sehen.

Sehr lange schon haben moderne Künstler eine Revolte gegen die Identitäten, die ihnen von den anderen – der Gesellschaft, dem Staat, der Schule, den Eltern etc. – aufgezwungen wurden, geführt und für das Recht der souveränen Selbstidentifikation gekämpft. Die Künstler haben die mit der gesellschaftlichen Funktion von Kunst, dem Beruf des Künstlers und der ästhetischen Qualität des Kunstwerks verbundenen Erwartungen enttäuscht. Aber sie haben auch die ihnen zugeschriebenen nationalen und kulturellen Identitäten untergraben. Die moderne Kunst hat sich als die Suche nach dem »wahren Ich« verstanden. Hierbei geht es nicht um die Frage, ob das wahre Ich real oder nur eine metaphysische Fiktion ist. Die Frage der Identität ist keine Frage der Wahrheit, sondern eine Frage der Macht: Wer hat die Macht über meine eigene Identität – ich oder die Gesellschaft? Und allgemeiner ausgedrückt: Wer hat die Kontrolle, die Hoheit über die soziale Taxonomie, die sozialen Mechanismen der Identifikation – die staatlichen Institutionen oder ich? Das bedeutet, dass der Kampf gegen meine eigene öffentliche Person und nominelle Identität im Namen meiner souveränen Person oder souveränen Identität auch eine öffentliche, politische Dimension hat, weil sie sich gegen die herrschenden Mechanismen der Identifikation richtet – die herrschende soziale Taxonomie mit all ihren Einteilungen und Hierarchien. Später gaben die Künstler die Suche nach dem verborgenen, wahren Ich weitgehend auf. Stattdessen begannen sie, ihre nominellen Identitäten als Readymades zu verwenden – und ein kompliziertes Spiel mit ihnen zu veranstalten. Doch diese Strategie setzt noch immer die Desidentifikation von den nominellen, sozial codierten Identitäten voraus – um sie sich dann künstlerisch wieder anzueignen, sie zu transformieren und zu manipulieren. Die Politik der modernen und der zeitgenössischen Kunst ist eine Politik der Nicht-Identität. Die Kunst sagt zu ihrem Betrachter: Ich bin nicht das, was du von mir denkst *(teuflisch, nicht: Ich bin, was ich bin)*. Tatsächlich ist die Sehnsucht nach Nicht-Identität die eigentliche Sehnsucht des Menschen – die Tiere akzeptieren ihre Identität, die menschlichen Tiere tun es nicht. In genau diesem Sinne können wir von der paradigmatischen, repräsentativen Funktion von Kunst und Künstler sprechen.

Das traditionelle Museumssystem ist in seinem Verhältnis zur Sehnsucht nach Nicht-Identität ambivalent. Einerseits bietet das Museum dem Künstler die Möglichkeit, seine eigene Epoche mit all ihren Taxonomien und nominellen Identitäten zu transzendieren. Das Museum verspricht, das Werk des Künstlers in die Zukunft zu tragen. Das Museum bricht dieses Versprechen jedoch in demselben Moment, in dem es erfüllt wird. Das Werk des Künstlers wird in die Zukunft getragen – doch die nominelle Identität des Künstlers wird seinem Werk wieder zugeschrieben. Im Museumskatalog lesen wir wieder seinen Namen, das Datum und den Ort seiner Geburt, seine Nationalität etc. (Deshalb wollte die moderne Kunst die Museen zerstören.)

Nun – um am Ende noch etwas Gutes über das Internet zu sagen – ist das Internet weniger historistisch organisiert als die traditionelle Bibliothek oder das Museum. Der interessanteste Aspekt des Internets als Archiv ist exakt die Möglichkeit der Dekontextualisierung und Rekontextualisierung durch die Anwendung von »cut and paste«, die das Internet seinen Nutzern bietet. Heute sind wir stärker an der Sehnsucht nach Nicht-Identität, die die Künstler aus ihrem historischen Kontext herauslöst, interessiert als an diesen Kontexten selbst. Und mir scheint, als ob das Internet uns mehr Möglichkeiten bieten würde, die künstlerischen Strategien der Nicht-Identität zu verfolgen und zu verstehen, als es die traditionellen Archive und Institutionen getan haben.

Aus dem Englischen von Yamin von Rauch.

Kunst kann was

Gespräche mit Kuratoren & Direktoren (2).
Von Jakob Schrenk

Max Hollein

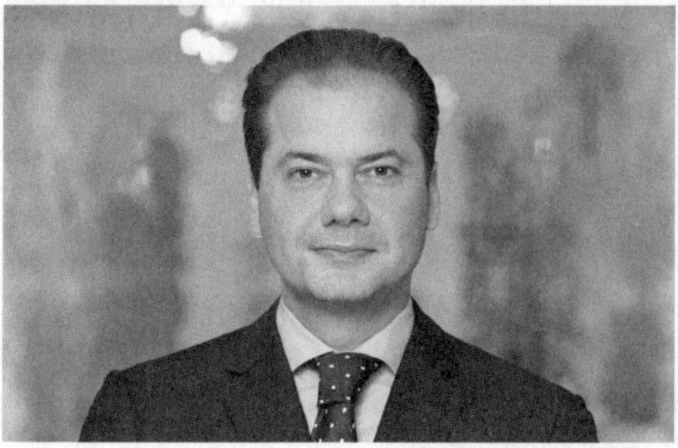

Foto: Gaby Gerster 2014/© Städel Museum

1. Was macht eigentlich ein Kurator?
Ein Kurator trägt Sorge für die Kunst, für ihren Erhalt, ihre Wirkung und ihr Verständnis.

2. Was kann die Kunst?
Gerard Mortier hat das für mich am besten zusammengefasst: »Die Routine des Alltäglichen durchbrechen, die Akzeptanz wirtschaftlicher, politischer und militärischer Gewalt als Normalität infrage stellen, die Gemeinschaft sensibilisieren für Fragen des menschlichen Daseins, die sich nicht durch Gesetze regeln lassen, und bekräftigen, dass die Welt besser sein kann, als sie ist.«

3. Und was nicht?
Müssen oder sollen.

4. Ein Museum, in das jeder gehen sollte.

Es ist wohl immer das Museum, welches man als erstes in seiner Kindheit als etwas Außerordentliches, Außergewöhnliches und Großes wahrgenommen hat. Dies war für mich das Kunsthistorische Museum in Wien.

5. Schauen Sie manchmal im Museum nur aus dem Fenster?

Ständig. Es gehört auch zu meiner Tätigkeit, immer wieder aus dem Museum hinauszublicken – und andererseits von Außenstehenden, die durch die Fenster ins Museum schauen, als Inventar desselben wahrgenommen zu werden.

6. Wie sieht das Museum der Zukunft aus?

Das Museum der Zukunft ist nicht primär ein Ort, sondern vielmehr eine Aufgabe – zur Bildung, Vermittlung und Auseinandersetzung mit Kunst. Dies gilt auch weit abseits des physischen Perimeters der Institution und ist keinesfalls beschränkt auf die Dauer eines Besuchs.

Jürgen Dollase

Ist Kochen eine Kunst?

Wege zu einem kulinarischen Kunstverständnis

Wenn die Oper ihr Geld selber verdienen muss, wird sie zum Musical. Ist die Kochkunst, die ja quasi immer ihr Geld selber verdienen muss, vielleicht »nur« Musical, und wir wissen gar nicht, wie sie wäre, wenn sie denn Oper sein dürfte?

Natürlich gibt es auch innerhalb der Kochszene Unterscheidungen dieser Art. Da beschweren sich die selbständigen Köche (wie etwa Heinz Winkler von der »Residenz« in Aschau) über die »Hotelköche« (wie zum Beispiel Harald Wohlfahrt von der »Schwarzwaldstube« im Hotel Traube Tonbach in Baiersbronn), weil diese eben ihre Kosten nicht wirklich komplett selber einspielen müssen, sondern von der Werbung bis zur Organisation von dem größeren Betrieb profitieren. Insgesamt eint sie aber der irritierte Blick auf die Subventionskultur in den anderen Künsten, mit Riesengagen oder einer aufwendigen Publicity, die sich Köche selbst dann nicht leisten können, wenn sie zu den besten der Welt gehören. Auch die besten der Welt, deren Mediatisierung bisweilen einen beträchtlichen Umfang annehmen kann, zeigen übrigens in der Regel nicht einen Hauch von Starallüren. Management-Getüddel und Hofierungen aller Art sind ihnen komplett fremd. Und was die Auswirkungen von »Musical statt Oper« angeht, muss man leider immer wieder feststellen, dass selbst hervorragende und hochgelobte Kreativköche auch schon mal die Lust an ihrer Arbeit verlieren. Wenn das zahlende Publikum ihre Avantgardeküche nicht oder noch nicht versteht, haben sie kaum eine Chance und scheitern an der nicht funktionierenden wirtschaftlichen Basis. Und weil solche Zusammenhänge natürlich bekannt sind, gibt es eine Art vorauseilende künstlerische Anpassung. Man kocht Musical.

Nun aber zuerst noch eine Vorbemerkung. Der Begriff »Kunst« soll hier in seiner Verbindung mit dem Kochen erst einmal recht offen verstanden werden. Es geht nicht darum, zum Beispiel in die Bereiche der bildenden Kunst vorzustoßen. Köche nehmen es gerne mit, wenn irgendwo eine bildliche Kunstnähe erwähnt wird, obwohl ihr Beruf eher dem des Musikers ähnelt, der unter zeitlichem Druck ein Maximum an Leistung realisiert. Es wird sich im Verlauf zeigen, dass die Kochkunst eher eine Kunstgattung sui generis ist und eigenen Mechanismen folgt, die sich teilweise beträchtlich von den anderen Künsten unterscheiden. Während sich die avancierten Formen der bildenden Kunst, der Musik oder der darstellenden Künste weitgehend in ihre eigenen Zirkel zurückgezogen haben, wo sie verstanden und finanziert werden, steht die Kochkunst sozusagen noch mitten im Leben. Selbst Avantgardeköche wie René Redzepi vom »Noma« in Kopenhagen befassen sich aufs Intensivste mit den Produkten des täglichen Lebens und arbeiten an ihrer Vision einer ökologisch und ganzheitlich orientierten Ernährung. Gerne übersehen wird zum Beispiel auch die Tatsache, dass quasi alle kulinarischen Neuigkeiten aus dem Ideenfundus der Spitzenküche stammen – mit Wirkung auf die gesamte Gastronomie bis hin zur Systemgastronomie und den industriellen Nahrungsmitteln. Eine Kunstform, die tief verwurzelt ist im Leben und bei der sogar die extremeren Hervorbringungen noch Relevanz entwickeln können, muss im Prinzip nicht unbedingt in Richtung einer Anerkennung als »Hochkunst« schielen.

Aber – das ist ja noch nicht alles. Nach einer stürmischen Entwicklung der Kochkunst in den letzten rund 20 Jahren ist die Avantgarde heute an einem Punkt angekommen, wo die Wahrnehmung kulinarischer Erlebnisse einen ungeahnten Differenzierungsgrad erahnen lässt, wo die hochkomplexe Verwurzelung des kulinarischen Erlebens im Individuum klar wird und wo die individuelle kreative Leistung von Avantgardeköchen nicht mehr nur als Personalstil, sondern als eine differenzierte Reaktion auf die kulinarische Welt wie auf deren Wahrnehmung durch den Esser gesehen werden kann. Und dann – so viel ist heute schon klar – geht es sehr wohl auch in »klassische« kunstähnliche Erlebnisformen, und das immer vor dem Hintergrund der besonderen »Erdung« des Kulinarischen im täglichen Leben.

Bürgerliche Gourmetküche – kreative Gourmetküche: Eine notwendige Unterscheidung

Um diesen neuen Komplex besser zu begreifen, war es notwendig, eine begriffliche und inhaltliche Unterscheidung zu treffen. Ich habe deshalb schon vor einiger Zeit eine Aufteilung der Gourmetküche in eine bürgerliche und eine kreative Gourmetküche vorgeschlagen, weil sich gezeigt hat, dass die avancierte Küche mittlerweile unter deutlich voneinander unterscheidbaren Prämissen angegangen wird. Die Unterscheidung hat dabei auch einen ganz praktischen Nutzen. Es kam und kommt immer wieder vor, dass Gäste in Verkennung dieses Unterschiedes Enttäuschungen erleben, weil sie und der jeweilige Koch grundsätzlich anders denken. Die Unterscheidung ist darüber hinaus auch so etwas wie ein Selbstschutz für die bürgerliche wie die kreative Seite der Gourmetküche, weil zum Beispiel in den Restaurantführern die Vermischung oder Missachtung der grundsätzlich unterschiedlichen Voraussetzungen immer wieder zu Fehleinschätzungen führt.

Der Begriff der »bürgerlichen Gourmetküche« ist scheinbar in sich widersprüchlich – zumindest aus der Sicht der Protagonisten, die mit ihrer eher klassisch orientierten Hochküche und der Verwendung von luxuriösen Produkten in ebenso luxuriöser Umgebung ganz sicher nicht auf das Attribut »bürgerlich« setzen. Die Auflösung der möglichen Widersprüchlichkeit ergibt sich allerdings sehr schnell, wenn man ihre – im weiteren Sinne – kommunikativen Mechanismen betrachtet. Die bürgerliche Gourmetküche hat viele Ähnlichkeiten mit der bürgerlichen Küche (um das Wort »gutbürgerlich« zu vermeiden). Die Portionen sollten nicht zu knapp bemessen sein, und das Essen sollte ganz allgemein nicht oder nur minimal von den Erwartungen abweichen. Kreative Ausflüge sollten sich in Grenzen halten, und das »sichere«, erwartbare Geschmacksbild (etwa ein Steinbutt) sollte nicht grundlegend verändert werden. Wirklich Neues in Form von unbekannten Realien (etwa eine neue, exotische Muschelsorte) oder in neuartigen, nicht einzuordnenden Zubereitungen (etwa Bärlauchasche) ist oft unerwünscht. Das Essen sollte insgesamt wie »richtiges« Essen aussehen, also nicht dekonstruiert sein (wie etwa Ferran Adriàs früher Salat in Geleeform) oder durch Miniaturisierung eine Aufmerksamkeit verlangen, die man den kleinen Krümelchen und Kügelchen normalerweise nicht schenken will.

Unerwünscht in der bürgerlichen Gourmetküche sind darüber hinaus irgendwelche Essanweisungen, die dem Gast eine adäquate Decodierung des Essens ermöglichen sollen, oft aber nicht berücksichtigen, dass die Freunde der bürgerlichen Gourmetküche in der Regel nichts haben wollen, was man decodieren muss. Ob die Drei-Sterne-Köche, die diesem Lager zuzurechnen sind (es sind meist die eher klassisch orientierten wie etwa Claus-Peter Lumpp vom »Bareiss«, in Teilen auch der schon genannte Harald Wohlfahrt), die Bezeichnung mögen oder nicht: Die Ähnlichkeit zu den Funktionsweisen der bürgerlichen Küche sind bei ihnen ganz offensichtlich. Im Übrigen muss der Begriff der »bürgerlichen Gourmetküche« auch keineswegs negativ oder als Abwertung verstanden werden.

Demgegenüber sind die Voraussetzungen der »kreativen Gourmetküche« deutlich anders. Die Erfüllung der Erwartungen geht hier eher dahin, dass Neues präsentiert wird und nicht etwa Altbekanntes. Wie aus dem Erfolg der verschiedenen wirklich kreativen Küchen der Welt abzulesen ist, scheint er sogar umso wahrscheinlicher einzutreten, je konsequenter Herkömmliches vermieden wird. Möglichst flankensteile Einzigartigkeit eines Kochs ist unter diesen Umständen ein hoher Wert. Aspekte wie Portionsgröße und andere traditionelle Details der bürgerlichen Küche spielen natürlich keine Rolle, und selbst das Ambiente der Restaurants unterscheidet sich in der Regel deutlich von den üblichen Luxusschemata der Gourmetküche. Rätselhafte Präsentationen, die weit vom Üblichen abweichen (wie etwa Massimo Botturas Nachschöpfung eines Tümpels mit Getier und Pflanzen), oder auch vielfach als Schock empfundene Gerichte (wie etwa die lebend präsentierten und lebend zu essenden Garnelen bei Redzepi) gehören vollständig zum Programm und führen übrigens oft selbst dann nicht zu einer schwächeren Einschätzung des Kochs, wenn man sie gar nicht erst probiert.

Beide Formen der Küche arbeiten also mit den Erwartungen der Esser, bedienen sich dabei aber sehr unterschiedlicher psychologischer Intensitäten. Bei der bürgerlichen Gourmetküche fällt auf, dass der kürzeste Kurzschluss (»lecker!«) durchaus nicht unerwünscht und ohne Weiteres im Sinne der Köche ist. Immer wieder gibt es dazu Anmerkungen, nach denen es die Hauptsache sei, dass es den Gästen schmeckt. Dieses Rekurrieren darauf, dass es so etwas wie einen allgemein anerkannten, »guten« Geschmack gäbe, gehört ebenfalls zu den Stilmerkmalen der bürgerlichen Gourmetküche. Die kreative Gourmetküche dagegen geht bisweilen sehr viel tiefer in das Verhältnis zwischen Esser und ihren Kreationen, weil sie ihn mit ihren expliziten, von der Norm abweichenden Angeboten regelmäßig zu einer Neubestimmung seines Verhältnisses zu dem jeweiligen Essen bringt. Wie soll er zum Beispiel ein Essen einordnen, das – wie etwa mit der Verarbeitung von üblicherweise nicht genutzten Teilen mancher Gemüsesorten – aus »Resten«, wie einem Strunk vom Blumenkohl oder aus Lauchwurzeln, gemacht ist? Wie sich dazu stellen, dass ein Koch wie Stefan Wiesner (»Rössli«, Escholzmatt, Schweiz) Sägespäne zum Aromatisieren von Saucen benutzt oder eine Suppe auf der Basis von Kieselsteinen kocht?

Auf dem Weg zum kulinarischen Kunsterlebnis I: »Assoziativer Kontext« statt »Emotionen«

In der bürgerlichen Gourmetküche ist gerne von angeblich transportierten »Emotionen« die Rede, im Prinzip ganz ähnlich benutzt wie die Begriffe von der »Küche der Heimat«, der »Küche der Kindheit« oder der »Wohlfühlküche« in der normalen bürgerlichen Küche. Der schwammige Begriff der »Emotionen« entpuppt sich bei näherem Hinsehen allerdings als ungeeignet für die Beschreibung dessen, was beim Essen jenseits der geschmacklichen Wahrnehmung sonst noch passiert. Er führt spätestens dann in eine Sackgasse, wenn man dem Bauarbeiter, der nach Feierabend mit Heißhunger und großer Inbrunst seine industriell hergestellte Currywurst mit Pommes und Mayonnaise isst, ebenfalls ein hohes Maß an Emotionalität zugestehen muss und damit »Emotionalität« als Begriff für die Zuschreibung besonderer Qualitäten eines guten Essens eigentlich ausscheidet.

Wesentlich besser funktioniert der Begriff des »assoziativen Kontextes«. Jede Form von Essen löst beim Esser mehr oder weniger komplexe Assoziationen aus. Das kann sehr einfach sein, wenn es zum Beispiel nur darum geht, dass der Geschmack einer Tomatenzubereitung von exzellenter Qualität an Urlaubserlebnisse im mediterranen Raum erinnert, an die berühmten Essen mit Freunden auf südlichen Terrassen, kommunikativ und so viel anders als zu Hause. Es kann die Erinnerung an eine Bratensauce sein, die man zuletzt vor Jahrzehnten bei der Großmutter bekommen hat und die nicht nur den Geschmack der Kindheit transportiert, sondern gleichzeitig das Bild einer bürgerlich-festtäglichen Szenerie, in der das Essen eine geradezu konstituierende Bedeutung hatte.

Solche »konkreten« Assoziationen können natürlich auch durch eher abstrakte, eher diffuse, eher problematische oder sogar tief in die Psyche des Essers gehende Effekte erweitert werden. In dem Moment etwa, wo man mit dem Essen gezielt in Richtung möglicher Abneigungen oder kulinarischer Problembereiche geht, können sich schnell Reaktionen ergeben, die weit über das Kulinarische im engeren Sinn hinausreichen. Wenn Redzepi die genannten lebenden Garnelen serviert, die ja auch lebend gegessen werden sollen, schlägt er einen weiten Bogen von Küstenbewohnern und deren ganz normalen Verhaltensweisen, bei Niedrigwasser Garnelen aufzuheben und direkt in den Mund zu stecken, bis hin zu kulinarisch »entwurzelten« Städtern, die von diesem Vorschlag entsetzt sind, weil sie vielleicht ganz allgemein den Gedanken von Tod und Tötung im Zusammenhang mit Essen verdrängt haben. Wie würde man reagieren, wenn man in einem Restaurant säße, in dem es (wie im »Ultraviolet« in Schanghai) rundum Projektionen gäbe, und diese Projektionen wären einmal nicht – wie dort – eher unverbindlich, sondern provokant? Man würde vielleicht ein Lammgericht bekommen und dazu Bilder von grasenden Lämmern sehen, in der Mitte des Essens aber würde auf Schlachthausszenen umgeschnitten. Käme man mit solchen und ähnlichen, durchaus nicht zwingend ähnlich aggressiven Verknüpfungen zur Realität nicht in ein Verhältnis zum Essen, das etwas mit einem Kunsterlebnis zu tun hat?

Eines der beeindruckendsten, kunstnahen Konzepte stammt von Massimo Bottura von der »Osteria Francescana« in Modena. Das Gericht hat den Titel »Tutte le lingue del mondo«, also »Alle Zungen der Welt«, und geht auf Arbeiten von Lucio Fontana aus den Jahren 1959/1960 zurück, die unter Namen wie »Nature« oder »Concetto spaziale« bekannt wurden. Fontana hatte seinerzeit überlegt, wie man einer außerirdischen Zivilisation vermitteln könne, dass bei einem Objekt, das man ihnen schickt, menschliches Denken am Werk war. Er entschied sich für einen Schnitt in einem Gebilde, das aussieht wie ein Meteorit. Bottura nimmt die Idee auf und präsentiert einen solchen »Meteoriten«, der aufgebrochen wird und im Innern eine Kalbszunge enthält. Diese Geste kann im Zusammenhang mit dem Titel als tief berührend empfunden werden und das Essen des Gerichtes zu einem ganz erheblich transformierten Geschehnis machen. Noch gibt es solche oder ähnliche Ansätze äußerst selten. Aber sie scheinen möglich zu sein und verweisen eindeutig auf eine spezifisch kulinarische Variante des Kunsterlebens.

Auf dem Weg zum kulinarischen Kunsterlebnis II: Die reine Degustation

Es gibt aber auch noch eine weitere Richtung, die nicht über den Weg möglicher assoziativer Kontexte geht, sondern im Gegenteil über eine Art »reine« kulinarische Wahrnehmung, die in die inneren Welten des Geschmacks, sozusagen auf molekulare Ebene führt (nicht zu verwechseln mit der sogenannten »Molekularküche«, die vor allem mit der ausgeweiteten Nutzung chemischer Prozesse zu tun hat). Diese ausgeweitete Sensorik, wie ich das seit etlichen Jahren nenne, führt zu spezifisch kulinarischen Wahrnehmungen, zum »reinen« Geschmack, zur Verfolgung geschmacklicher Wahrnehmungen, die in gewisser Weise abstrakt sind. Diese neue Art der Wahrnehmung, die zum Beispiel die zeitlichen Verläufe von Akkorden beobachtet, die räumliche Geschmacksbilder kennt, in denen es Vordergrund und Hintergrund und aromatische Schichtungen und parallele Wahrnehmungen unterschiedlicher Ereignisse gibt, erschließt völlig neue kulinarische Welten und stellt an die Kochkunst völlig neue Anforderungen. Auf einmal geht es nicht mehr um das Servieren des »Lieblingsgerichtes«, sondern – um es einmal etwas übertrieben zu sagen – auch um geschmackliche Erfahrungen, die der Normalbürger vielleicht nicht unbedingt als »Essen« bezeichnet. Gerichte in dieser Richtung haben einen ausgeprägt degustativen Charakter, der auch weit über die beliebten »Variationen von Rote Bete« oder Ähnliches hinausgeht.

Man könnte beispielsweise den Weg von Milch zu reifem Käse in acht oder zehn Stufen zu einer Degustationsreihe anordnen. Man könnte Experimente mit aromatischen Reaktionen machen, indem man erst einen »Gewürzraum« im Mund erzeugt (also den Mundraum zum Beispiel mit einem intensiven Zitrusaroma parfümiert) und dann die

Veränderungen beobachtet, die dieser Gewürzraum auf ein anderes Aroma hat (sagen wir Forellenkaviar). Die ausgeweitete Sensorik eröffnet ein riesiges Feld der Wahrnehmungen, deren physiologische Grenzen auf den ersten Blick schnell erreicht werden, tatsächlich aber sehr stark vom »Training« abhängen. Wenn der Schritt von dem oft eher unbewussten Abgleich mit kulinarischen Vorlieben zur bewussten Wahrnehmung erst einmal getan ist, stellen sich Fortschritte sehr schnell ein.

Wie weit man die Möglichkeiten der geschmacklichen Wahrnehmung des Menschen mit Sicherheit annehmen kann, zeigt ein Blick auf die Spezialisten dieser Welt, von Teeprüfern im Hamburger Hafen über Parfümeure und Sommeliers bis zu allen Spezialisten in Berufen, die mit der Herstellung von Nahrungsmitteln zu tun haben. Dieser Blick zeigt – ganz pragmatisch – erst einmal das, was jetzt schon möglich ist.

Und – es kann natürlich noch viel weiter gehen, auch wenn eine solche Mutmaßung erst dann nachzuvollziehen sein dürfte, wenn man den »Zustand der reinen Degustation« schon ein wenig genauer kennt. Auch diese »abstrakten« Wahrnehmungen können spezifische, sagen wir im Moment mangels Sprache nicht verbalisierbare Erlebnisformen auslösen. Vielleicht wie bei dem ein oder anderen Bild von Kandinsky oder bei »Hauptweg und Nebenwege« von Paul Klee oder auch wie bei Arbeiten von Cy Twombly.

Auf dem Weg zum kulinarischen Kunsterlebnis III: Die nicht erwartete Ausweitung der Mittel

Es ist noch gar nicht so lange her, da hörte man von den Meistern der Zunft skeptische Sätze wie: »Ich glaube nicht, dass es noch viele Möglichkeiten gibt. Man kann eben keine neuen Produkte erfinden.« Das Gefühl, in einem abgeschlossenen System zu arbeiten, in dem es vor allem darum geht, jene glücklichen Punkte zu treffen, an denen einmal alles stimmt und sich »große Kochkunst« ergibt, war sehr lange Zeit dominant. Man kann dieses traditionelle System am besten mit einer Pyramide vergleichen, bei der ganz unstrittig ist, wo oben ist und sich die Bemühungen der Besten darauf konzentrieren, irgendwo in die Nähe der Spitze zu kommen. Heute, rund 20 Jahre nach Ferran Adriàs ersten Dekonstruktionen und einer sprunghaften Entwicklung kreativer Küchen in den letzten Jahren, ist das beste Bild, dass es eine neue Pyramide gibt, die sozusagen mit der Spitze nach unten auf der alten steht und – das wichtigste Merkmal – nach oben offen ist. Im Moment ist keine Grenze zu erkennen, und das sowohl bei den vielen neuen Kochtechniken (von der Wiederentdeckung gefriergetrockneter Elemente bis zur Asche und der Verwendung von Extrakten aus dem Rotationsverdampfer) wie bei den verwendeten Produkten. Die Nova-Regio-Küche mit ihrer Mischung aus Avantgardedenken und der Hinwendung zu allen kulinarisch verwendbaren Materialien einer Region schafft einen riesigen neuen Materialfundus. Bei Stefan Wiesner etwa werden in seinem »Nussbaum«-Rezept buchstäblich alle Teile des Baumes verwendet.

Diese Ausweitung der Mittel vom Standpunkt der klassischen Küche aus zu kritisieren, zeugt übrigens von der in diesem Fach leider häufig zu findenden Naivität. Aus anthropologischer oder ethnologischer Sicht sind die potenziellen Mittel einer kreativen Küche selbstverständlich die Summe dessen, was auf dem Globus gegessen wird – und eben nicht nur die wenigen »Spitzenprodukte«, die die traditionelle mitteleuropäische Küche für sich reserviert hat. Mit dieser prinzipiell grenzenlosen Ausweitung der Mittel erschließt sich dem kreativen Koch ein Instrumentarium, das enorm ausgeweitet und enorm komplex mit den Erfahrungen des Menschen verbunden ist. Die Voraussetzungen für die Entwicklung künstlerischer Formen sind also – wiederum prinzipiell – so hervorragend wie nie, und es ist ein Leichtes, sich kreative Entwicklungen in alle möglichen Richtungen vorzustellen. Was sich davon eines Tages tatsächlich realisieren lässt, steht allerdings in den Sternen.

Es gibt in diesem Prozess einer genuin künstlerischen Ausweitung der Kochkunst auch noch eine weitere »Schwachstelle«, nämlich die Köche selber – immer vorausgesetzt, man sieht die Entwicklung zu stärker künstlerisch inspirierten Formen des Kochens als eine wünschenswerte oder zumindest hochinteressante Entwicklung an. Auch wenn man die besten Kreativköche der Welt weitgehend kennt, muss man zu dem Schluss kommen, dass sie mit dem Typus des bildenden Künstlers (wie immer man ihn sehen will) üblicherweise wenig zu tun haben. Wegen ihrer nach wie vor ausgeprägten handwerklichen Orientierung neigen sie vielfach zu einer eher pragmatischen Bodenständigkeit und verfügen eher selten über eine feuilletonistische Bildung. Dass sie wegen dieser Voraussetzungen aus der Sicht mancher kulturtragender Instanzen nicht »satisfaktionsfähig« sind, dürfte mit einer der Gründe dafür sein, dass selbst die entwickelte kreative Kochkunst kein regelmäßiges Thema in den Kultursendungen dieser Welt ist. In denkbaren TV-Gesprächsrunden würden sie wohl kaum sprachlich überzeugen, nicht mit Zitaten aus dem Fundus des Bildungsbürgers glänzen und wenig oder gar nichts von den Entwicklungen in den anderen Künsten wissen. Man wird selbst mit den Besten der Zunft kaum soziologische, psychologische oder gar philosophische Zusammenhänge diskutieren können, was man andererseits auch in der bildenden Kunst nicht immer garantieren kann. Während dort aber eine Art kryptische Peergroup-Sprache kultiviert wird, die von außen kaum verstanden wird und dem »Normalbürger« kaum vermittelbar ist, bleiben die Köche auch hier eher bodenständig. Bottura immerhin, der aus einer künstlerisch orientierten Familie stammt, redet manchmal von Beuys und auch schon mal so, dass seine Kollegen Mühe haben, ihm zu folgen. Aber – er bleibt da eine Ausnahme, von denen es weltweit nur wenige gibt. Man hat also die Situation, dass manche kreative Kochkünstler hochkomplexe Kreationen schaffen, deren Komplexität aber weder absichtsvoll installiert haben noch sie in irgendeiner adäquaten Form verbalisieren können. Auch das dürfte dem Kenner aus der Geschichte der Kunst geläufig sein. Dieser Zustand ist keineswegs vorwerfbar noch sui generis ein Mangel. Er ist eben nur eine »Schwachstelle«, weil durch diesen Effekt die Kommunikation über die kreative Kochkunst erschwert wird.

Auf dem Weg zum kulinarischen Kunsterlebnis IV: Status und Probleme der Rezeption

Erinnern wir uns an den Beginn dieses Textes. Die Kochkunst ist eben weitgehend Musical und nicht subventioniertes Studiotheater und muss ihr Geld selber verdienen, also anbieten, was sich verkaufen lässt. Auch wenn sich rund um den ein oder anderen Extremisten der Kochkunst, von Adrià bis Redzepi und Bottura oder Magnus Nilsson, eine große, oft sensationslüsterne Nachfrage entwickelt hat, bleibt die Entwicklung des Publikums hin zu einer Akzeptanz wirklich kreativer Küche eine sehr langsame. Während sich das Publikum über viele Jahre hinweg nur langsam und linear in Richtung Moderne bewegt, haben sich die kreativen Köche – gestärkt durch die zunehmende internationale Kommunikation – exponentiell entwickelt. Der Abstand zwischen dem, was die Köche könnten und oft auch gerne machen würden, und dem Publikum ist also erheblich größer geworden. Es folgen nur die Spezialisten, die anderen brauchen 20 Jahre, um etwas mit einem Begriff wie »Fleur de Sel« anfangen zu können. Im Moment enthält die britische Liste der 50 besten Restaurants der Welt eine beträchtliche Anzahl von Restaurants, die im Prinzip eine Nova-Regio-Küche anbieten. Das Publikum dafür wird größer, an ein Durchsetzen wichtiger Aspekte in der »normalen« Küche ist aber bei Weitem nicht zu denken, auch wenn sich die Köche der kreativen Gourmetküche sehr mit ökologischen Problemen beschäftigen und den Gedanken einer gesunden, leichten, ökologisch rückgekoppelten Ernährung wesentlich intensiver verfolgen als etwa die Protagonisten der bürgerlichen Gourmetküche.

Und wieder kommt man zu einem Vergleich mit den anderen Künsten, der im Moment sehr gut greift. Die Kochkunst ist gewissermaßen noch im Übergang von gegenständlicher Kunst zur impressionistischen, und die abstrakte Kunst ist eher noch in weiter Ferne – auch wenn viele Gerichte selbst der bürgerlichen Gourmetküche angeblich »wie gemalt« und oft ziemlich abstrakt aussehen. Einen Vergleich mit den weiteren Differenzierungen der modernen Kunst braucht man mangels Entsprechungen in der Kochkunst im Grunde gar nicht erst zu erwähnen. Impressionistische Elemente wird man am ehesten mit individualisierten Stilen verknüpfen können, weil zum Beispiel die kreative Aromatisierung klassischer Zusammenstellungen in diese Richtung gehen kann. Die flirrende Aromenvielfalt eines Desserts von Christian Hümbs vom »Haerlin« in Hamburg (ich habe sie »Crossover-Desserts« genannt, weil sie Elemente aus dem herzhaften Bereich einbeziehen) kann eine Impression schaffen, die über die konkret verwendeten Produkte deutlich hinausgeht. »Abstrakt« wiederum spielt sich in der Kochkunst nicht da ab, wo es »abstrakt« aussieht, sondern wo es abstrakt schmeckt und damit die ansonsten immer so überaus wichtige Identifizierung des Essbaren erschwert oder unmöglich wird. Dass man sich in solchen Fällen auf grundsätzliche Parameter der Wahrnehmung beziehen muss (siehe oben unter »die reine Degustation«), ist zweifellos ein abstrahierender Vorgang, bei dem der assoziative Kontext erst einmal keine Rolle spielt.

Recht aufschlussreich ist ein Vergleich mit der neuen Musik im weiteren Sinne. So, wie dort bisweilen mit den gleichen Tönen und Instrumenten das »alte« harmonische System aufgebrochen wird und ein Gebilde entsteht, in dem die althergebrachte Orientierung verloren gehen kann, gibt es auch Gerichte der kreativen Küche, die von vielen Essern nicht unbedingt als »richtiges« Essen angesehen werden. Auch an dieser Stelle kann man wieder an die Ausführungen zur »reinen Degustation« erinnern. Der Freund eines Werkes von Boulez oder Messiaen oder Schönberg hat längst eine eigene Ästhetik entwickelt, die die alten harmonischen Zentren nicht mehr braucht, sondern abstrakter angelegt ist. Gleichwohl wird es ihm in vielen Fällen gelingen, auch auf der Basis einer vergleichsweise abstrakten Wahrnehmung neue, anders geartete Assoziationen zu entwickeln. So gesehen würde eine kreative Kochkunst, die diesen Namen wirklich verdient, das Spiel mit den traditionellen Wahrnehmungsmustern aufbrechen, sich sehr weit vom üblichen, schnellen Einordnen und Beurteilen (»lecker«) lösen und dafür ganz eindeutig und unmittelbar eine ebenso sensibilisierte wie reflektierte Wahrnehmung anstoßen.

Martin Kornberger

Ist Managen eine Kunst?

Wege, das Unsichtbare sichtbar zu machen

§ 1. Ist Managen eine Kunst? Eine erste Antwort: Kommt ganz darauf an, was man unter Kunst versteht. Zielt man mit dem Begriff auf eine Tätigkeit ab, die man dem rationalen, rechnenden Geist entgegensetzt? Stellt man das Erlernbare dem Talent gegenüber? Dann wird Kunst zu einem Charakteristikum der Person, einer Zuschreibung, die man nun vom Künstler auf den Manager zu übertragen versucht. Damit landet man wohl oder übel in einem altbekannten Dualismus: Steuert man die Dinge mit Gefühl und Geschick, oder aber gibt die kalte Logik des Marktes dem Betrieb sein Gesetz, dem Manager seine Rationalität? Was zählt: Kopf oder Bauch?

So gestellt ist die Frage, ob Managen eine Kunst sei, schal. Denn wer würde nicht einräumen, man bräuchte eben von beidem etwas – Rechenschieber und Staffelei, *big picture* und *balance sheet*? Beide bedingen sich, und wer sie nicht unter einen Hut zu bringen vermag, der hat in der arbeitsteiligen Organisation immer noch die Möglichkeit, sie auf zwei Schreibtische zu verteilen.

§ 2. Vielleicht sollte man die Frage, ob Managen eine Kunst sei, anders herum angehen. Was, wenn man Kunst nicht als subjektive Zuschreibung abgeleitet von »Können« versteht, sondern als einen Akt, der auf einen und nur einen Zweck hin ausgerichtet ist: nämlich darauf, Dinge sichtbar zu machen, die bisher unsichtbar waren. Diese Definition geht auf Paul Klee zurück, der in den 1920er-Jahren des vorigen Jahrhunderts schrieb, dass es die Aufgabe der Kunst sei, »Unsichtbares sichtbar zu machen«.

Mit Klee entgeht man der müßigen Aufgabe, Kunst als Begabung, Talent oder Können (miss)verstehen zu müssen. Und in der Tat ist eine solche Definition der Kunst spätestens seit Marcel Duchamp problematisch: Was sind denn seine *Readymades,* wenn nicht ein Akt des Herausgreifens, des Hervorhebens, des Hinausstellens – kurz des Sichtbarmachens einer Wirklichkeit, die wir nicht mehr oder noch nicht wahrnehmen?[1]

§ 3. Managen, verstanden als das Sichtbarmachen von Unsichtbarem, ist in der Tat eine Kunstform – wenn auch als solche bis heute unerkannt geblieben. Einer der ersten Managementautoren, Frank Gilbreth, verwendete um 1900 Kameras, um Bewegungsabläufe bei Arbeitsvorgängen zu studieren. Er zerlegte die Bewegungsmuster in einzelne Bilder und montierte diese unter Effizienzgesichtspunkten zu einem dann optimierten Gesamtablauf. Es ging Gilbreth und seinem weit berühmteren Nachfolger, Frederick Winslow Taylor, darum, eine Realität sichtbar werden zu lassen, die dem menschlichen Auge normalerweise entgeht. Um dies zu bewerkstelligen, bedienten sie sich der Mittel der Technologie, ganz so wie die Kunst: Sie filmten und fotografierten, skizzierten und modellierten, was der Erfahrung bisher verschlossen blieb.[2] Man vergleiche Gilbreths Studien mit Duchamps Gemälde »Akt, eine Treppe herabsteigend Nr. 2« von 1912, der berühmten Bewegungsstudie einer Frau. Sieht man hier nicht eindrücklich, wie Manager und Künstler sich nicht nur derselben Mittel bedienen, sondern auch demselben Programm folgen – nämlich das Wirkliche, aber bis dato Unsichtbare sichtbar zu machen?

Die Pioniere des Managements arbeiteten mit Hochdruck an der Visualisierung der Organisation. Dies war eine unabdingliche Voraussetzung, um Management von immer größer werdenden Betrieben überhaupt zu ermöglichen: Denn je weiter oben in der Hierarchie sich der Manager befindet, desto mehr muss er sich in seinem Handeln und Entscheiden auf Berichte, Statistiken, Zahlen – kurzum auf Repräsentationen des Betriebes – verlassen. Nachdem der Manager vom Büro aus seine Herrschaft ausübt – und damit im eigentlichen Wortsinn den Prototyp des Bürokraten darstellt –, müssen die Unternehmung und ihre relevanten Umwelten so umformatiert werden, dass sie auf seinen Schreibtisch passen. Prozessabläufe, Organigramme, Charts, Tabellen, Akten und eine ganze Reihe anderer Mittel und Mittelchen wurden entwickelt, um das Treiben im Betrieb sichtbar zu machen.[3] Die gesamte Geschichte des Managements ließe sich als Geschichte der fortschreitenden Visualisierung der Organisation zum Zwecke ihrer Steuerung beschreiben. All diese Umwelt-, Mitarbeiter-, CSR- und Diversitätsbilanzen, Berichte, Strategiedokumente und Pläne, Organigramme, Prozessdiagramme und PowerPoint Slides, Corporate-Identity-Programme und Markenauftritte – sind das nicht alles Symbole einer unter unserer Wahrnehmungsschwelle liegenden Wirklichkeit, die eben darum die Ausdruckskraft der Kunst brauchen, um zuallererst wahrnehmbar zu werden? Wie die Kunst ist Management eine symbolische Form, die die Zukunft in Visionen, die Vergangenheit in Bilanzen und die Gegenwart in Analysen sichtbar werden lässt.

§ 4. Dabei ist Management genauso wenig wie die Kunst *L'art pour l'art*: Vielmehr soll die Repräsentation der Wirklichkeit Ansatzpunkte zu deren Veränderung liefern. Ein internes Performance Management Tool oder eine externe Markeninszenierung – beides sind ästhetische Phänomene, das erste, um dem Manager das Führen, das zweite, um ihm das Verführen zu ermöglichen. Darin ist die Kunst des Managers dem Aktionismus verwandt: Sein Abbild der Wirklichkeit wird unter der Hand zu einem Vorbild für die Wirklichkeit. Aktionistische Kunst und Management definieren sich als die Fähigkeit, abzubilden, mit dem Ziel, umzubilden.

Man denke etwa an den Sozialdemokraten und Wirtschaftsphilosophen Otto Neurath, der in den ersten Dekaden des 20. Jahrhunderts Ausstellungen für Arbeiter kuratierte, um ihnen wirtschaftliche Prozesse verständlich zu machen. Er erfand ein eigenes Symbolsystem (Isotype – International System of Typographic Picture Education), um unsichtbare, aber wirkmächtige Prozesse der sich zunehmend globalisierenden Wirtschaft sichtbar zu machen. Neuraths Kalkül basierte auf dem politischen Potenzial seiner Ästhetik: Isotype war Sichtbarmachen, Greifbarmachen eines komplexen Sachverhalts, während es gleichzeitig eine Sprache für die Formulierung politischer Handlungsmöglichkeiten bereitstellte.

§ 5. Gesetzt nun, Management sei eine Kunst, so verändert sich die eingangs gestellte Frage: Wie macht Management die Organisation, die Welt, in der sie eingebettet ist, und sein eigenes Handeln sichtbar? Wie in der Kunst stellt sich also, anders gewendet, auch im Management die Frage nach dem *Stil* der Darstellung und deren Machteffekte.

In James Scotts faszinierendem Buch *Seeing Like a State* findet sich ein eindrückliches Beispiel für den dominanten Stil des Managers.[4] In der zweiten Hälfte des 18. Jahrhunderts entwickelte sich in Deutschland eine neue Form von Wissen und Praktik der Forstwirtschaft. Johann Gottlieb Beckmann, Avantgardist der Forstwirtschaftslehre, begann seine Systematisierungen damit, den Wald akribisch zu vermessen. Er schritt durch den Wald, mit einer Schachtel unter dem Arm, in der sich Nägel in fünf verschiedenen Farben befanden. Jede Farbe entsprach einer Kategorie von Baumgröße. So wurde der Wald einer Inventur unterzogen, in der jeder Baum erfasst und klassifiziert wurde. Mit der Setzung eines »Normalbaumes« als Standard konnte sich planen lassen, wie viel Holz der Wald pro Jahr liefern würde. Dank dieser Vermessung wurde der Wald zu einer Ressource, zu einem ökonomischen Objekt, mit dem sich rechnen ließ. Die Krux an der Sache war, dass unter Beckmanns Hand der Wald in Symbole, Kategorien, Zahlen und Begriffe übersetzt wurde, das Wuchern und Treiben in Tabellen und Zahlen diszipliniert. Dabei wird vom Phänomen des Waldes abstrahiert, gleichzeitig aber entsteht eine neue Realität, die ihre Substanz in der Darstellung, in der Visualisierung des Waldes findet. Der finanzielle Wert des Waldes, Qualität und Ertrag in Jahren, Wachstum und Vergleichszahlen von anderen Wäldern – das alles sind neue Qualitäten, die wohlgemerkt nicht im Wald wachsen, sondern aus der Kunst des Managens hervorgehen.

Wie Scott nicht müde wird hervorzuheben: Der Wald wird »lesbar« gemacht, er verwandelt sich in Karten, Tabellen, Diagramme und so weiter, die vom Schreibtisch des Managers aus verwaltet werden können. Und es sind eben diese Visualisierungen, die des Managers Arbeit überhaupt ermöglichen. Er kann aus der Distanz handeln, soll heißen, er kann Aufgaben an seine Unterlinge delegieren, und er kann ihre Tätigkeit kontrollieren, ohne selbst in den Wald gehen zu müssen; er kann seinem Herrn Rechenschaft über seine Leistung ablegen, indem er auf Zahlen und Tabellen verweist; er kann den Wald an Investoren verkaufen, ohne dass diese ihn jemals zu Gesicht bekommen müssten. Dank der Visualisierung des Waldes kann er seine Macht in die Ferne projektieren; und nur dank der Visualisierung kann er sich als das Zentrum des Geschehens installieren. Darin liegt die Vermessung des Managements.

§ 6. Was uns zum Untertitel von Scotts Buch bringt: *How Certain Schemes to Improve the Human Condition Have Failed.* Denn in der Art und Weise, wie Management in dem ihm eigenen Stil die Welt sichtbar macht, liegt seine Pathologie. Was geschieht, wenn der Wald zu einer Summe von Bäumen und die Bäume zum Objekt des Managementhandelns werden? Was ist der Preis der Abstraktion?

Zunächst wird der Wald lesbar, darstellbar gemacht; er wird auf das, was zählt, und das heißt, was zählbar ist, reduziert. Das sind in unserem Fall die Bäume, deren Anzahl, der Umfang der Stämme, das Volumen an Holz, das sich zu einem gewissen Zeitpunkt daraus erwirtschaften lässt. Vielleicht auch die Anzahl der Häuser, die sich damit bauen lassen, oder die Schiffsmasten, die sich damit herstellen lassen. Und natürlich der Preis, der sich durch unterschiedliche Verwendungszwecke erzielen lässt. Diese Darstellung des Waldes macht Dinge sichtbar, die man im Wald nicht findet, die es vor der Kunst des Managers schlichtweg nicht gab. Er erzeugt ein *big picture* vom Wald, eine strategische Karte, eine Darstellung, die sich auf das für ihn Wesentliche konzentriert. Aber das für ihn Wesentliche stellt einen feinen Filter dar, der all das ausblendet, was den Wald als ökonomisches Objekt unscharf, verschwommen werden ließe. Zum Beispiel all das Unterholz, das Kleinwüchsige und Krumme, das Nicht-Verwertbare und Parasitäre wird aus der Darstellung verbannt. Es interessieren den Manager nicht die Würmer im Boden und die Eichhörnchen auf den Baumwipfeln, und auch nicht das gefallene Laub und die Feuchtigkeit nach dem Regen. Vor lauter Bäumen sieht er den Wald nicht. An seine Stelle tritt die Abstraktion eines Waldes als ökonomisches Objekt, dessen Wert sich aus der Berechnung des Nutzens für Dritte ergibt – die übrigens den Wald nie zu Gesicht bekommen haben müssen, um ihn jetzt, in der Darstellung des Managers, zu »sehen«. Investoren treffen Entscheidungen, Besitzer machen Pläne, Unternehmen kaufen und verkaufen Holz, eben weil der Wald unter den Pinselstrichen des Managers ein Objekt geworden ist, auf das man zählen, mit dem man rechnen kann.

Das Problem liegt auf der Hand: Genau jene Dinge, die der Manager außer Acht lässt, die in seiner Darstellung ausgeblendet werden, sind es, die den Wald zum Wald machen. Tatsächlich ist das, was in der Abstraktion als das Wesentliche erscheint, in Wirklichkeit nur ein Effekt, die Konsequenz einer Vielzahl von Beziehungen, die die Vorstellungs- und Darstellungskraft des Managers übersteigt. In Wirklichkeit haben wir es mit einer Ökologie zu tun, die der Manager in eine Ökonomie uminterpretiert.

In Scotts Geschichte rächt sich diese Umdeutelei recht bald: Die Forstwirtschaftslehre markiert paradoxerweise die Geburt des Waldsterbens. Denn im Laufe der Geschichte wird die Darstellung des Waldes als ökonomisches Objekt immer mehr zum Modell für die Gestaltung des Waldes. Die vereinfachende Darstellung führt zu einem vereinfachten Wald – und solch ein vereinfachter Wald, von seiner komplexen Ökologie getrennt, ist nicht nachhaltig. Die daraus resultierenden Monokulturen laugen den Boden aus, sie sind für Schädlinge und Sturmschäden anfällig, was mit vielem anderen mehr den vereinfachten Wald in kurzer Zeit zu einer höchst komplizierten Sache macht, die sich mit den Mitteln des Managements nicht beherrschen lässt.

§ 7. Die Moral der Geschichte? All das, was ausgeblendet werden muss, damit der Wald zu einem ökonomischen Objekt gemacht werden kann, ist eben das, was den Wald als ökologischen Sachverhalt zuallererst hervorbringt. Die instrumentelle Darstellung des Waldes ignoriert, was seine eigentliche Existenz ermöglicht und seine Reproduktion sicherstellt. Die Abstraktion des Managers macht aus dem Wald ein Objekt, das einen Preis hat; aber eben damit zerstört er jene Werte, die den Wald hervorbringen.

Diese Geschichte ist freilich eine Parabel: Von der Forstwirtschaftslehre ist es nur ein kleiner Schritt zur modernen Finanzwirtschaftslehre. Sind denn nicht Ratingagenturen moderne Simplifizierungsmaschinerien, die ihre Bewertungen wie farbcodierte Nägel in Unternehmen treiben? Zweifelsohne gehören diese Vereinfachungen zur numerischen Infrastruktur der globalisierten Finanzwirtschaft. Aber wie die Forstwirtschaft zum Waldsterben, so führten die Ratings in die Krise.[5] Und in der Krise besinnt man sich jener Dinge, die die Wirtschaft erst möglich machen, die aber in ihrem Kalkül außen vor bleiben – allen voran der eigentlichen Bedeutung des Wortes Kredit, lateinisch für »Vertrauen«. Wir sehen den beckmannschen Stil am Werk: Eine komplexe Ökologie wird immer weiter abstrahiert, in immer feinere Tranchen zerlegt und zu *collateralized debt obligations* und *credit default swaps* und anderen Derivaten synthetisiert. Diese neuen Objekte existieren nur als Darstellungen, sie drücken Beziehungen und Verhältnisse aus, die ohne die Kunst des Managers nicht existieren würden. Aber wie die beckmannschen Darstellungen des Waldes sind auch sie Darstellungen, die ihre eigene Existenzbedingung ignorieren. Marx hat in diesem selbstdestruktiven Prozess das Wesen des Kapitalismus erkannt: Fortwährend zerstört er das Fundament, auf dem sein Erfolg basiert.

§ 8. In Scotts Wald erkennen die Akteure ihren Fehler. Als das Holz zur Neige geht und die Bäume nicht rasch genug nachwachsen, fällt ihr Blick auf den Wald – sprich auf all das, was sie anfänglich ausblendeten. Um gegenzusteuern, wird versucht, den Überschuss an scheinbar Unnötigem, den Exzess an schlecht Verstandenem künstlich wieder einzuführen. Aus der Monokultur wird nolens volens eine kalkulierte Vielfalt. Damit treten wir in das Zeitalter des Diversitätsmanagements. Diese künstlichen Auffang- und Reintegrationsstrategien sind das tägliche Brot des Managers. Man denke nur an all jene Kultur-, Motivations- und Werteprogramme, die in Unternehmen eingeführt werden, um die Simplifizierung und Verödung wieder auszutreiben, die der Ungeist des ökonomischen Kalküls mit sich bringt. Allgemein gewendet: Ein Unternehmen funktioniert nur, weil es eben weit mehr ist als ein Bündel an Ressourcen, das von nutzenoptimierenden, profitgetriebenen Egoisten effizient eingesetzt wird. Unternehmenskultur, Value Management, Intrapreneurship und so weiter sind nichts als kalkulierte Wiedereinführungen des allzu Menschlichen ins Getriebe des Betriebs. Sie stellen eine durch das Ökonomische zensierte Version des Ökologischen dar. Im Extremfall werden dabei urbane Landschaften innerhalb der Unternehmung geklont (wie die beliebten Campus-Projekte, allen voran Google und Apple), die versuchen, das Leben einer Stadt im Dienste der Gewinn- und Wachstumssucht künstlich nachzustellen.

§ 9. Das Problem an der Sache ist ein kunst- und erkenntnistheoretisches gleichermaßen – nämlich das des Verhältnisses von Karte zu Territorium oder, wie es Scott nannte, das Dilemma zwischen *global view* und *local tracker*. In unser Diktum übersetzt: zwischen *big picture* und lokalem Handeln. Der *local tracker* versteht den Wald, ist mit jedem Holzweg vertraut, weiß jedes Geräusch, jeden Geruch zu deuten. Er kennt den Wald, nicht aber den Preis der einzelnen Bäume. Der *global viewer* wiederum sieht den Wald vor lauter Bäumen nicht: Er kennt nur Kubikmeter und Verkaufspreise, verknüpft Daten und Informationen in abstrakte Diagramme und Zahlen. Mit seiner Analyse (wörtlich »Auflösung«) trennt er Zusammenhänge, unterschlägt wechselseitige Abhängigkeiten, vergisst, dass auch das, was man nicht zählen kann, zählt – kurzum: Die Analyse versteht die Ökologie des Waldes nicht. Der Wald als ökonomische Kategorie wird darum eben erst sichtbar. In dieser Lesart der Wirklichkeit, in diesem Stil liegt die Macht des Managers. Nietzsche hat diese Macht, die auf Erkenntnis und Darstellung beruht, folgendermaßen beschrieben:

»Der ganze Erkenntnis-Apparat ist ein Abstraktions- und Simplifikations-Apparat – nicht auf Erkenntnis gerichtet, sondern auf *Bemächtigung* der Dinge: ›Zweck‹ und ›Mittel‹ sind so fern vom Wesen wie die ›Begriffe‹. Mit ›Zweck‹ und ›Mittel‹ bemächtigt man sich des Prozesses (– man *erfindet* einen Prozeß, der faßbar ist), mit ›Begriffen‹ aber der ›Dinge‹, welche den Prozeß machen.«[6]

Erkenntnis, so Nietzsche, ist immer »Fälschung des Vielartigen und Unzählbaren zum Gleichen, Ähnlichen, Abzählbaren«.[7] Darstellungen in der Kunst wie im Management sind Vereinfachungen, Umdichtungen des Unbegreiflichen ins Begriffliche, des Unvorstellbaren ins Vorhersehbare.

Managementdarstellungen haben nun die Eigenheit, dass sie dem Ziel der Erweiterung des Handlungsspielraums und damit der Machtausübung dienen. Zu ihrer Verteidigung: Natürlich möchte die Kunst auch wirken, allerdings ist sie weniger zielspezifisch, meist bewusstseinserweiternd und selten handlungsorientiert. Das *big picture* des Managements ist handlungsanleitend. Es existiert nur, um die Herrschaft vom

Schreibtisch aus – das heißt Herrschaft aufgrund von Handlungen und Entscheidungen, die sich auf Repräsentationen beziehen – zu sichern. Das Problem an der Sache ist, dass das *big picture* so viel an Kontext ausblendet, so viele scheinbare Nebensächlichkeiten ignoriert, sodass unser Handeln, das auf der vereinfachenden Darstellung basiert, auf dem Weg in die Welt von unzähligen Hindernissen, unintendierten Konsequenzen und Externalitäten sabotiert wird. Was man mit anderen Worten gemeinhin Implementierungsprobleme nennt, ist die zeitlich verschobene Auswirkung der manageriellen Ausblendungsstrategien.

Liegt darin nicht das Grundproblem der Moderne? Die Bäume vor lauter Wald nicht sehen – also lokal handeln, aber eben damit im Nichtkalibrierbaren stecken zu bleiben; oder aber den Wald vor lauter Bäumen nicht sehen, und damit Kontext, Nuancen, Abweichungen auszublenden. Ökonomie oder Ökologie: Der Ökonom handelt, ohne zu verstehen; der Ökologe versteht um den Preis der Handlungsunfähigkeit.

§ 10. Bleibt die Kunst des Managens in diesem Dilemma gefangen? Nochmals die Struktur des Problems: Der Manager, der das *big picture* malt, steht dem Geschehen gegenüber; die Welt ist sein Rohmaterial, das unter seiner Hand zur Ressource formatiert und in Grafiken (meist einer Zwei-mal-zwei-Matrix) diszipliniert wird. Die Entscheidung über In- oder Exklusion trifft der Manager anhand von Kriterien, die er nicht im Wald findet. Was nicht Teil seines Kalküls wird, wird als Externalität ausgeblendet – bis sie ihm einen Strich durch die Rechnung macht. Das Dilemma ist, dass des Managers Macht auf seiner Fähigkeit basiert, Dinge zu ökonomisieren, das heißt, Kontext zu verdrängen und Objekte als Ressourcen zu definieren; der Widerstand der Dinge aber liegt in ihrer Ökologie, genauer in ihren infinitesimalen Beziehungen zueinander, die sie zuallererst hervorbringen.

Man kann den Wald wie ein *local tracker* erleben – oder wie ein Manager sehen. Die Moderne ist der Triumph des Letzteren über den Ersteren. Dabei hat der *local tracker* vieles, was für ihn spricht. Er zeichnet sich durch lokales Wissen aus, er kennt Bedeutung und versteht den Sinn der Dinge, er ist ein subtiler Seismograf, der kleinste Veränderungen wahrnimmt. Er ist politisch autonom, vielleicht sogar lokal nicht ohne Macht, denn er weiß, wie man von A nach B gelangt, während der Außenstehende einen Führer braucht. Damit sorgt er für dezentrale Machtverhältnisse. In dem Maße, in dem er autonom ist, kann er auch nur ein begrenztes Gebiet überblicken. Sein Wissen ist tief, aber nicht breit; er hat viele Einsichten, aber wenig Informationen; er kennt die Vergangenheit aus Erfahrung und Tradition, die Zukunft aber bleibt fern, ohne durch die Prothese der Prognose berechenbar zu werden; der *local tracker* kann nicht systematisch vergleichen, planen oder kontrollieren – kurz: Er kann nicht managen.

Der Manager ist der Antipode des *local tracker.* Er macht den Wald zur Summe aller Bäume, er unterwirft ihn Standards und Kategorisierungen, er macht ihn vergleich- und berechenbar. Er macht ihn transparent, lesbar und navigierbar für Dritte, die wie gesagt gar nicht in den Wald gehen müssen, um ihn zu verstehen. Aber durch sein Dekontextualisieren zerstört er auch all jene Zusammenhänge, die den Wald hervorbringen.

Seine Abbildung ist Symbol des Baumes als ökonomische Ressource und Symptom für die Krise des Waldes als ökologisches System.

§ 11. Das Problem des vorherrschenden Managementstils ist die Art und Weise, wie er das Globale und das Lokale, den *local tracker* und die *global view* miteinander in Verbindung bringt. Das wirft die Frage nach dem Medium der Darstellung auf. Und bringt uns wieder zurück zum Rechenschieber und der Staffelei, genauer zum Medium des Manager-Künstlers. Als Autor des *big picture* bedient er sich des Pinsels, also eines relativ passiven Instruments, mit dem er ans Werk geht.

Mit dem Internet verändert sich nun eben jenes Medium der Kunst, das Instrument der Darstellung. Mittels interaktiver Technologie konfiguriert sich das Verhältnis von Handlung und Repräsentation, von

Plan und Ausführung, von Aktion und Kontrolle grundlegend anders. Stellt nicht der Klick mit der Computermaus eine im Grunde revolutionäre ontologische Kategorie dar, in der Entscheidung und Ausführung, Handlung und Repräsentation zusammenfallen? Wer klickt, der handelt; wer klickt, erzeugt aber auch Information, hinterlässt eine Spur. Es ist ganz so, als würde der *local tracker* über seine Handlungen das *big picture* quasi automatisch mitproduzieren. Darin liegt der entscheidende Punkt: *Nicht Wege, sondern Karten entstehen nun beim Gehen.*

In diesen neuen Darstellungen drückt sich ein neuer Stil aus, der sich zunächst dadurch auszeichnet, dass hier nicht der Manager allein den Pinsel in Händen hält. Vielmehr entstehen neue Karten, neue Kategorisierungen, und damit neue Identitäten als immanentes Phänomen, sozusagen als Beiwerk zum lokalen Handeln. Amazons Kartografie des Büchermarktes, seine Visualisierungen von Ähnlichkeiten und Rivalitäten, sind ein Beispiel eines *big picture*, das streng gesprochen keinen Autor mehr kennt. Eben weil die Entscheidungen von Abermillionen Nutzern gleichzeitig Datenspuren sind, ergibt sich aus deren Bewegungen ein dynamisches Bild von dem, was in Amazons virtuellen Bücherregalen nebeneinandersteht. Diese Darstellung ergibt sich aus Handlungen (Klicks), weil diesen Handlungen selbst eben eine Darstellungsfunktion innewohnt. Ordnung ist keine von außen auferlegte Kategorisierung der Dinge, vielmehr ergibt sie sich immanent aus einer Unzahl an Mikroentscheidungen, die alle als wenn auch noch so kleine Punkte auf der Leinwand des *big picture* aufscheinen.

Im Aggregat entstehen daraus über kurz oder lang neue soziale Kategorien und neue Werte. Man denke nur an die Reputationsökonomie, aus der sich eBay, Airbnb, Uber und all diese anderen Firmen des Plattformkapitalismus speisen. Ihre zentrale Kategorie ist Vertrauen, das auf der Basis von Handlungen Einzelner als Makrophänomen für alle Konturen annimmt. In der Tat, Unsichtbares sichtbar zu machen, sei es Vertrauen (Airbnb), Beliebtheit (*Like*-Symbol), Talent (Topcoder) – ist das nicht das eigentliche *business model* des global vernetzten kognitiven Kapitalismus?

Freilich ist Vorsicht geboten, das alles nicht mit einer neuen unsichtbaren Hand oder gar einer Form virtueller, direkter Demokratie zu verwechseln. Nichts wäre fehlgeleiteter. Denn diese Übersetzungen von Mikroverhalten und Makrorepräsentation finden im Medium des Computers statt und werden durch Algorithmen im Hintergrund gesteuert. Google Search verbindet den *local tracker* mit der *global view* – gewährleistet wird diese Übersetzung durch den berühmt-berüchtigten PageRank-Algorithmus. Freilich, der Manager verliert damit seinen Monopolanspruch auf die Rolle als Autor des *big picture* – und damit auch einen Teil seiner Autorität. Vielleicht wird damit das Managen in absehbarer Zeit keine von Menschenhand geschaffene Kunstform mehr darstellen, sondern eine Art algorithmusgestütztes Malen nach Zahlen, dessen Regeln in den Zentren des kognitiven Kapitalismus als dessen bestgehütete Geheimnisse verborgen liegen.

§ 12. Damit stellt sich eine neue Frage: Gesetzt, wir erleben eine grundlegende Veränderung des Verhältnisses von Karte und Territorium, eine Veränderung, der die Darstellung der Handlung innewohnt, in der das ordnende Subjekt nicht länger Autor des *big picture* ist und damit an Autorität einbüßt; eine Veränderung, in der sich Ordnung immanent aus Handlungen und Bewegungen ergibt, und nicht von außen auferlegt wird. Gesetzt, dem sei so, liegt darin nicht auch ein neuer Stil begründet, eine neue Ästhetik, die Neues, bisher Unsichtbares sichtbar macht und damit neue Machteffekte erzeugt?

Was würde Otto Neurath tun?

Anmerkungen

1 Danto, Arthur: »The artworld«. In: *The Journal of Philosophy*, Vol. 61, 1964, S. 571–584.

2 Giedion, Sigfried: *Mechanization Takes Command. A Contribution to Anonymous History*. Oxford 1948.

3 Yates, JoAnne: *Control through Communication. The Rise of System in American Management*. Baltimore 1993.

4 Scott, James C.: *Seeing Like a State. How Certain Schemes to Improve the Human Condition Have Failed*. New Haven 1998; der folgende Absatz stützt sich vorwiegend auf das erste Kapitel.

5 Siehe Ouroussoff, Alexandra: *Wall Street at War. The Secret Struggle for the Global Economy*. Cambridge 2010.

6 Nietzsche, Friedrich: *Nachgelassene Fragmente*, KSA Bd. 11, S. 164.

7 a. a. O., S. 506.

Peter Rawert

Ist Zaubern eine Kunst?

Wege, das Unmögliche sichtbar zu machen

»Nur Trödel ist Dein Taschenspielerkram,
wenn Deine Zunge keinen Zauber übt.«
(F. W. Conradi-Horster)

Zaubern heißt, Natur- und Denkgesetze außer Kraft setzen. Zauberer lassen etwas aus dem Nichts erscheinen oder ins Nichts verschwinden, sie heben die Schwerkraft auf, lassen feste Materie durch feste Materie dringen, zerstören einmalige Artefakte und stellen sie anschließend mir nichts, dir nichts wieder her, lesen Gedanken oder animieren tote Objekte. Ganz gleich, ob das Gravitationsgesetz oder Sätze wie die vom Widerspruch, vom ausgeschlossenen Dritten oder vom zureichenden Grunde – für Zauberer gelten sie nicht. Zauberer machen möglich, was eigentlich unmöglich ist, und zwar nicht nur aktuell unmöglich, sondern prinzipiell. Zumindest hat das so den Anschein.

Die Wahrheit sieht natürlich anders aus. Niemand kann sich über die Gesetze der Physik oder der Logik hinwegsetzen. Gewiss gibt es Spiritisten, für die das Paranormale unumstößliche Realität ist. Gewiss gibt es Wundergläubige, für die blutende Hostien oder ebensolche Messbücher nicht Hokuspokus oder Budenzauber, sondern Gewissheiten von transzendenter Dimension sind.[1] Niemand wird jedoch glauben, dass man einen Menschen auf offener Bühne zersägen und ihn kurz darauf wieder zusammenfügen kann. Niemand wird glauben, dass jemand aufrechten Ganges durch eine feste Mauer aus dicken Steinen zu spazieren vermag. Und das Kaninchen aus dem leeren Hut oder die Taube aus dem Taschentuch? Längst haben zumindest die Tierschützer die Illusion zerstört, es handle sich um kunst- beziehungsweise artgerechte Geburten lebender Wesen aus dem Nichts. Nein, eigentlich weiß es jeder, der denken kann: Zauberer können gar nicht zaubern.

Zaubern ist keine Hexerei. Auf den kleinsten Nenner gebracht ist Zaubern lediglich die *scheinbare* Überwindung der Natur- und Denkgesetze, und zwar mit den Mitteln der Täuschung. Der Zuschauer sieht etwas, was mit seiner Erfahrung vom gewöhnlichen Funktionieren der Welt nicht vereinbar ist. Er sieht das Unmögliche. Das Unmögliche ist jedoch virtuell. Es geschieht nicht in der Realität, sondern ausschließlich im Kopf des Betrachters. Es ist ein fehlerhaftes Digitalisat seiner Sinne und seines Denkens. Auch in den Händen eines Zauberers bleibt die Wirklichkeit, wie sie ist.

Zauberer schaffen Illusionen. Tun sie es, um andere zu schädigen, sind sie Betrüger. Tun sie es, um sich Kräfte anzumaßen, die auf einen Zugang zu höheren Mächten deuten, sind sie Scharlatane, Schamanen oder Schwarzkünstler. Tun sie es hingegen, um zu unterhalten, zu erstaunen, zum Lachen, zum Rätseln oder zum Nachdenken zu bringen, dann sind sie das, was der australische Kulturwissenschaftler Simon During »säkulare Magier«[2] genannt hat, und im besten Fall sogar Künstler – Zauber-*Künstler*.

Effekte, Methoden, Ablenkung

Zaubern zu Unterhaltungszwecken ist ein komplexer Vorgang. Etwa seit dem 17. Jahrhundert gibt es Bücher, welche die Anatomie von Zaubertricks erklären und Anleitungen beziehungsweise Hilfestellungen für ihre Präsentation bieten.[3] Eine »General Theory of Magic« gibt es zwar nicht.[4] Von einem gewissen theoretischen Rahmen kann man jedoch sprechen. In diesem Rahmen geht es um die Beziehung zwischen Effekten, Methoden und Ablenkung.

Die Effekte sind das, was der Zuschauer sieht beziehungsweise zu sehen glaubt. Sie sind vielfältig, aber keineswegs unbegrenzt. Das liegt daran, dass Zauberei »nur« die Umkehrung von Natur- und Denkgesetzen ist. Diese Gesetze jedoch sind ihrer Zahl nach limitiert. Die umfassendste Klassifikation von magischen Effekten stammt aus der Feder des US-Amerikaners Dariel Fitzkee (1898–1977) und trägt den Titel *The Trick Brain* (1944).[5] Fitzkee unterscheidet:

- *Erscheinen,*
- *Verschwinden,*
- *Wanderung (Personen oder Gegenstände wechseln unsichtbar ihre Position),*
- *Verwandlung (Veränderung von Größe, Farbe oder Form eines Objekts),*
- *Durchdringung,*
- *Zerstörung und Wiederherstellung,*
- *Animation,*
- *Schweben,*
- *Anziehungskraft (Personen oder Gegenstände ziehen etwas nach der Art von Magneten an),*
- *sympathetische Reaktionen (Personen oder Gegenstände wirken auf andere ein und verursachen bei ihnen gleiches Verhalten),*
- *Unverwundbarkeit (der Schuss aus der Pistole verletzt sein Ziel nicht),*
- *physische oder physikalische Anomalien (Menschen ohne Kopf, ohne Unterleib oder ohne Schatten),*
- *Publikumsversagen (der Zuschauer kann eine einfache Handlung wie zum Beispiel das Anheben eines Kästchens nicht bewerkstelligen),*
- *Identifikation (ein gewählter Gegenstand geht verloren und wird wiedergefunden – typisch eine vom Zuschauer verdeckt gezogene Spielkarte, die beliebig ins Spiel zurückgegeben und gleichwohl sofort erkannt wird),*
- *parapsychologische Effekte (zum Beispiel Gedankenlesen, Gedankenübertragung, Vorhersagen oder außersinnliche Wahrnehmungen – Man spricht auch vom ESP-Phänomen).*

Effekte können sich überlappen. Der Kugeltrick, bei dem ein Geschoss einen Menschen durchbohrt, ohne ihn zu töten oder auch nur zu verletzen, lässt sich den Kategorien der Durchdringung, der Unverwundbarkeit oder der Anomalien zuordnen. Wie der Zuschauer ihn wahrnimmt, ist eine Frage der Präsentation.[6] Ähnliches gilt für den Effekt des Wanderns. Der Betrachter kann ihn nicht nur als eine Form des Platzwechsels, sondern auch als Kombination von Erscheinen und Verschwinden erleben.

Hinter den Effekten stehen die Methoden. Sie sind die Strategien, die es dem Zauberer erlauben, das Unmögliche scheinbar wirklich werden zu lassen. Anders als die Anzahl der Effekte ist die der Methoden unbegrenzt. Fitzkee selbst nennt allein fast 50, mit deren Hilfe sich das Erscheinen simulieren lässt; beispielsweise durch das vorherige Verbergen eines Gegenstandes in der Hand oder im Ärmel, den Einsatz doppelter Böden oder den Gebrauch von sich selbst ausdehnenden Gegenständen wie einer Klappblume.

Die Methoden sind das eigentliche Geheimnis der Unterhaltungsmagie. Für die Art und Weise, wie sie in ein konkretes Zaubergeschehen umgesetzt werden können, gibt es unendlich viele Möglichkeiten. Der englische Ingenieur und Amateurzauberer Jack Potter hat zwischen 1967 und 1975 einen 14-bändigen *Master Index to Magic in Print* veröffentlicht. Er enthält Fundstellen für annähernd 100 000 Trickanleitungen. Die Quellen datieren zwischen dem späten 16. Jahrhundert und den 1970er-Jahren. Durch immer neue Erfindungen und modernere Formen der Verbreitung von »magischem Wissen« – zunächst Videoaufnahmen, später CDs beziehungsweise DVDs und heute vornehmlich durch das Internet – hat sich die Anzahl solcher Beschreibungen inzwischen exponentiell vermehrt. Ständig werden weitere Methoden entwickelt und überkommene auf technisch bisher nicht gekannte Weise umgesetzt. Auch ein Zuschauer, der zu wissen glaubt, wie ein bestimmter Effekt zustande kommt, kann dadurch aufs Neue getäuscht werden. Und das gilt selbst für professionelle Zauberer, wenn sie sich in die Rolle des Betrachters begeben.

Zentrales Bindeglied zwischen dem vom Zuschauer erlebten Effekt und der Methode, mit der er erzielt wird, ist die Ablenkung. Sie ist die Interaktion zwischen Zauberkünstler und Publikum, die die Aufmerksamkeit des Betrachters hin zum Effekt und fort von der Methode steuert.[7]

Ablenkung ist das große Thema der Zauberkunst. Lange bevor sich die Psychologie als Wissenschaft etablierte, hatten Zauberkünstler schon über ihre Themen philosophiert. Bereits 1788 kann man in einer Handreichung zur »natürlichen Magie«[8] lesen:

»Sagt niemals etwas von der Tour des Kunststücks, das ihr zu machen gesonnen seyd, damit der Zuschauer nichts von der Wirkung, die ihr hervorbringen wollt, vorher wisse, und keine Zeit habe, ihre Ursache zu erraten …

Machet niemals wenn ihr auch darum von den Zuschauern ersucht werdet, die nemliche Tour zweimal, denn ihr würdet gegen die erste Vorschrift handeln, die ich euch eben gegeben habe, indem der Zuschauer schon vorher zum Ausgang der Sache, die ihr hervor bringen wollt, wissen könnte …

Was ihr auch immer für eine Art gebrauchet, so sinnet allezeit auf eine List, um den Zuschauer eurer Seits, auf eine naive und ungezwungene Weise auf den Glauben zu bringen, als ob ihr ein anderes Mittel anwendet.«

Nichts anderes als angewandte Psychologie ist das. Heute bezeichnen Zauberer ihre Täuschungsstrategien mit dem englischen Begriff »misdirection«. Misdirection ist mehr als bloße Ablenkung. Misdirection ist die positive Lenkung beziehungsweise Manipulation von Aufmerksamkeit, zum Beispiel durch ihre Fesselung mithilfe ungewöhnlicher Objekte oder Ereignisse, durch die Stimme und Körpersprache des Zauberers oder durch seinen Blickkontakt mit dem Zuschauer. Zugleich ist sie die Reduktion von Publikumsargwohn durch möglichst konsistentes Verhalten, durch das Schaffen einer bestimmten – obschon falschen – Erwartungshaltung und durch die Gewöhnung der Betrachter an Handlungsabläufe, die isoliert besehen den Verdacht der Trickserei erregen könnten.[9] Kaum jemand hat das subtile Geschehen, das sich selbst hinter so einfachen Zauberkunststücken wie dem sogenannten »French Drop« verbergen kann, besser beschrieben als der Philosoph, Arzt, Psychologe und Kunsthistoriker Max Dessoir (1867–1947)[10]:

»Das Hauptgeheimnis [der Zauberkunst] besteht darin, die Vorstellung der Anwesenden in eine solche Bahn zu lenken, daß die Entwickelung des Kunststücks für den Augenblick als natürliches Ergebnis der künstlich untergeschobenen Ursachen erscheint.

Es handelt sich beispielsweise um das bekannte Verschwinden eines Talers. Die Vorschrift lautet: man halte das Geldstück zwischen Daumen und Mittelfinger der linken Hand, ergreife es dann scheinbar mit der rechten Hand, schließe diese und zeige sie dann dem Publikum, wider dessen Erwarten, als leer. Der ganze Kniff besteht darin, daß in dem Augenblick, wo die rechte Hand zugreift, der Taler, von den zwei ihn haltenden Fingern losgelassen, in die linke Handhöhle zurückfällt und dort verborgen bleibt. Aber man musste diese recht simple Geschichte von dem verstorbenen M. Hermann ausgeführt sehen! Hermann nahm zunächst den Taler und warf ihn zu wiederholten Malen auf die Holzfläche des Tisches, um, wie er sagt, zu beweisen, daß wir es mit einem einfachen harten Taler zu tun haben. In Wirklichkeit jedoch rief er damit einmal unwillkürlich in jedem die Vorstellung wach, daß ein Ding, das solchen Lärm macht, doch unmöglich lautlos verschwinden könne, eine Vorstellung, die den Eindruck des Tricks bedeutend erhöhte, und zweitens betäubte und verwirrte der fortschwingende helle Klang die Umstehenden dermaßen, daß sie in einer halben Hypnose den weiteren Vorgängen folgten. Nun nahm Hermann den Taler in die linke Hand, sah mit prüfendem Blick auf die rechte, als ob es auf die in der Hauptsache ankäme – und griff dann zu. Aber dieser Griff hatte etwas so Überzeugendes, daß man darauf schwören konnte, die rechte Hand hätte den Taler gefaßt und hielte ihn umschlossen; die Stellung der Finger war dem vorgegebenen Tatbestand auf das natürlichste angepaßt. – Kaum war der Griff geschehen, so ging sofort die Rechte zur Seite, und das Mitgehen des ganzen Körpers, das Beugen des leicht nach vorn geneigten Kopfes, der Blick der Augen, zwangen die Anwesenden förmlich, dieser Hand zu folgen. Die Linke hatte sich inzwischen dem Körper zugewendet und wies mit den zwei ersten Fingern auf die rechte Hand, während die beiden anderen Finger den vom Daumen nach oben gedeckten Taler durchaus unauffällig hielten. Wenn durch solche Stufung und besonders durch den Vortrag des immerwährend redenden Künstlers die ganze Aufmerksamkeit auf die rechte Hand gesammelt war, und jeder sich vornahm, jetzt einmal recht genau aufzupassen, wie der Taler wohl aus dieser Faust verschwinden sollte, machte Hermann kleine Ruckbewegungen mit den Fingern … und sagte dabei, anscheinend selbst aufs höchste für das merkwürdige Phänomen interessiert: ›Sehen Sie, meine Herrschaften, wie der Taler immer kleiner wird, immer kleiner – und jetzt, sehen Sie, ist er ganz verschwunden.‹ Dabei öffnete er die Finger völlig, die Gestalt, die bisher ganz in Betrachtung der Wunderhand versunken war, richtete sich auf, und die blitzenden Augen schienen auszudrücken: es sei doch eigentlich eine ganz tolle Sache mit dem Taler …«

Dessoirs Schilderung bestätigt, was schon der Franzose Jean-Eugène Robert-Houdin (1805–1871), der Betreiber des ersten festen Zaubertheaters und Vater der modernen Unterhaltungsmagie, wusste: »Wirkliche Zauberkunst verlangt äußerste Einfachheit der Ausführung. Je einfacher und natürlicher die Bewegungen des Vorführenden, umso weniger ist es wahrscheinlich, dass der Zuschauer den Trick entdecken wird.«[11] Und noch prägnanter hat es der US-amerikanische Profimagier Dai Vernon (1894–1992) – von Zauberern aus aller Welt wegen seiner betont akademischen Art stets ehrfurchtsvoll »der Professor« genannt – formuliert: »Be natural!«[12] Eine Psychologie der Zauberkunst in zwei Worten.

Die Zauber-Kunst

Was jedoch ist *Kunst* am Zaubern? An der Antwort scheiden sich die Geister. Einfach hat es sich der Bundesfinanzhof gemacht. Er hatte einen Fall zu beurteilen, in dem es um die Steuerbegünstigung wegen »Förderung der Kunst« ging. Ein Verein, der »die Zauberkunst, die auf Geschicklichkeit und Sinnestäuschung beruht«, pflegte, wollte das Fiskalprivileg in Anspruch nehmen. Das Gericht hingegen entschied schlankerhand: Zaubern ist keine Kunst im Sinne des Gemeinnützigkeitsrechtes.[13] Für eine künstlerische Betätigung sei es – so die Finanzrichter unter Berufung auf die Rechtsprechung des Bundesverfassungsgerichts[14] – wesentlich, dass sie eine »freie schöpferische Gestaltung« zum Inhalt habe, »in der Eindrücke, Erfahrungen und Erlebnisse des Künstlers durch das Medium einer bestimmten Formensprache zu unmittelbarer Anschauung gebracht« würden. Beim künstlerischen Schaffen wirkten Intuition, Fantasie und Kunstverstand zusammen. Es sei nicht primär Mitteilung, sondern Ausdruck, und zwar »unmittelbarster Ausdruck der individuellen Persönlichkeit des Künstlers«. Diesen Anforderungen genüge das Zaubern nicht:

»Zwar mögen schöpferische Elemente bei der Entwicklung neuer Zaubertricks gegeben sein, aber dies stellt ebenso wenig eine künstlerische Äußerung dar wie beim Erfinder im technisch-wirtschaftlichen Bereich; vielmehr sind diese Tricks Ergebnis und Anwendung naturwissenschaftlich erklärbarer Vorgänge. Der Vorführung eines Zauberers fehlt es an dem Ineinandergreifen von bewußten und unbewußten, rational nicht aufklärbaren Vorgängen. Die Vorführung erschöpft sich in der reinen Unterhaltung. Die Zauberei beruht auf Täuschung. Der Zuschauer ist sich darüber klar, daß er getäuscht wird; er weiß nur nicht wie. Die Fertigkeit des Zauberers besteht darin, mit Hilfe von Effekten, Apparaturen oder Fingerfertigkeit den Eindruck zu erwecken, die elementarsten Naturgesetze auf den Kopf zu stellen. In diesem Sinne ist Zaubern nur Spiel, Artistik, angewandte Fingerfertigkeit, jedoch keine Kunst.«

Diese Sicht der Dinge ist freilich simpel. Gewiss trifft es zu, dass nicht jede Vorführung eines kleinen Tricks die luftigen Höhen des verfassungsrechtlichen Kunstbegriffs erreicht. Fraglos gibt es Zauberer, die ihre Effekte mehr schlecht als recht präsentieren und eher Techniker als Virtuosen sind. Nichts anderes gilt auch für Musiker, Fotografen oder Maler. Wenn es jedoch um die prinzipielle Möglichkeit der »freien schöpferischen Gestaltung« geht, »in der Eindrücke, Erfahrungen und Erlebnisse des Künstlers durch das Medium einer bestimmten Formsprache zu unmittelbarer Anschauung gebracht werden«, dann besteht kein Zweifel, dass das Zaubern – so wie die Musik, die Fotografie oder die Malerei – eine Kunst sein kann.

Selbstverständlich kann die Präsentation eines magischen Effekts auf einem eigenen kreativen Akt beruhen. Von den subtilen Überlegungen, die der Erfindung und dem Design neuer Zauberkunststücke sowie der Art ihrer dramaturgisch perfekten Präsentation zugrunde liegen, zeugen ganze Bibliotheken, endlose Bilddokumentationen und jährlich weltweit Hunderte von Fachkongressen, Seminaren und Workshops. Dabei wird anschaulich, dass das Entdecken neuer Methoden sowie die publikumswirksame Inszenierung bestimmter Effekte sehr wohl ein Ausdruck individueller Persönlichkeit sein können. Das Erzeugen von Illusionen ist ein Prozess, der auf Kommunikation zwischen dem Illusionisten und seinem Publikum beruht. Die äußere Erscheinung des Zauberers, seine Sprechweise, seine Mimik oder der Inhalt seines Vortrags beeinflussen diesen Prozess. Er kann durch viele persönliche Erfahrungen geprägt sein. Manche Zauberkünstler arrangieren ihre Auftritte als eine Form der Auseinandersetzung mit literarischen Texten oder philosophischen Diskursen. Zaubern kann existenzielle Themen berühren, wie den Traum vom ewigen Leben, vom Fliegen oder – profaner – vom anstrengungslosen Wohlstand. Und wie sehr all das zu »unmittelbarer Anschauung« gelangt, beweisen zahllose Akteure, die vor einem offenbar täuschungsaffinen Publikum tun, was Zauberkunst im Innersten ausmacht: in die Rolle eines Magiers schlüpfen und damit in gewisser Weise Schauspieler ihrer selbst werden.

Tatsächlich ist Zaubern eine darstellende Kunst, die vergleichbar ist mit dem Ballett, dem Gesang oder dem Theater. Nicht um den singulären Effekt geht es einem Zauber-*Künstler*. Anders als der bloße Trickser will er eine Atmosphäre kreieren, in der Realität (scheinbar) überwunden und vergessen wird und in der kindliches Erstaunen an die Stelle erwachsenen Verstandes tritt. »Zaubern«, so sagt es der Autor, Galerist und Magier Wittus Witt, »ist die Kunst, Illusionen entstehen zu lassen, die … durch ständige Kommunikation mit dem Betrachter zustande kommen. Hierbei wird mit der Logik des Zuschauers gespielt, der sich dem unlogischen Handeln des Zauberkünstlers ergibt, weil er buchstäblich verzaubert werden will.«[15]

Zaubern gibt Rätsel auf und verlangt nach Interpretation des Geschehens. Es ist mehr als Technik und Fingerfertigkeit oder das bloße Abspulen von Routinen, wie Zauberkünstler ihre Sequenzen nennen. Zauberkünstler müssen Menschenkenntnis haben. Sie müssen empathisch sein. Sie müssen Fantasie aufbringen. Sie müssen über Wortwitz, rhetorische Fähigkeiten, Ausdauer und Übung verfügen. Sie müssen respektvoll sein und dennoch schlagfertig. Sie müssen die Realität kennen, um mit ihr spielen zu können. Wenn Kunst ein die Wirklichkeit übersteigender Möglichkeitsbegriff ist, der neue Zugänge zur Lebenswirklichkeit eröffnet, dann sind die Protagonisten der säkularen Magie Künstler par excellence.

Klischees, Kritik und die Rolle des Geheimnisses

Trotz allem haben es Unterhaltungsmagier schwer, als Künstler wahrgenommen zu werden. Das hat zuvörderst drei Gründe.

Da ist das latente Misstrauen, das Kunst- und Kulturkritiker vor allem hierzulande den sogenannten Klein- oder Unterhaltungskünsten entgegenbringen.[16] Ihre tatsächliche oder vermeintliche Kommerzialität sowie Indifferenz gegenüber gesellschaftlichen beziehungsweise politischen Themen gelten als Ausweis künstlerischer Zweitklassigkeit.

Hinzu kommt, dass das Image des Zauberers wie das kaum eines anderen darstellenden Künstlers durch Klischees geprägt wird: Zauberer sind vornehmlich Machos mit auf »ini« oder »oni« endenden Namen, tragen lächerliche, wenn nicht gar schmuddelige Kleidung, machen zotige Scherze, stellen unschuldige Zuschauer bloß, quälen kleine Tiere und lassen ihre Finger unlauter spielen (»Haltet die Brieftasche fest, der Zauberer ist unter uns!«[17]). Überdies gilt Zauberkunst als Kinderkram: Billige Zauberkästen, bunte Anleitungsbücher mit strahlenden Jungen und Mädchen, die Spitzhüte und Umhänge tragen, und neuerdings Tausende von Videoclips bei YouTube bestätigen diesen Eindruck. »Jedermann kann zaubern«, lautet die im Prinzip zwar richtige Botschaft. Der falsche Schluss aus ihr jedoch ist der auf Trivialität. Die Vorstellung von Menschen, die noch nie dem Auftritt eines echten Zauber-*Künstlers* beigewohnt haben, werden geprägt von naiven Bildern und verschwommenen Kindheitserinnerungen an die eigenen Versuche, mit kleinen Tricks Aufmerksamkeit zu erheischen und stattdessen nur ein müdes Lächeln zu ernten, oder von Hobbyzauberern auf Betriebsfesten respektive Gartenpartys, die zwar Effekte liefern, aber kein Kunsterlebnis vermitteln.

Am Ende steht ein Problem, welches im Sujet als solchem angelegt ist. Es ist die Rolle des Geheimnisses. Jedem Effekt der Zauberkunst liegt ein Geheimnis zugrunde, das Ausdruck der spezifischen Methode ist, mit der zum Beispiel das Erscheinen, das Verschwinden oder die Verwandlung bewirkt werden. Dieses Geheimnis ist notwendig, damit der Zuschauer getäuscht und unterhalten, in Erstaunen versetzt oder zum Nachdenken angeregt werden kann. Dem Schutz des Geheimnisses dienen geschriebene oder ungeschriebene Regeln[18] sowie ein Jargon, der für außenstehende Laien so verwirrend ist wie die Fachsprache von Medizinern oder Juristen für ihre Patienten beziehungsweise ihre Klientel.[19] Gewiss ist Trickverrat durch Fernsehsendungen wie den *Maskierten Magier* schädlich für die Illusionskunst. Gewiss käme kein vernünftiger Zauberer auf die Idee, sein Repertoire – gleichsam zum Ausklang der Vorstellung – dem bislang staunenden Publikum zu offenbaren und es damit in die Desillusion zu entlassen. Zu Recht weisen aber Zauberkünstler darauf hin, dass eine Kunstform, die als ernsthaft wahrgenommen werden will, sich zu ihren Arbeitsmethoden bekennen und das Wissen um sie zugänglich machen muss. »Respekt für eine künstlerische Leistung«, so sagt Wittus Witt, »kann nur aufbringen und kompetente Kritik nur üben, wer Verständnis für das Dargebotene aufbringt. Das heißt nicht, dass ein Zuschauer jeden Effekt durchschauen muss oder soll. Wenn er das könnte, bräuchte er nicht mehr in eine Vorstellung zu gehen. Aber wenn es ihn interessiert, soll er die Gelegenheit haben, zu verstehen, wie Zauberkünstler denken. Das gibt ihm die Möglichkeit, ein begründetes Qualitätsurteil zu fällen. Davor freilich scheint unter Zauberern panische Angst zu bestehen. Viele glauben, ihr Erfolg stehe infrage, wenn das Publikum ihre ›Geheimnisse‹ kennt.«

Witt nutzt seine Vorstellungen seit Langem, um anhand von »dosiertem Verrat« ein Gefühl für die Subtilität seines Metiers zu erzeugen. »Mithilfe eines einzelnen Kunststücks paradigmatisch zu erläutern, was es mit der scheinbaren Überwindung der Naturgesetze auf sich hat, tut der Illusion einer magischen Soiree keinen Abbruch. Ganz im Gegenteil. Mein Publikum fühlt sich einbezogen und versteht sich als Verbündeter«, sagt er. Ohnehin könne man beobachten, dass selbst offenbarte Trickgeheimnisse schnell vergessen oder nicht mehr erkannt würden, wenn sie etwas später in einem anderen Gewand daherkämen. Und tatsächlich spricht einiges für die Richtigkeit von Witts These. Jedermann, der neben bloßer Neugier ein Minimum an Geduld aufbringt, kann heute beinahe jedes Trickprinzip im Internet ergoogeln. Die »Geheimnisse« der Zauberkunst liegen buchstäblich auf der Straße. Die Zauberkünstler jedoch haben trotzdem Zulauf.

Die Bilanz

Fragt man nach Künstlern vergangener Zeiten – gleichviel ob Komponisten, Sänger, Maler, Filmstars oder Schriftsteller –, fallen schnell eine Menge Namen: Bach, Beethoven, Caruso, Presley, Rembrandt, Picasso, Bogart, Chaplin, Shakespeare, Goethe. Fragt man nach Zauberern, so ist außer noch lebenden Magiern wie David Copperfield oder dem Duo Siegfried & Roy bestenfalls Harry Houdini ein Begriff. Niemand außerhalb der Zauberszene kann mit Dante, Hermann oder Kalanag, geschweige denn mit Kassner, Adrion oder Marvelli heute noch etwas anfangen. Selbst die Erinnerung an große Zauber-*Künstler* hat eine Halbwertszeit, die der von Wein- oder Schönheitsköniginnen entspricht. Ganz offenbar ist die Kunst, Illusionen zu erzeugen, zu flüchtig, als dass sie – jenseits individueller Begeisterung – bleibende Eindrücke im kollektiven kulturellen Gedächtnis hinterlassen könnte.

Was indes bedeutet das für die Bilanz der Zauberkunst? Ist sie deshalb negativ? Die Antwort ist ein klares Nein. Mögen auch die wenigsten Zauberer dauerhafte Spuren hinterlassen haben, ihr Metier als solches ist stets die Quelle künstlerischer Inspiration gewesen.

Da ist zunächst die Malerei. Immer wieder hat die Zauberkunst ihr als Motiv gedient. Von Hieronymus Bosch über Pieter Bruegel dem Älteren bis hin zu Max Beckmann, Erich Heckel, Sigmar Polke oder Ulla von Brandenburg. In den »niedrigeren« Gefilden der bildenden Kunst ist es vor allem die politische Karikatur, die sich des Zauberers bedient.[20] Das liegt daran, dass Karikatur auf zweierlei angewiesen ist: Der Betrachter muss nicht nur die von ihr kommentierten Ereignisse kennen, sondern auch die Symbole, die als Platzhalter für bestimmte Begriffe oder Phänomene dienen. Wenn es darum geht, das Verblüffende, Camouflierende oder Listige der Politik qua Bildersprache zu persiflieren, scheint der Zauberer *das* Symbol zu sein. In der Politik, so soll er suggerieren, geht es zu wie in der Magie. Wahre Absichten werden verschleiert, Ursachen und Wirkungen vertauscht. Alles hängt vom richtigen »Dreh« ab, den eine Sache coram publico bekommt.

Auch Literaten haben sich der Zauberkunst in vielen Facetten angenommen: E. T. A. Hoffmann *(Lebensansichten des Katers Murr)*, Thomas Mann *(Mario und der Zauberer)*, Lion Feuchtwanger *(Die Brüder Lautensack)*, Hermann Burger *(Diabelli)*, Daniel Kehlmann *(Beerholms Vorstellung)*, Michael Schneider *(Das Spiegelkabinett)* oder Jo Lendle *(Was wir Liebe nennen)*, um nur einige Beispiele aus dem deutschen Sprachraum und diesseits von Autoren »echter« Zaubergeschichten à la Harry Potter zu nennen. Der Zauberer taugt zum Romanhelden. Offenbar ist er eine Figur, wie sie im Buche stehen muss.

Ambivalent hingegen ist das Verhältnis von Zauberkunst und Film. Es ist nicht übertrieben, die Zauberkünstler des späten 18. und 19. Jahrhunderts die Väter des Special Effects zu nennen.[21] Das gilt insbesondere für den Franzosen Étienne-Gaspard Robert (1763–1837). Schon ab 1793 produzierte er mithilfe einer Laterna magica Phantasmagorien und Geistererscheinungen auf Rauch. Man kann sie Vorläufer des späteren Lichtspiels nennen. Als etwa 100 Jahre später das Pariser Zaubertheater von Robert-Houdin in die Hände von Georges Méliès (1861–1938) überging, begann Letzterer dort mit bewegten Bildern zu experimentieren. Ab 1896 zeigte er sie auch öffentlich und avancierte damit zum Kinopionier. Schon bald darauf wagten englische Magier wie David Devant und John Nevil Maskelyne den Schritt von der Bühne zur Leinwand, indem sie einen Teil ihres Repertoires verfilmen ließen. Anfangs feierten sie damit glänzende Erfolge. Von Dauer waren diese allerdings nicht. Tatsächlich wurden ausgerechnet die Zauberkünstler, deren Stand die Entwicklung des Films anfangs so maßgeblich beeinflusst hatte, bald zu denjenigen, die unter dem Erfolg des Kinos am meisten zu leiden hatten. Ursprünglich war es die Aufgabe der säkularen Magier gewesen, das Unmögliche zu zeigen. Nun mussten sie gegen eine riesige Illusionsindustrie ankämpfen. Mit der Erfindung des Fernsehens und den virtuellen Welten des Internets ist diese inzwischen sogar noch gefährlicher für sie geworden.[22] Wozu einem Magier Können, Geschick und Finesse unterstellen, wenn Wunder per Knopfdruck, Bits und Bytes zu machen sind? Immerhin: Für das Kino selbst ist der Zauberer ein beliebter Held geblieben. Filme wie Woody Allens *Scoop*, Christopher Nolans *The Prestige*, *The Illusionist* von Neil Burger oder *Die Unfassbaren – Now You See Me* von Louis Leterrier zeugen davon, um nur ein paar Beispiele aus der jüngeren beziehungsweise jüngsten Zeit aufzuzählen.

Interpretationsdefizite

Die etablierten Wissenschaften, die sich mit Kunst befassen, haben die säkulare Magie bislang allerdings nur marginal im Blick.[23] Das zeigt sich an Interpretationsdefiziten, die selbst Urteilen anerkannter Experten anhaften, wenn es um Bezüge zur Zauberkunst geht. Ein schönes Beispiel dafür ist Max Beckmanns Werk »Magic Mirror« oder »Zauberspiegel«.[24]

Das Blatt stammt aus dem Jahr 1946. Es ist Teil des sogenannten *Day and Dream*-Zyklus. Dieser besteht aus 15 Lithografien in einer Auflage von 90 Exemplaren. Vier davon hat Beckmann aquarelliert. Der »Zauberspiegel« hat viele Deutungen erfahren.[25] Man hat vermutet, die in den Spiegel schauendende Frau symbolisiere Schneewittchens böse Stiefmutter kurz vor der Antwort auf die suggestive Frage, wer denn wohl die Schönste im ganzen Land sei. Demzufolge wäre also ein grimmsches Märchen Beckmanns Inspirationsquelle gewesen. Wiederholt ist auch das Höhlengleichnis von Platon ins Spiel gebracht worden. Danach blickt die mondäne Frau im langen Abendkleid in eine Scheibe, deren Reflexion sie den Menschen im Untergrund als einen Schatten der Realität erscheinen lässt. Genährt worden ist diese Vermutung durch keinen Geringeren als Peter Beckmann, den Sohn des Künstlers. Sein Vater, so hat er berichtet, habe in einem Exemplar von Schopenhauers *Parerga und Paralipomena* jene Stelle unterstrichen, nach welcher der griechische Philosoph Empedokles – ebenso wie später Platon – das Leben des Menschen in der Welt mit dem Dasein in einer finsteren Höhle vergleicht.[26]

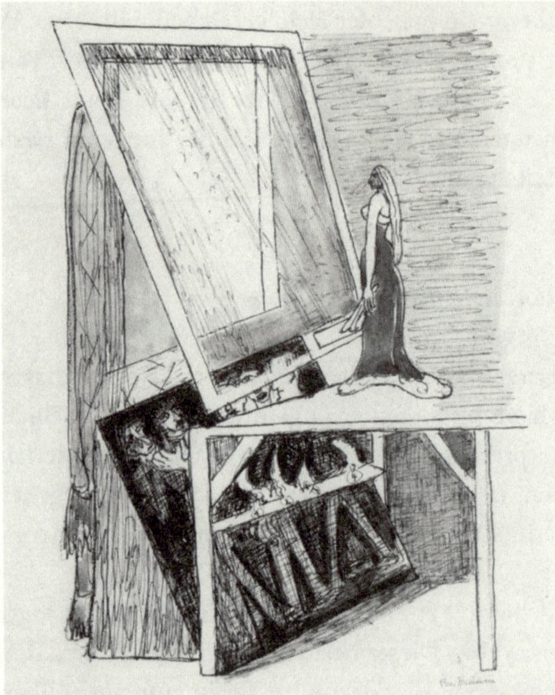

Plausibler erscheint indes eine ganz andere Hypothese. Nach ihr war Beckmanns Vorlage eine Bühnenillusion, die im viktorianischen England »Pepper's Ghost« genannt und von einem gewissen John Henry Pepper Mitte des 19. Jahrhunderts entwickelt worden war.[27] Mit einer für das Publikum unsichtbaren Glasscheibe trennte Pepper den Zuschauerraum von der Bühne ab. Im Orchestergraben versteckte er als Geister kostümierte Schauspieler, die er mit einer starken Lichtquelle anstrahlte. Dadurch spiegelten sie sich in der ansonsten durchsichtigen Glasscheibe. Das Publikum hatte den Eindruck, als stünden die Personen aus dem Orchestergraben auf der Bühne. Sie konnten ihre realen Komparsen dort oben daher wie Gespenster umschweben oder zum Beispiel mit einem Degen scheinbar durchstechen. Ob Beckmann – der begeisterte Zirkus- und Varietébesucher – je eine Geisterschau besucht hat, ist nicht sicher. Fest steht aber, dass er im Besitz eines Werkes

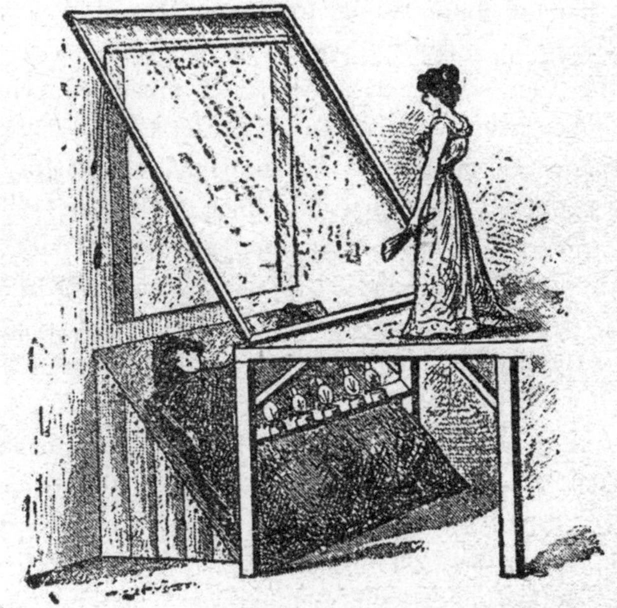

Fig. 47.

war, das ihre Technik haarklein beschrieb und illustrierte. Es war das Buch *Der Zauberkünstler* (circa 1900) aus der Feder des Hamburger Illusionisten H. F. C. Suhr. Suhrs Skizze und Beckmanns »Zauberspiegel« ähneln einander frappierend. Entzaubert werden Beckmanns Werk und die Schöpfungen anderer Künstler, die sich magischer Motive bedienen, durch solche Erkenntnisse keineswegs. Zu einer differenzierteren Interpretation hingegen können sie durchaus beitragen.

Aufklärung durch Täuschung

Die kulturell womöglich größte Leistung der säkularen Magie dürfte allerdings in der Rolle bestehen, die sie bei der Überwindung des Aberglaubens und damit in jenem Prozess gespielt hat, den der Wissenschaftshistoriker Oliver Hochadel »Aufklärung durch Täuschung«[28] nennt.

Aufklärung durch Täuschung? Im ersten Moment klingt das nach einem Paradoxon. Immerhin ist nicht zu leugnen, dass die Zauberkunst sich von der »schwarzen Magie«, sprich ihrer illegitimen Schwester, nie vollkommen hat lösen können. Historisch betrachtet, ist das ein eindeutiger Befund. Namen wie jene der »Grafen« Saint-Germain oder Cagliostro, des Kaffeewirtes Schröpfer, des Pfarrers, Heilers und Exorzisten Gaßner, der Brüder Davenport oder ungezählter Spiritisten stehen synonym für den schmalen Grat zwischen vermeintlich »echter« Zauberei und bloßem Taschenspiel. Und selbst wenn säkulare Magier es gewöhnlich als unfein oder gar unethisch empfinden, wenn ihresgleichen sich übernatürlicher Fähigkeiten rühmen, so gibt es – vor allem unter den »Mentalmagiern« – bis heute Akteure, die bei Lichte betrachtet nicht Schauspieler, sondern Scharlatane sind. Wie also kann die Zauberei dazu beigetragen haben, die Vernunft anstelle der Unvernunft zu stärken, wo sie doch vordergründig für die viel zitierten »Nachtseiten« der Aufklärung (Gotthilf Heinrich von Schubert) steht?

Indes: Schon ein kurzer Blick in die Geschichte zeigt, dass für die Ausgangsthese gute Gründe sprechen und man kein Revisionist sein muss, um ihr etwas abzugewinnen. Bereits das erste Buch, das man ein säkulares Zauberbuch nennen kann, also ein Werk mit der Erläuterung von Tricks, war eine Aufklärungsschrift. Es handelt sich um *The Discovery of Witchcraft* (1584) des englischen Landedelmannes und Friedensrichters Reginald Scot (1538–1599).[29] Scot, ein aufgeklärter Humanist, der Zeuge mehrerer Hexenprozesse war, hatte es als eine theologisch-philosophische Streitschrift wider den Aberglauben der späten Tudor-Jahre konzipiert. Im Rahmen seiner Arbeit kam ihm der Gedanke, einige populäre, aber gleichwohl Argwohn erregende Phänomene als bloßes Blend- beziehungsweise Fingerwerk von geschickten Gauklern zu enttarnen. Auf diese Weise – so sein Kalkül – ließen sich auch andere, vermeintlich satanische Künste in des Wortes bester Bedeutung »entzaubern«. Wenn es so simpel war, scheinbar Unmögliches wie das Verschwinden und Erscheinen von Gegenständen oder gar die vorgebliche Enthauptung eines Menschen zu bewerkstelligen, wieso musste man dann gleich den Teufel an die Wand malen, wenn es um viel banalere Dinge ging, wie beispielsweise eine auf Ansteckung beruhende Krankheit? Über den Erfolg von Scots Schrift lässt sich streiten.[30] James I. ließ sie 1603 öffentlich verbrennen und ihren Autor damit gleichsam posthum symbolisch hinrichten. Hexen wurden noch weit mehr als 100 Jahre nach Scot verfolgt. Scots Erläuterungen zu den Gaukeleien hingegen wurden schnell zum Nährboden zahlreicher Schriften, die als »Natürliche Magien« oder unter ähnlichen Titeln daherkamen und deren Verfasser nicht müde wurden zu betonen, wie sehr die Präsentation der von ihnen kompilierten Handfertigkeiten nicht allein der Ergötzung ihrer Betrachter diente, sondern zugleich half, den allgegenwärtigen Aberglauben zu bekämpfen.

Richtig Fahrt nahm diese Entwicklung im späten 18. Jahrhundert auf. Das hat der bereits erwähnte Oliver Hochadel in einer bemerkenswerten Studie über die Rolle der Elektrizität in der deutschen Aufklärung gezeigt.[31] Tatsächlich übernahm die Naturkunde, die bis dahin als die Domäne eines kleinen, elitären Kreises von Gelehrten gegolten und den Eindruck erweckt hatte, nicht »für profane Blicke« geschaffen zu sein, jetzt plötzlich eine regelrecht volkspädagogische Aufgabe.[32] Im Interesse des aufgeklärten Absolutismus sollte sie möglichst weiten Kreisen der Bevölkerung neue und vor allem nützliche Kenntnisse verschaffen. Experimentieren vor und mit Publikum war die Parole. Wissenschaft hatte »öffentlich« zu sein. Und selbstverständlich ging es dabei nicht um Kepler, Descartes oder gar Newton. Deren Lehren waren zu komplex, als dass sie bei einem breiten Publikum Begeisterung hätten auslösen können. Worum es ging, waren vielmehr optische, magnetische, mechanische oder eben elektrische Phänomene, die durch ihre Anschaulichkeit und sinnliche Anziehungskraft zum Vehikel im Kampf gegen den Aberglauben taugten.

Es waren nicht zuletzt die Zauberer, welche die Chance erkannten, die sich da bot. Bis dahin mochten sie sich darauf beschränkt haben, ihr Publikum mit der Fertigkeit ihrer Hände zu beeindrucken. Nun jedoch, da die Naturkunde neue Methoden und geheimnisvolle Apparate lieferte, entsprach es wirtschaftlicher Vernunft, das überkommene Repertoire der Taschenspieler und Gaukler um die spektakulären Wunder der »Experimentalphysik« zu erweitern. Zu Protagonisten dieser neuen Form von Magie wurden Männer wie Philip Breslaw (1726–1803), der in London mit mechanischen Belustigungen verblüffte, der Franzose Nicolas-Philippe Ledru alias Comus (1731–1807), der mit Licht, Ton und künstlichen Magneten experimentierte, der Italiener Giuseppe Pinetti (1750–1805), der 1784 mit einem Buch über *Amusements physiques* Furore machte, und schließlich Jakob Meyer alias Philadelphia (1734–1813), der regelrechte Massen mit seinen »Versuchen« begeisterte. Philadelphia störte durch einen geplanten Auftritt in Göttingen übrigens die Kreise des um die Reinheit der physikalischen Lehre besorgten Georg Christoph Lichtenberg. Mit einem berühmt gewordenen satirischen Anschlagzettel vertrieb Lichtenberg den Magier aus der Stadt, indem er ihn des schnöden Hokuspokus' zieh.[33] Und natürlich konnten weder Philadelphia oder seinesgleichen für sich in Anspruch nehmen, Mitglied jener »Scientific Community« zu sein, die sich inzwischen langsam zu entwickeln begonnen hatte. Die unbestrittenen Publikumserfolge der selbst ernannten »Professoren der Experimentalphysik« und anderer Parawissenschaftler hatten jedoch gleichwohl Konsequenzen. Ihre Auftritte waren in aller Munde. Renommierte Gelehrte versuchten sich an wissenschaftlichen Erklärungen von Taschenspielertricks.[34] Ganze Buchreihen zur »natürlichen Magie« kamen auf den Markt,[35] und um die Mitte des 19. Jahrhunderts war die Zauberkunst so populär, dass das umfangreichste jemals in deutscher Sprache erschienene Lexikon, Dr. Johann Georg Krünitz's *Oekonomisch-technologische Encyklopädie*, ihr im 180. Band (1842) unter dem Lemma »Taschenspieler und Taschenspielerkunst« mehr als 80 Seiten im Oktavformat zubilligte; gleichsam als Ausweis ihrer uneingeschränkten Nützlichkeit im Dienste aufgeklärten Denkens.

Auch wenn sie nicht in den vorderen Rängen liegen mag – die säkulare Magie hat einen Platz in der Kulturgeschichte. Mehr noch: Heute, ein paar Jahrhunderte nach Scot und den »amüsanten Physikern« sowie reicher um die Erfahrungen, welche Zauberkünstler wie Maskelyne und Houdini oder Skeptiker wie der Magier James Randi[36] über Jahrzehnte mit der Enttarnung von Spiritisten, Löffelverbiegern à la Uri Geller und anderen vermeintlich anormalen Phänomenen gemacht haben, darf man eine These wagen. Das Zaubern hat nicht nur den Rang einer Kunst. Man darf es getrost auch eine Wissenschaft nennen: eine vom rationalen Umgang mit dem Irrationalen.

Anmerkungen

1 Dazu Rader, Olaf B.: *Hokuspokus. Bluthostien zwischen Wunderglaube und Budenzauber.* Paderborn 2015.

2 During, Simon: *Modern Enchantments. The Cultural Power of Secular Magic.* Cambridge Mass./London 2002.

3 Dazu zum Beispiel Hall, Trevor: *Old Conjuring Books.* London 1972; Rawert, Peter: *Hocus Pocus. Geschichten von alten Zauberbüchern.* Köln 2004.

4 Nicht umsonst heißt das bislang wohl beste Buch über theoretische Aspekte der Zauberkunst aus der Feder von Peter Lamont und Richard Wiseman nicht *Theory of Magic* sondern *Magic in theory* (Hatfield 1999).

5 Zu Fitzkee und seiner Bedeutung für die Zauberkunst Goodsell, David R.: *Finding Dariel Fitzkee.* Orem/Utah 2008.

6 So zutreffend Lamont/Wiseman 1999, S. 7.

7 Lamont, Peter: »Die Beziehung zwischen Zauberkunst und Anomalistik«. In: Mayer, Gerhard et al.: *An den Grenzen der Erkenntnis. Handbuch der wissenschaftlichen Anomalistik.* Stuttgart 2015, S. 228, 232.

8 Decremps, Hernri: *Neuer Beytrag zur natürlichen Magie. Ein Lesebuch so wohl zur gesellschaftlichen Unterhaltung mit Kunststücken als auch zur Belehrung wider Aberglauben und Hexerey in angenehmen Erzählungen vorgetragen.* Berlin 1788, S. 5 ff.

9 Eingehend dazu Lamont/Wiseman 1999, S. 28 ff.

10 Dessoir, Max: *Vom Jenseits der Seele. Die Geheimwissenschaften in kritischer Betrachtung.* Stuttgart 1917, S. 196 ff. Der im Text erwähnte Zauberer war Moritz Hermann (1835–1901), Hofkünstler bei Kaiser Friedrich III. Sein bekanntestes Stück war der Talertrick.

11 Zitiert nach Adrion, Alexander: *Zauberei, Zauberei.* Olten 1968, S. 111.

12 Ganson, Lewis: *The Dai Vernon Book of Magic.* Tahoma 1994, S. 31 ff. Zu den Erfordernissen der Einfachheit, Klarheit und Visualität in der Zauberkunst aufschlussreich Riese, Eberhard: *Fundamente. Die Kunst Zauberei in Szene zu setzen.* Coesfeld 2003, S. 77 f. Die Hinweise auf Robert-Houdin (Anm. 11) und Vernon verdanke ich Riese.

13 BFH-Urteil vom 02.08.1989 – I R 72/87: *Neue Juristische Wochenschrift* 1990, 2024.

14 Der Bundesfinanzhof bezog sich ausdrücklich auf die Mephisto-Entscheidung des Bundesverfassungsgerichts vom 24.02.1971, BVerfGE 30, 173.

15 Alle Witt-Zitate beruhen auf Gesprächsnotizen. Inhaltlich finden sie sich auch in Witt, Wittus: *Zaubern und Verzaubern. Ein Blick in die zeitgenössische Zauberkunst.* Aulendorf 2008.

16 Dazu Michel-Andino, Andreas: *Philosophie des Zauberns. Ein Essay über das Staunen.* Hamburg 1994, S. 15 ff.

17 Der Zauberer Alexander Adrion (1923–2013) berichtet, dass ihn dieser Ausruf in den vier Jahrzehnten seiner beruflichen Tätigkeit kontinuierlich begleitet habe. Adrion, Alexander: *Taschendiebe. Der heimlichen Zunft auf die Finger geschaut.* München 1992, S. 10.

18 Die Mitglieder von Zauberervereinigungen sind zumeist kraft Satzung zur Verschwiegenheit verpflichtet.

19 Zur Rolle des Geheimnisses Müller, Andrea: *Das Unmögliche im Rahmen des Möglichen.* Saarbrücken 2010, S. 76 ff.

20 Zur Zauberkunst in der politischen Karikatur Rawert, Peter: »Unter magischem Einfluss beschwörender Hände«. In: *Frankfurter Allgemeine Zeitung* vom 18.04.2009.

21 Dazu aufschlussreich Schmidt, Gunnar: *Weiche Displays. Projektionen auf Rauch, Wolken und Nebel.* Berlin 2011, passim, insbes. S. 9 ff.

22 Daniel, Noel (Hrsg.): *Magic 1400s–1950s.* Köln 2009, S. 70, 198.

23 Anders allerdings zum Beispiel Stafford, Barbara Maria: *Kunstvolle Wissenschaft. Aufklärung, Unterhaltung und der Niedergang der visuellen Bildung.* Amsterdam, Dresden 1998 (amerikanische Originalausgabe 1994). Oder Felderer, Brigitte; Strouhal, Ernst (Hrsg.): *Rare Künste. Zur Kultur- und Mediengeschichte der Zauberkunst.* Wien, New York 2007.

24 Weitere Beispiele bei Rawert, Peter: »Das große Staunen – Was ist Zauberei?« In: *Frankfurter Allgemeine Zeitung* vom 24.03.2007. Beziehungsweise Rawert, Peter: »Der erste aller Gaukler«. In: *Frankfurter Allgemeine Sonntagszeitung* vom 02.01.2005.

25 Dazu eingehend Huber, Volker: »Max Beckmann and his Magic Mirror«. In: *Gibecière*, Winter 2008, S. 79 ff. mit weiteren Nachweisen. Siehe auch Rawert, Peter: »Gespenster – Beckmanns ›Magic Mirror‹ hat eine kuriose Vorlage«. In: *Frankfurter Allgemeine Zeitung* vom 02.12.2006.

26 Beckmann, Peter; Schaffer, Joachim (Hrsg.): *Die Bibliothek Max Beckmanns: Unterstreichungen, Kommentare, Notizen und Skizzen in seinen Büchern.* Worms 1971, S. 73 ff.

27 Zu Peppers Ghost eingehend Steinmeyer, Jim: *Hiding the Elephant.* New York 2003, S. 19 ff.

28 Hochadel, Oliver: »Aufklärung durch Täuschung – Die Natürliche Magie des 18. Jahrhunderts«. In: *Berichte zur Wissenschaftsgeschichte* 27 (2004), S. 137 ff.

29 Dazu Rawert 2004, S. 4 ff.

30 Eine recht positive Bewertung erfährt Scot in der eben erschienenen Satans-Biografie von Flasch, Kurt: *Der Teufel und seine Engel.* München 2015, S. 255 ff.

31 Hochadel, Oliver: *Öffentliche Wissenschaft. Elektrizität in der deutschen Aufklärung.* Göttingen 2003.

32 Siehe dazu auch Rawert, Peter: »Wunder, Tricks & Tatsachen – Zauberkunst im Zeitalter der Aufklärung«. In: *magischewelt*-Spezial Nr. 2/2007.

33 Siehe Lichtenberg, Georg Christoph: »Avertissement« gegen Jakob Philadelphia 1777, Faksimile des Erstdrucks. Mit einer Einführung von Ulrich Joost, o. O. 2004.

34 Zum Beispiel der Leipziger Hochschullehrer Christlieb Benedict Funk: *Natürliche Magie oder Erklärung verschiedner Wahrsager- und Natürlicher Zauberkünste.* Berlin, Stettin 1783. Siehe auch Kosmann, J. W. A.: *Des Herrn Ritters Pinetti de Merci physikalische Belustigungen oder Erklärung der sämmtlichen in Berlin angestellten Kunststücke desselben.* Berlin 1796.

35 Aus dem deutschen Sprachraum zum Beispiel das 20-bändige Werk Martius, Johann Nikolaus: *Unterricht in der natürlichen Magie, oder zu allerhand belustigenden und nützlichen Kunststücken.* Berlin, Stettin 1779 ff. Verfasser waren der Apotheker Johann Christian Wiegleb und – später – der Bergassessor Gottfried Erich Rosenthal. Bibliografie bei Rawert 2004, S. 45 f.

36 Randi, Jahrgang 1928, ist noch immer aktiv. Zu seinen Verdiensten um die Enttarnung von Scharlatanen erst unlängst wieder Higginbotham, Adam: »The Unbelievable Skepticism of the Amazing Randi«. In: *The New York Times Magazine* vom 07.11.2014.

Bildnachweise

Abb. S. 76: Beckmann, Max: *Zauberspiegel* (Lithografie aus dem Zyklus *Day and Dream*, 1946)

Abb. S. 77, aus: Suhr, H. F. C.: *Der Zauberkünstler. 75 überraschende Zauber- und Kartenkunststücke mit einer Beschreibung der wichtigsten Kunstgriffe für den Amateur und Berufszauberer.* Berlin (um 1900).

Kunst kann was

Gespräche mit Kuratoren & Direktoren (3).
Von Jakob Schrenk

Juan A. Gaitán

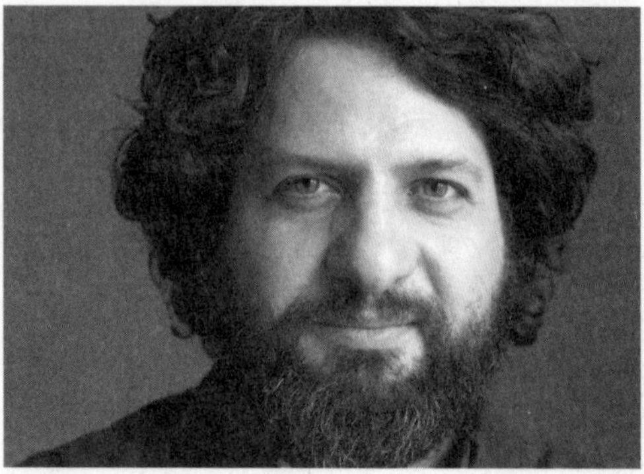

Foto: Thomas Eugster, 2013
© Berlin Biennale für zeitgenössische Kunst

1. Was macht eigentlich ein Kurator?
Ein Kurator ist ein Ausstellungsmacher, ein Vermittler, ein Spendensammler und manchmal auch einfach nur ein Dekorateur.

2. Was kann die Kunst?
Sie gibt uns die Gelegenheit zur kollektiven Reflexion. Ich glaube, die Fähigkeit, Bilder zu lesen, ist heute noch wichtiger als die Fähigkeit, Wörter zu lesen. Mithilfe der Kunst denken wir nicht direkt über die eigentliche Politik nach, aber über das Wesen des Bildes. Und das Bild ist das wichtigste Instrument der Politik. Über das Bild entwickeln wir unsere politische Vorstellungskraft.

3. Und was nicht?
Dinge ändern. Dafür braucht es Menschen.

4. Ein Museum, in das jeder gehen sollte.

Das Ethnologische Museum in Berlin-Dahlem. Über seine Zukunft ist noch nicht entschieden, vielleicht wird es in dieser Form verschwinden. Aber es hat eine wunderbare Sammlung ethnografischer Objekte und, obwohl das die Kuratoren schmerzt, immer noch die alten Schaukästen aus den 1960er-Jahren. Ich glaube, ein Museum sollte auch seine eigene Geschichte darstellen, also die historischen Bedingungen des Betrachtens und des Verstehens.

5. Schauen Sie manchmal im Museum nur aus dem Fenster?

Das mache ich oft, vorausgesetzt, es gibt überhaupt eins. Ich glaube, der Blick aus dem Fenster ist ein guter und wichtiger Moment jedes Museumsbesuchs. Aber natürlich bin ich noch interessierter an den Kunstgegenständen und Bildern, auch wenn sie mir nicht gefallen.

6. Wie sieht das Museum der Zukunft aus?

Ich glaube, das Museum hat nur eine Vergangenheit, und es stellt auch nur die Vergangenheit aus, auch wenn diese erst seit Kurzem vergangen ist. Ich glaube nicht, dass Museen in Zukunft ganz anders aussehen werden, vielleicht ein wenig glatter, mit einer besseren Klimaanlage. Aber solange die Kunst das bleibt, was sie ist, Bilder, Skulpturen, Installationen, muss auch das Museum bleiben, was es ist, Räume, Flure, Wände.

Karl Bruckmaier

OBI oder das Streben nach Glück

Eine Baumaterialsammlung

Pop ist nur ein Drei-Buchstaben-Wort. Pop ist nicht einmal ein Vier-Buchstaben-Wort[1] wie LOVE, HATE, FUCK oder SHIT. Pop ist mehr ein Geräusch als ein Wort. Pop macht der Bügelverschluss einer Limonadenflasche. Pop macht der Korken, wenn er aus der Weinflasche glitscht. Pop macht ein dicker Schmatz auf die Backe. Pop. Pop. Pop. Und dann macht Andy Warhol Pop. Pop ist jetzt eine Suppendose, ein Pappkarton, ein Luftballon. Pop ist simpel, billig, schnell. Pop ist das Gegenteil vom Rest. Noch so ein Vier-Buchstaben-Wort: Rest. No rest for the wicked.[2] Pop ist also wicked: böse, gemein, verschlagen. Ja, auch das.

Denn Pop ist die Kunst der vielen, ist die Kunst der Menschen, die sich im Lauf der Jahrzehnte, nein Jahrhunderte selbst ermächtigt haben zu Wesen, die sich von den Priestern, vom Adel, vom Bürger und seinem Genie nicht mehr erklären lassen wollen, was gut ist und was schlecht, was Wert hat und was keinen. Pop ist die Lebensäußerung jener, von denen Oscar Wilde[3] geweissagt hat, dass sie »undankbar, unzufrieden und unbotmäßig« zu sein haben – die Besten unter den Armen, wie er es in der Sprache seiner Zeit nennt. Und: »Sie haben ganz recht, so zu sein!« Denn was ihnen das Gefäß namens Geschichte bis dato zu bieten hatte, waren Verachtung, Vernutzung, Tod. Stillstand. Weltraumkälte. Doch jetzt ist – und »jetzt« meint hier das ausgehende 19. Jahrhundert – vieles anders. Geister sind aufgestiegen aus silbrigen Schatten, Bilder, Bewegung, Töne sind zu hören, die einen Dichter wie Lautréamont aufseufzen lassen: »Die Hindernisse in meinem Ohr, sie zerbarsten unter dem Ansturm lärmerfüllter Luft, die sich aus mir heraus Bahn brach. Ein neues Organ, ein neuer Sinn! Ich hatte einen Klang gehört!«[4]

Das Erste, was die neuen Stimmen von sich geben, das Erste, was sich der Kehle dieses Frankensteins entringt, ist noch ein unschuldiger Kinderreim: »Mary had a little lamb.«[5] Doch nur eine kurze Weile später zuckt und ruckt es in den Nickelodeons und Penny Arcades der elektrifizierten Welt schon ganz unzweideutig eindeutig: »Where can I get my ass fucked, where can I get my cock sucked?«[6] und Ada Jones, der Neuen Welt erster Popstar, gibt zu Protokoll: »Das hier sind die Lieder der einfachen Leute. Sie bringen den Zeitgeist viel eher auf den Punkt als die Hervorbringungen all der gut ausgebildeten Typen, die für die feinen Orchester komponieren. Die holen sich doch ihre Anregungen alle aus fremden Ländern und aus einer längst vergangenen Zeit. Ich behaupte, dass die Welt reicher und schöner wird durch die Musik für die breite Masse.«[7] Die Frauen, für die Ada Jones singt, »a factory girl« mit »stains all down her dress«[8], wie Jagger raunzen wird, lässt Jakob van Hoddis in expressiven Worten zu uns herüberscheinen:

»Viele Weiber siehst du und Mädchen zur Arbeit gehn.
Im bleichen Licht.
Wild von der Nacht.
Ihre Röcke wehn.
Glieder zur Liebe geschaffen.
Hin zur Maschine und mürrischem Mühn.«

Und das Gedicht endet mit der Zeile: »Und draußen, auf wilderen Feldern, singen Lerchen.«[9] Und diese Lerchen sind schwarz, sind eigentlich Krähen, wie wir seit Robert Crumb[10] wissen, sind »Dark Pop«[11], denn »I wanna be black« heißt ja nicht, dass man sich als weißer Westmensch bis in fernste Zukunft mit rußigen Korken das Gesicht schwärzen will, sondern dass einem die Lust daran zugewachsen ist, beautiful zu sein. »I don't wanna be a fucked up middle class college student anymore.«[12] Dass man dieses »Beautiful« selbst definiert. Dass man während dieses Prozesses jenes Geräusch mit- und annimmt, das der Einzelne macht, wenn er seinem Glück entgegenstrebt: Pop.

Dieses Geräusch war einst wie ein fernes Donnergrollen über dem Atlantik, unpersönlich, fremd, ein Rattern und Rollen einer gewaltigen Zukunftsmaschine, die auf Gleisen aus menschlichen Knochen über den Atlantik[13] gen Amerika raste, von Europa aus, vor allem von Afrika aus. Es war das Stampfen und Stauben der Baumwollmühlen, das Getöse aus den Werften, das Niedersausen der Druckerpressen. Da war uns dieses Geräusch schon näher. Zang Tumb Tumb.[14] Es war ein swingendes Aufjauchzen über den Gräbern zweier Weltkriege, ein Jubeln der Überlebenden.

Es klang plötzlich nach dem Geklimper von Kleingeld, dann nach dem Rascheln von Geldscheinen. Es war ein ganz altes Geräusch, das uns da bedrängte, und es wurde immer schneller immer lauter. Es wurde von Lastwagenfahrern aus Tupelo gemacht und von Taugenichtsen aus Minnesota. Da erkannten wir, dass dieses Geräusch einen Rhythmus hatte und dass dieser Rhythmus schwarz war. Es wurde immer lauter und dröhnender und dräuender, und als es über unseren Köpfen zusammenschlug, war es so unerträglich brüllend LAUT geworden, dass die Propheten einer vergangenen Zeit – eben noch Verbündete –, dass ein Alan Lomax, ein Pete Seeger mit Schaum vor dem Mund und verzweifelt schreiend hin- und herliefen und nach einer Axt verlangten, um diesem Lärm ein Ende zu bereiten. Das war 1965, und Bob Dylan spielte eben zu einem Diddley-Beat das Lied von »Maggie's Farm« auf dem Newport Folk Festival.[15] Legba[16] nahm auf seinem Thron Platz. Die Götter des Lärms stiegen hernieder. Und wir glaubten, dass sie auf ewig bei uns bleiben würden. Doch die Götter sind launisch, und es dauerte nur drei, vier Jahrzehnte, bis sie sich in diesem Palast aus Marshall-Amps und analogen Synthesizern zu langweilen begannen. Und wenn wir uns noch so sehr gegen die Einsicht sträuben: Der Lärm ließ nach. Miles runs the voodoo down.[17]

Als Popmusik sich brach wie das Licht an der Disco-Kugel und in tausend Facetten zu funkeln begann, war dies auch das glitzernde Symbol für ihre nachlassende Relevanz. Um mit den Worten des Zimmermans zu sprechen: Etwas ging hier vor, doch wir hatten keine Ahnung, was es war. Trotz immer höher werdender Verstärkertürme und immer längerer Partynächte wurde das Geräusch leiser. Eigentlich logisch: Wenn der Einzelne nach seinem individuellen Glück strebt und Pop das Geräusch ist, das dabei entsteht, dann ist am Ende wieder ein jeder allein. Und sein Geräusch kann dann sehr leise sein. Wie der Lüfter in einem Notebook.

Bereits John Fahey, der große Koonaklaster[18], hat sich gegen den Mythos verwehrt, dass man gemeinsam stark sei: »Diese reichen Bengel, die ständig über so grundverrücktes Zeug reden wie Kommunismus, Fortschrittlichkeit und Schwule: alles Niederschlechtigkeit. Kein Begeisterdingens. Bloß Rauch, kein Feuer.«[19] Und jetzt, wo sich auch noch der Rauch zu verziehen beginnt – wir erinnern uns: der Lüfter –, ist Legbas Thron leer. Der Demiurg ist jetzt, so dürfen wir hoffen, im Netz daheim, mit den vielen Einzelnen ungebremst voranschreitend.

Pop meint heute, dass klassenübergreifend, über alle Ländergrenzen hinweg, durch alle Religionen hindurch und inzwischen alle Generationen umfassend ein jeder den Zugang zu kulturellen Produktionsmitteln und digitalen Publikationsmöglichkeiten hat. Pop bewohnt also keine schlonzigen Paläste mehr, sondern das World Wide Web. Doch Pop wäre nicht Pop, wäre er nicht in der Lage, auch andere und wesentlich unerwartbarere Wirksamkeitskanäle zu befahren. Um es kurz zu machen: Ich habe Papa Legba im Baumarkt gesehen. Er tat natürlich erst so, als würde er mich nicht kennen hinter seinen Dübeln, Estrichsäcken, LED-Leuchten, aber ich bin doch nicht blöd. Pops L. schraubt hier an seiner Zukunft ebenso herum wie in den schicken China-Maschinen mit dem Apfel-Logo. Die Ästhetisierung des Alltags – Michael Hutter[20] erklärt diese durch die zunehmende Kommerzialisierung der Kunst, die in der Ästhetisierung der Wirtschaft eine Antwort findet – macht's möglich. Und Legba liebt es am Ende doch, entdeckt zu werden. Sein Goldzahn blitzt auf.

Exkurs: Wer über Land fährt, stößt in ungezählten Vorgärten auf dieselben Dekoruinen.[21] Auf selbst geschweißte Metallskulpturen. Auf roh behauene Gesteinsblöcke und zarte Säulen. Auf Buddhas und Gartenzwerge. Auf Ziersteinhalden und auf Amphoren, die bereits zerbrochen verkauft werden. Blumentöpfe. Blumenampeln. Bevor ich es vergesse: Windspiele. Und dazwischen jegliche Art von Vermischung der genannten Bestandteile. Ein scheint's unzähmbarer Gestaltungswille bricht sich hier Bahn wider allen guten Geschmack. Seit die BayWa erste Glasbausteine verkauft hat, nicht zufällig Ende der 1960er-Jahre[22], ertönte ein Jammern und Maulen aus allen Gelehrtenstuben und Architekturbüros, und ein gewaltiges Kopfschütteln hob an und ein Hindeuten und Ausdeuten und ein »Ich weiß nicht, was soll es bedeuten ...«, und ein Dieter Wieland[23] drehte polemische Filme über die Apokalypse aus Waschbeton und Krüppelkiefer, dass man gleich mitziehen wollte in diesen Krieg gegen den Jodlerstil, der dann besonders entschieden geführt wurde von pensionierten Studienräten aus den Großstädten, die samt *Landlust*-Abo und Koi-Karpfen in Scharen auf dem platten Land einfielen, um den hirnerweichten Dörflern zu zeigen, wie sie zu leben, zu essen und zu bauen hätten. So wie 150 Jahre vorher das Landmensch nicht wusste, was ein Dirndl sei, bis nicht die Sommerfrischler es ihr übergezogen hatten, so sollte jetzt auf einmal der Landmensch wieder aus den vergitterten Fensterguckerln seines authentisch renovierten Vierseitgehöfts ins organisch bewirtschaftete Grün stieren. Exkurs Ende.

Denn spätestens jetzt sollten gewisse Parallelen zur Wunderwelt des Pop deutlich geworden sein. Selbst ernannte Bildungseliten wähnen sich im Besitz eines im Wortsinn heruntergekommenen, also vom Hofe in den Salon ins geschmackssicher schwedisch möblierte Wohnzimmer hinuntertradierten Herrschaftswissens über die Dinge und wie sie zu sein haben. So wie die sogenannte klassische Musik im ausgehenden 19. Jahrhundert immer konservativer, ja reaktionärer geworden ist, um schließlich im 20. Jahrhundert durch eine sinnenfeindliche Avantgarde im Verharren auf ästhetischen Positionen aus der Zeit des Wiener Kongresses bestärkt zu werden,[24] von denen aus man das wirklich

Neue gewohnt hochnäsig attackieren konnte, Blues, Jazz, Rock'n'Roll, die »Negermusik« aus den USA also, so gilt der Gestaltungswille des architektonischen Laien, des dilettierenden Gartenliebhabers, des vor sich hin bauenden Wochenendhandwerkers nichts im Lichte von Bauhaus oder Deutschem Haus;[25] da schließen sich die ansonsten streng ideologisch getrennten Reihen.

Doch offenbar ist dieses Besserwissen den Menschen speziell auf dem Land herzlich egal. Denn mit dem Wegbrechen gesellschaftlicher Normen und Strukturen, die den Einzelnen einst über seine gesamte Lebensspanne hinweg in geordneten Bahnen hielten – ein Prozess, der fast in Echtzeit beobachtet werden kann in Fernsehbildern aus den mittleren 1960er-Jahren[26] –, fingen die Leute einfach an, sich das Leben so einzurichten, wie es ihnen gefällt. Und das heißt vor allem, ihre Häuser, ihre Wohnungen, ihre Gärten so zu gestalten und zu möblieren, wie es ihren Träumen entspricht. Dass diese Träume fremdbestimmt sind, aufoktroyiert von einer gigantischen PR-Lügenmaschine, dieser Vorwurf greift viel zu kurz. Auch er geht aus von einem bürgerlichen Sehnen nach Genie, nach Kreativität, nach Einzigartigkeit.

Fremdbestimmung im Pop heißt immer: Befreiung von den Zwängen zur Originalität. Beheimatet sein im Nicht-Authentischen. Das ist nicht zu verwechseln mit der Ödnis und Verrohung, die speziell in der ländlichen Architektur bis auf den heutigen Tag und überall zu sehen ist: Beton, Vertäfelungen, Aufschüttung, Abgrenzung, Asbest. Eine Rationalisierung der Lebensräume bis fast hin zum Gefängnishaften. Selbstkasteiung. Mit Thomas Bernhard möchte man lospöbeln vor lauter Schmerz. Doch mit und in Pop ist eine neue Generation herangewachsen, die jene Ödnis zu durchbrechen weiß. Die zumindest ahnt, dass ein Vorgarten mehr sein kann als ein Ort, um die Mülltonne abstellen zu können. Welche die Leere fühlt, im Inneren wie in der Außenwelt, die es zu beseitigen gilt. Und hier setzt zart eine Lebensäußerung, eine andere, nicht bürgerliche Art des Sein-Wollens ein, eine neue Lebenskunst, die durchaus Pop ist in ihrer Oberflächlichkeit und Rückholbarkeit.

Der lustige Landmann – und noch öfter seine Gattin – lässt sich jetzt von Papa Legba im Baumarkt beraten. So wie ein Popsong, so wie jede Art von populärer Musik nach einem Baukastenprinzip auf vorgefertigte Bestandteile zurückgreift und diese durch ständige Rekombination in einem schier endlosen Trial-and-Error-Verfahren immer aufs Neue der Öffentlichkeit vorlegt, so bedienen sich diese heute unendlich freier als noch vor drei Jahrzehnten agierenden Menschen mit ihrem Sehnen nach etwas Schönem, nach einem Ausdruck der oft bescheidenen Lebensentwürfe – aber immerhin *ihrer* Lebensentwürfe – in den Regalen von OBI, Hornbach, Hagebau oder Bauhaus. Dass die Ergebnisse oft genug ungelenk, tapsig und sogar lachhaft sind und dass in every dream home a heartache[27] haust, spielt im Endeffekt keine Rolle.

So wie 95 Prozent aller Popmusik grausiger Trash sind, so gilt dies auch für 95 Prozent aller Stein und Holz gewordenen Lebensäußerungen im öffentlichen Raum. Aber allein dass dieser Feldversuch Pop sich als Herangehensweise auf diese eigentlich popfernen Lebensbereiche hat ausdehnen können, sagt etwas über den Emanzipationsgrad unserer Gesellschaft aus. »Hauptsache, ihr habt Spaß«, brummelt der verständnisvolle Verkäufer im aktuellen Media-Markt-TV-Spot. Vor einigen Jahren wurde noch verkündet, dass Geiz geil sei. Von der Todsünde sind wir also unterwegs in einen entspannten Zustand des Leben-und-leben-Lassens, das ist verdammt viel, das ist ein Triumph des Humanen.

Und weil wir gerade Fernsehen gucken: Sind es nicht die allesamt sehr surrealen Werbespots der Baumarktketten, welche die avanciertesten Geschichten erzählen? Ein Turmbau zu Babel, ein durchs All schwebender Gartenplanet, ein Emo-Girl mit einem verständigen Vater, eine blutverschmierte Hand im Farbregal. Gebt mir mehr. Diese Sekunden sind mir wertvoller als das Gesamtwerk von Lars von Trier. Der Baumarkt als Reservoir, aus dem man sich jene Materialien holt, um sein Leben hinzudilettieren. So halbwegs klarzukommen. Sein nicht so wahnsinnig aufregendes Ding zu machen. Das sich aber jederzeit als sein genaues Gegenteil erweisen kann, als wild galoppierendes Steckenpferd im sterneschen[28] Sinne nämlich, auf dessen Rücken wir vor Glück jauchzen. Und OBI ist auch nur ein Drei-Buchstaben-Wort.

Anmerkungen

1 »Love Is Just A Four-Letter Word«, Song von Bob Dylan aus dem Jahr 1967.

2 Buch Jesaja 57,21.

3 Wilde, Oscar: *The Soul of Man Under Socialism.* Zit. nach Bruckmaier, Karl: *The Story of Pop.* Hamburg 2014, S. 133. (Orig. 1891).

4 Lautréamont: *Die Gesänge des Maldoror.* Zit. nach Kohn, Douglas: *Noise Water Meat.* Cambridge, Mass. 1999, S. 6 (frz. Orig. *Les Chants de Maldoror,* 1874).

5 Edisons erste Worte aus der Maschine, zu hören unter: http://www.scpr.org/blogs/news/2012/10/25/10712/hear-thomas-edison-sing-rare-1878-audio-restored-f/

6 »Cocksucker Blues«, Song von Jagger/Richards aus dem Jahr 1970, offiziell unveröffentlicht; empfohlene Cover-Version von The Beasts of Bourbon auf: *From the Belly of the Beast,* Normal Records 1992.

7 Kenney, William Howland: *Recorded Music in American Life.* Oxford/New York 1999, S. 37.

8 »Factory Girl«, Song von Jagger/Richards aus dem Jahr 1968.

9 Hoddis, Jakob van: »Morgens«. In: *Dichtungen und Briefe.* Zürich 1987, S. 56 (geschrieben um 1914).

10 Nach *Fritz the Cat* von Robert Crumb (1959 ff.).

11 »Dark Pop«, Ausstellung Museum Brandhorst, München 2015.

12 »I Wanna Be Black«, Song von Lou Reed aus dem Jahr 1978.

13 Gedicht von Amiri Baraka. In: *The Leroi Jones/Amiri Baraka* Reader. New York 1991, S. 480 ff.

14 Gedicht von Filippo Tommaso Marinetti. Zit. nach Bruckmaier, Karl: *The Story of Pop.* Hamburg 2014, S. 173 (geschrieben um 1912).

15 Zu sehen auf der DVD *The Other Side of the Mirror* (Columbia Legacy 2007) oder nachzulesen in: Bauldi, John: *Wanted Man: In Search of Bob Dylan.* London 1992.

16 Legba ist das Geistwesen in zahlreichen synkretistischen Religionen, das den Kontakt herstellt zwischen Götter- und Menschenwelt.

17 »Miles Runs the Voodoo Down«, Stück von Miles Davis aus dem Jahr 1970.

18 Mystische Schöpfergottheit in John Faheys Schriften wie zum Beispiel *Blaugrasmusik* (Frankfurt am Main 2005).

19 Aus der titelgebenden Geschichte »Blaugrasmusik« (Frankfurt am Main 2005), S. 133.

20 Hutter, Michael: *Ernste Spiele. Geschichten vom Aufstieg des ästhetischen Kapitalismus.* Paderborn 2015.

21 »Gartenruinen – der Trend aus England«: www.gartentraum.de/ruinen

22 https://de.wikipedia.org/wiki/Glasbaustein

23 Zum Beispiel: *Unser Dorf soll hässlich werden* (gesendet vom Bayerischen Rundfunk, 1975), jetzt: https://www.youtube.com/watch?v=8FRBMmM0qjc

24 Siehe unter anderem Antheil, George: »The Negro on a Spiral«. In: Cunard, Nancy (Hrsg.): *Negro*. London 1970.

25 Schmitthenner, Paul: *Das deutsche Wohnhaus*. Stuttgart 1970.

26 Zum Beispiel der Blick ins Publikum auf den DVDs über das »American Folk/Blues Festival«.

27 »In Every Dream Home a Heartache«, Song von Roxy Music aus dem Jahr 1973.

28 Vgl. Sterne, Laurence: *Leben und Ansichten von Tristram Shandy, Gentleman*. Berlin 2015.

Wilfried Petzi

On the Road Again

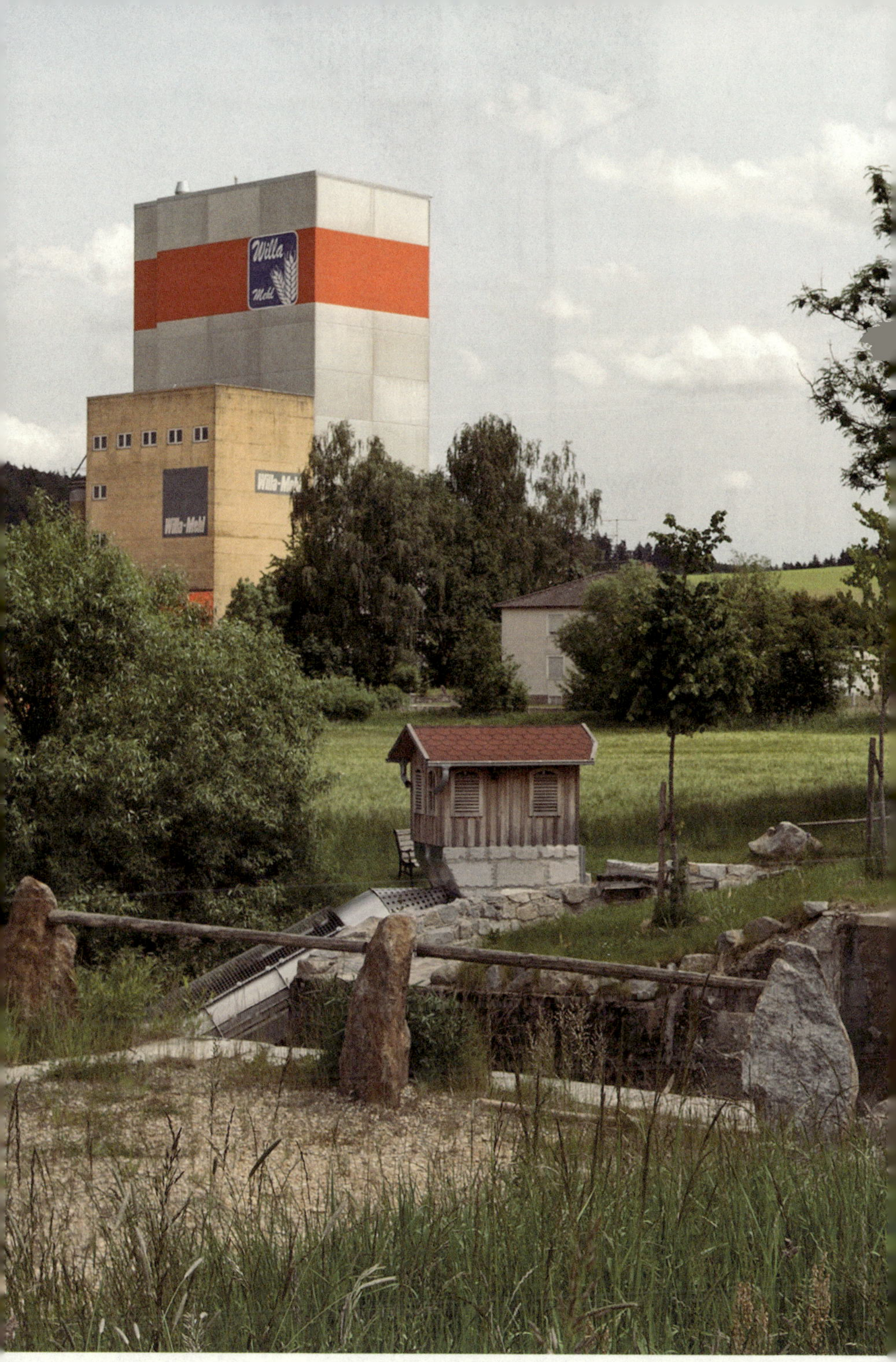
Willa
Mehl
Willa-Mehl
Willa-Mehl

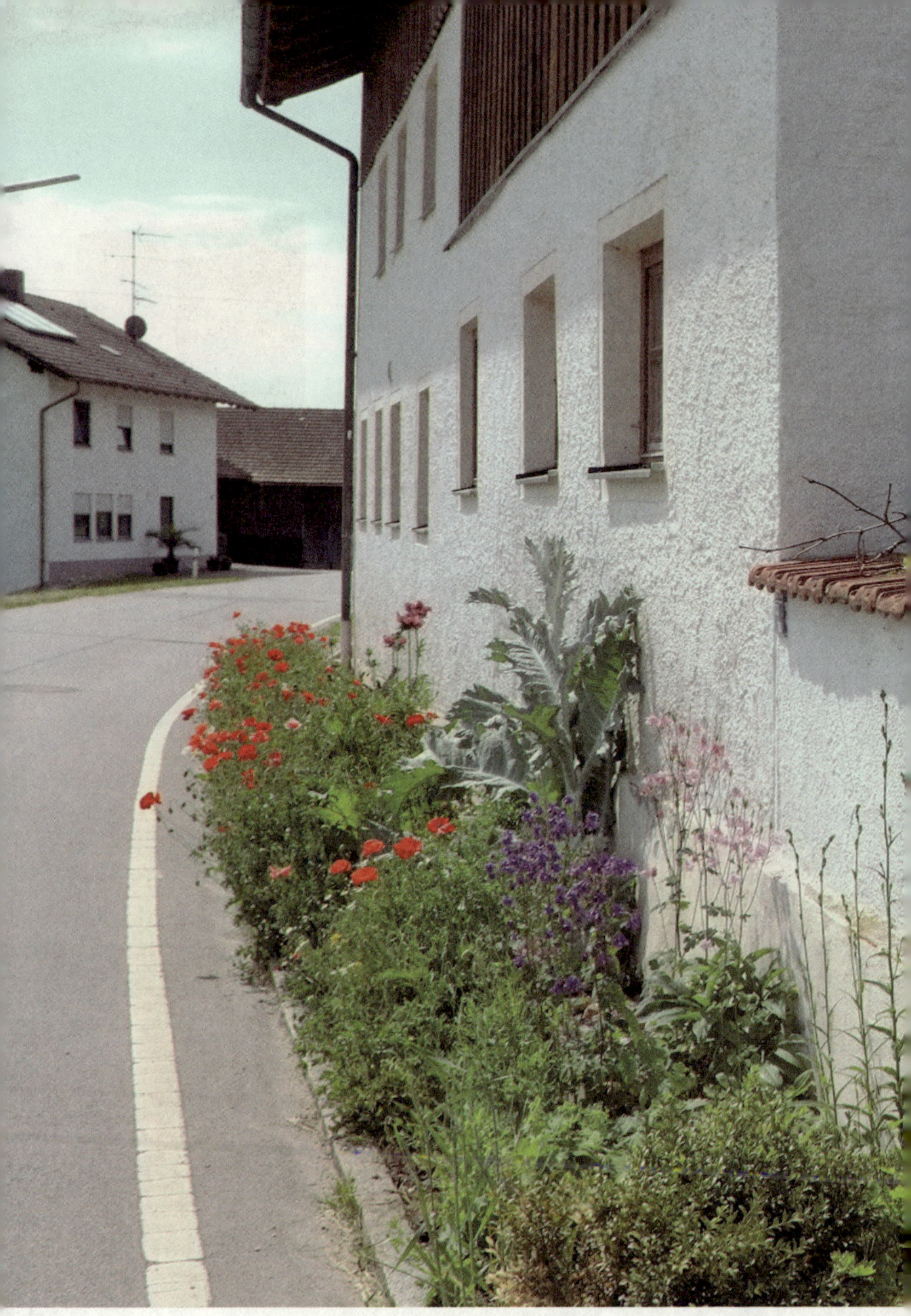

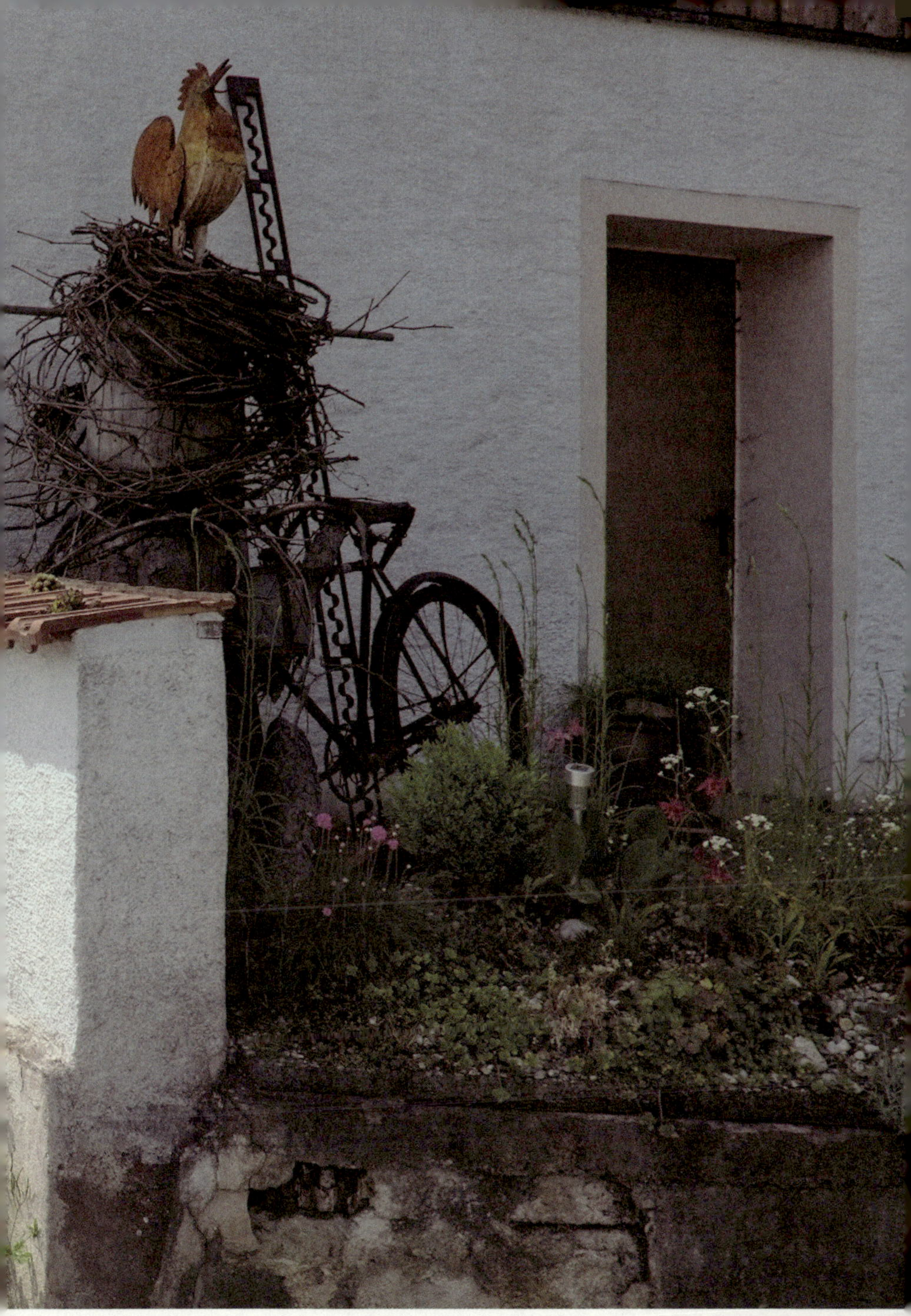

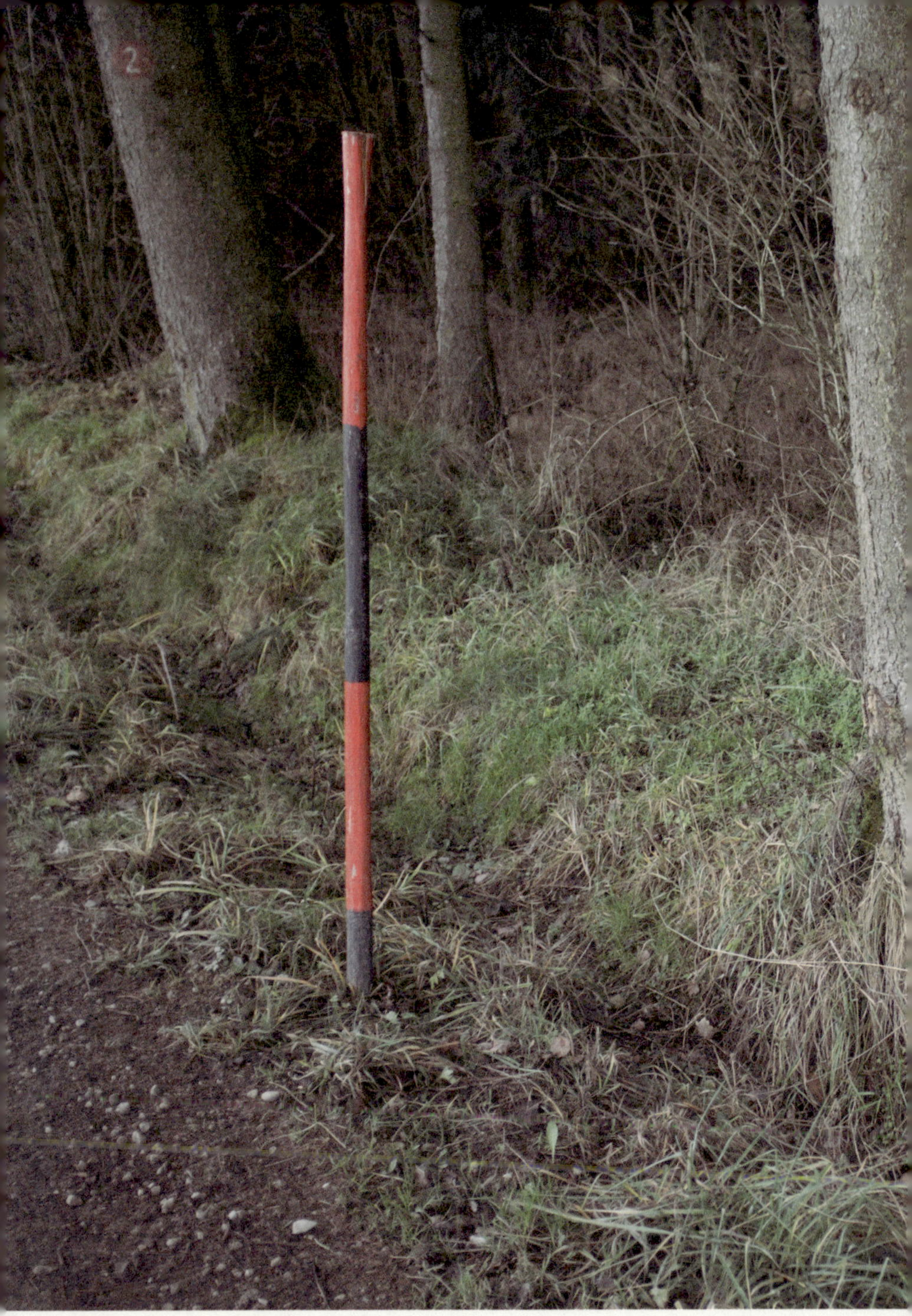
2

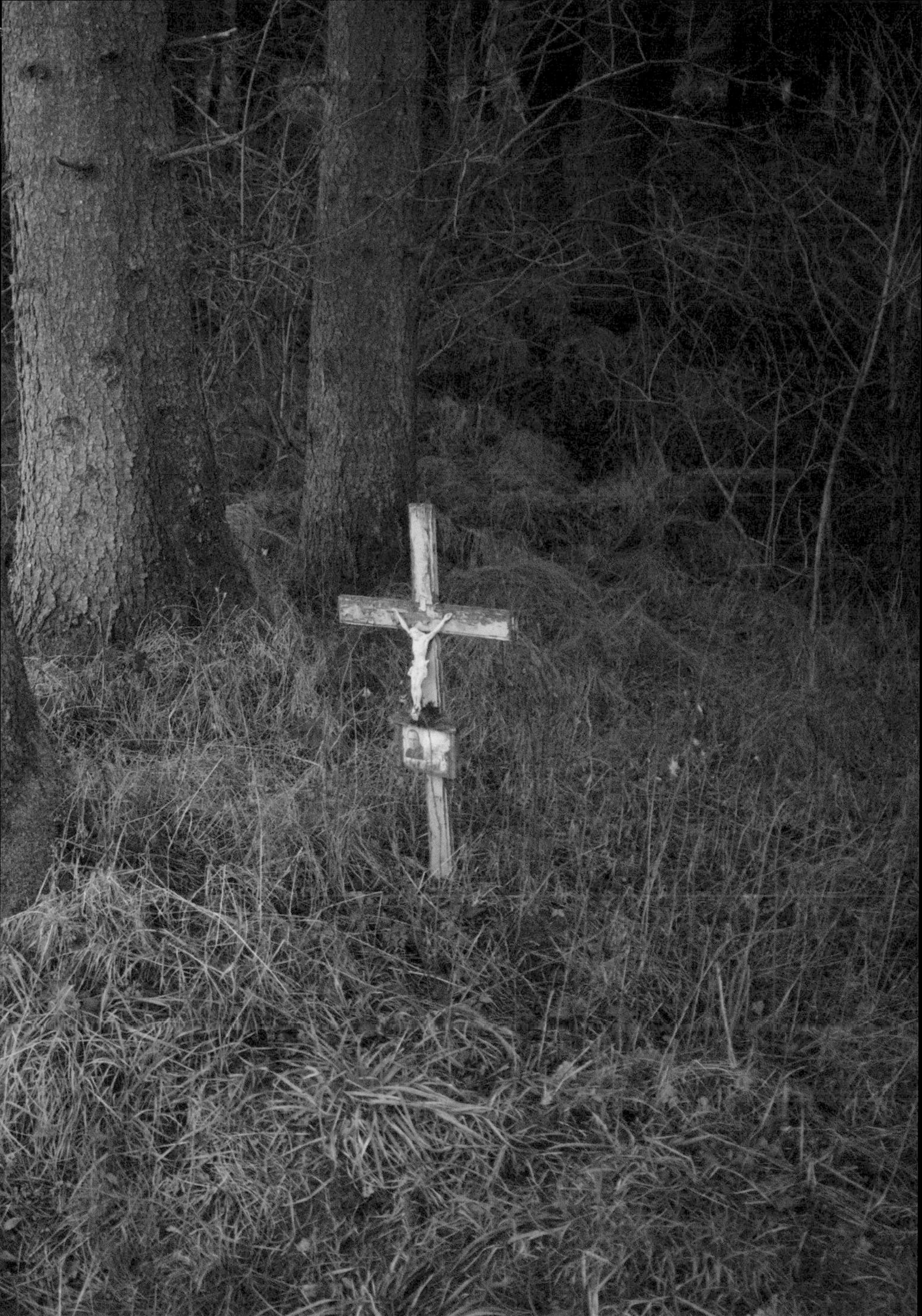

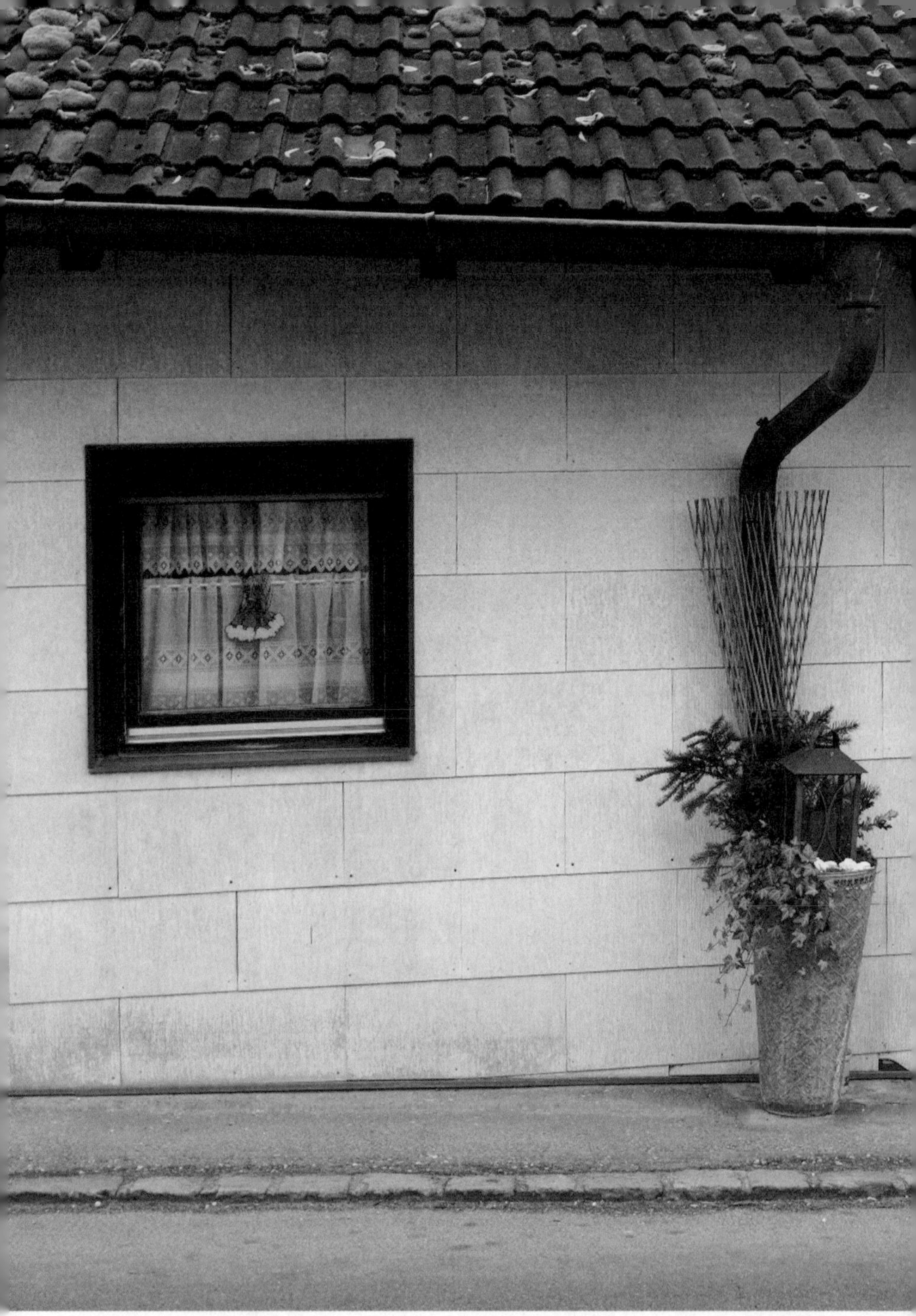

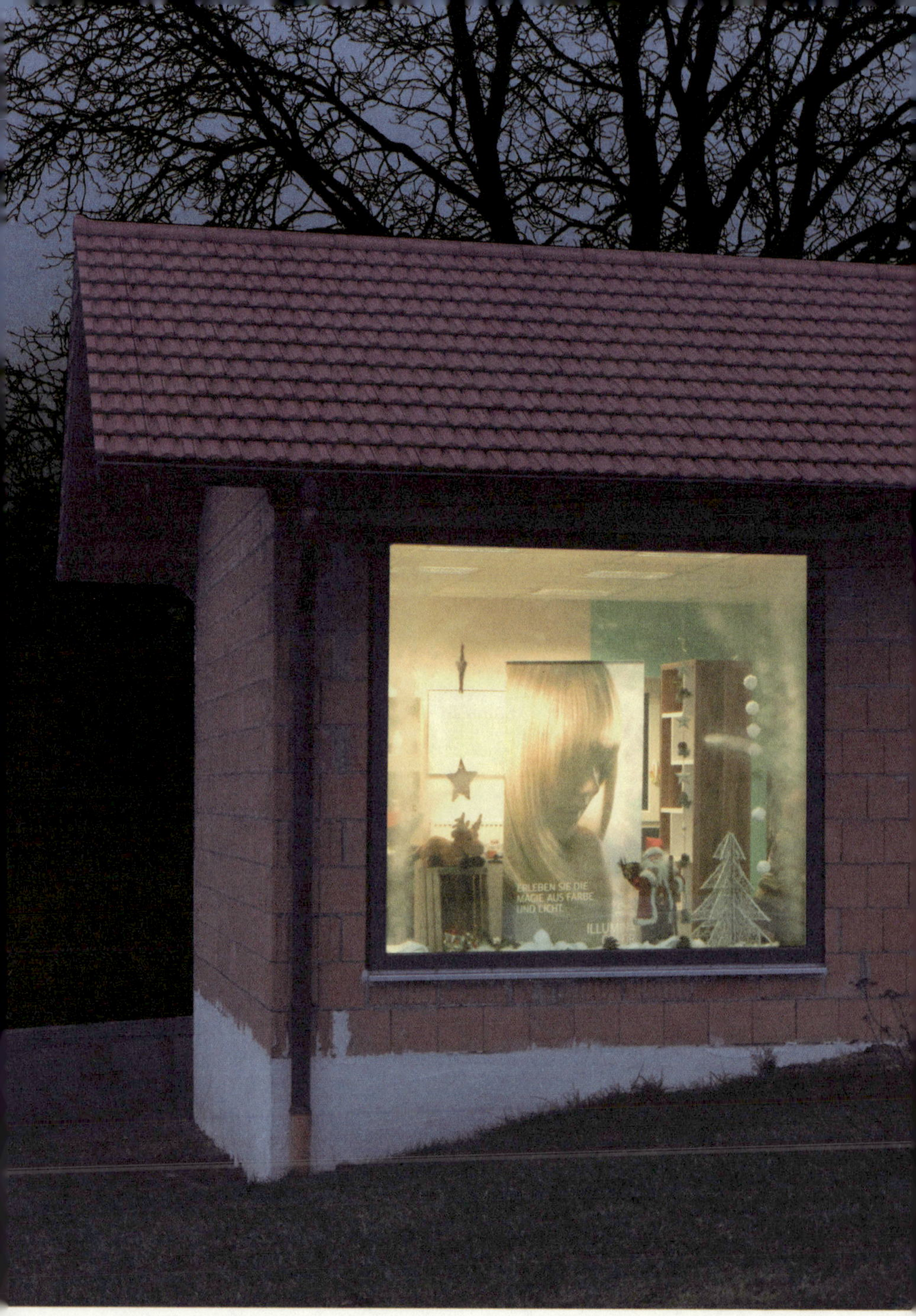
ERLEBEN SIE DIE
MAGIE AUS FARBE
UND LICHT.

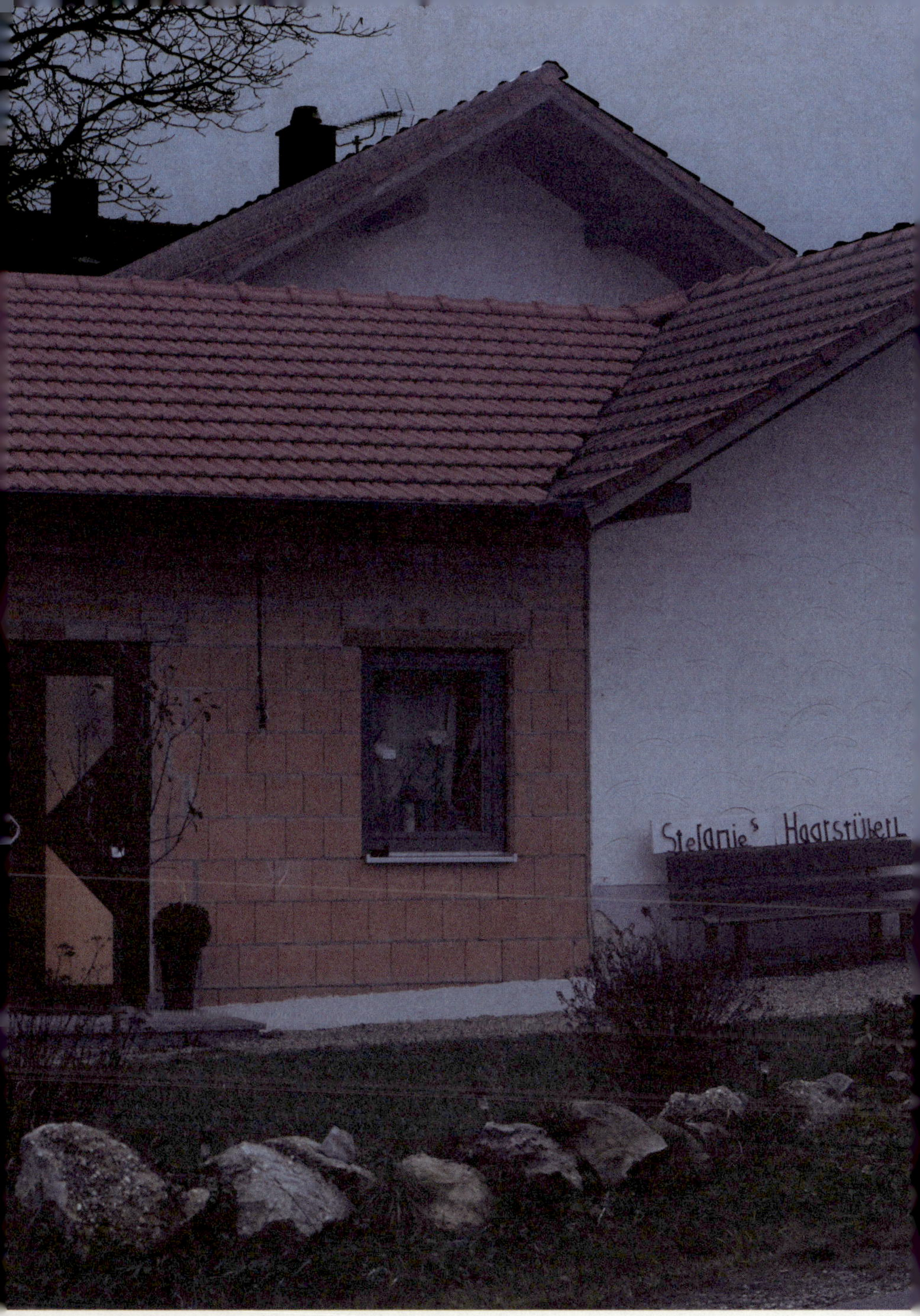
Stefanie's Haarstüberl

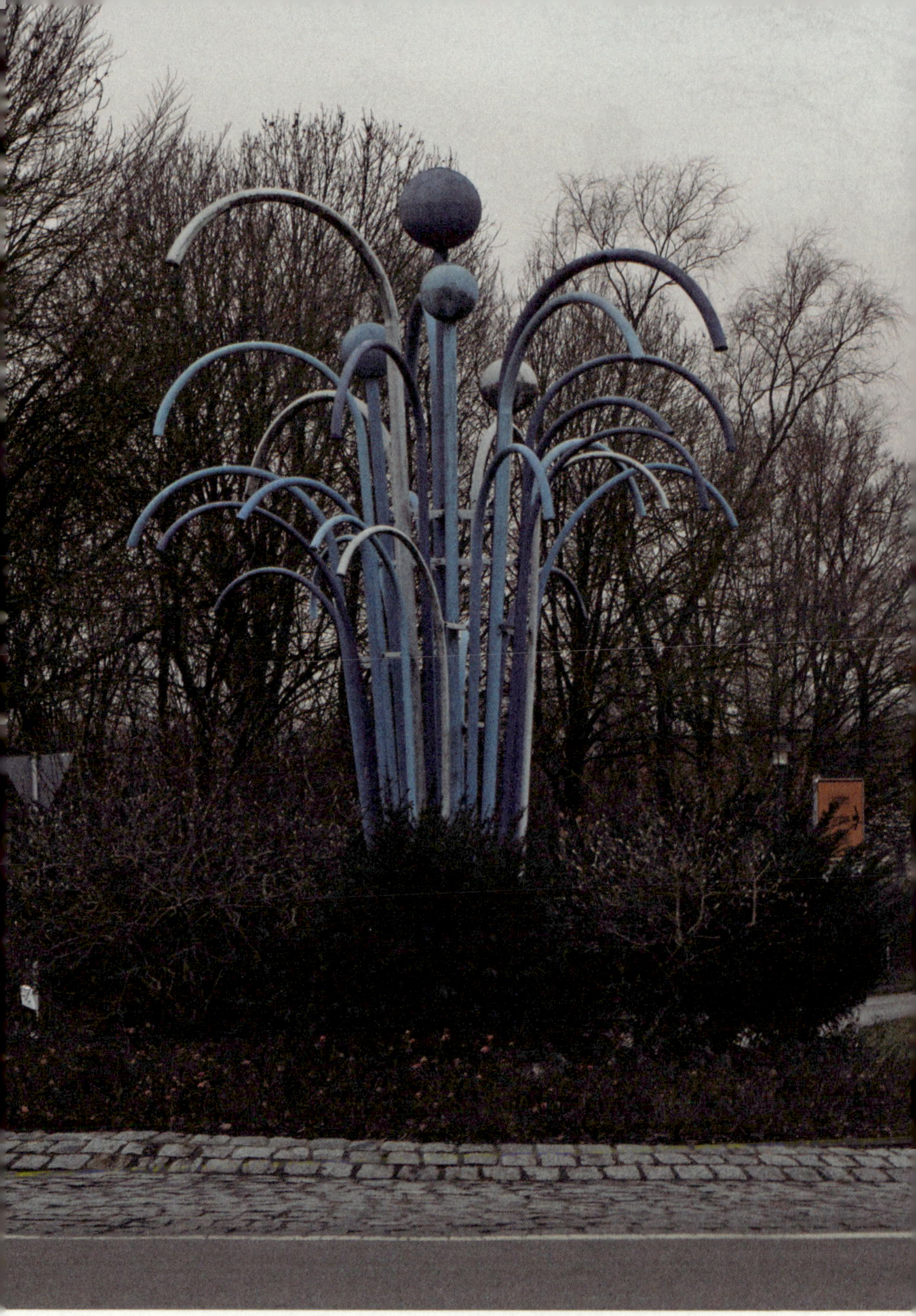

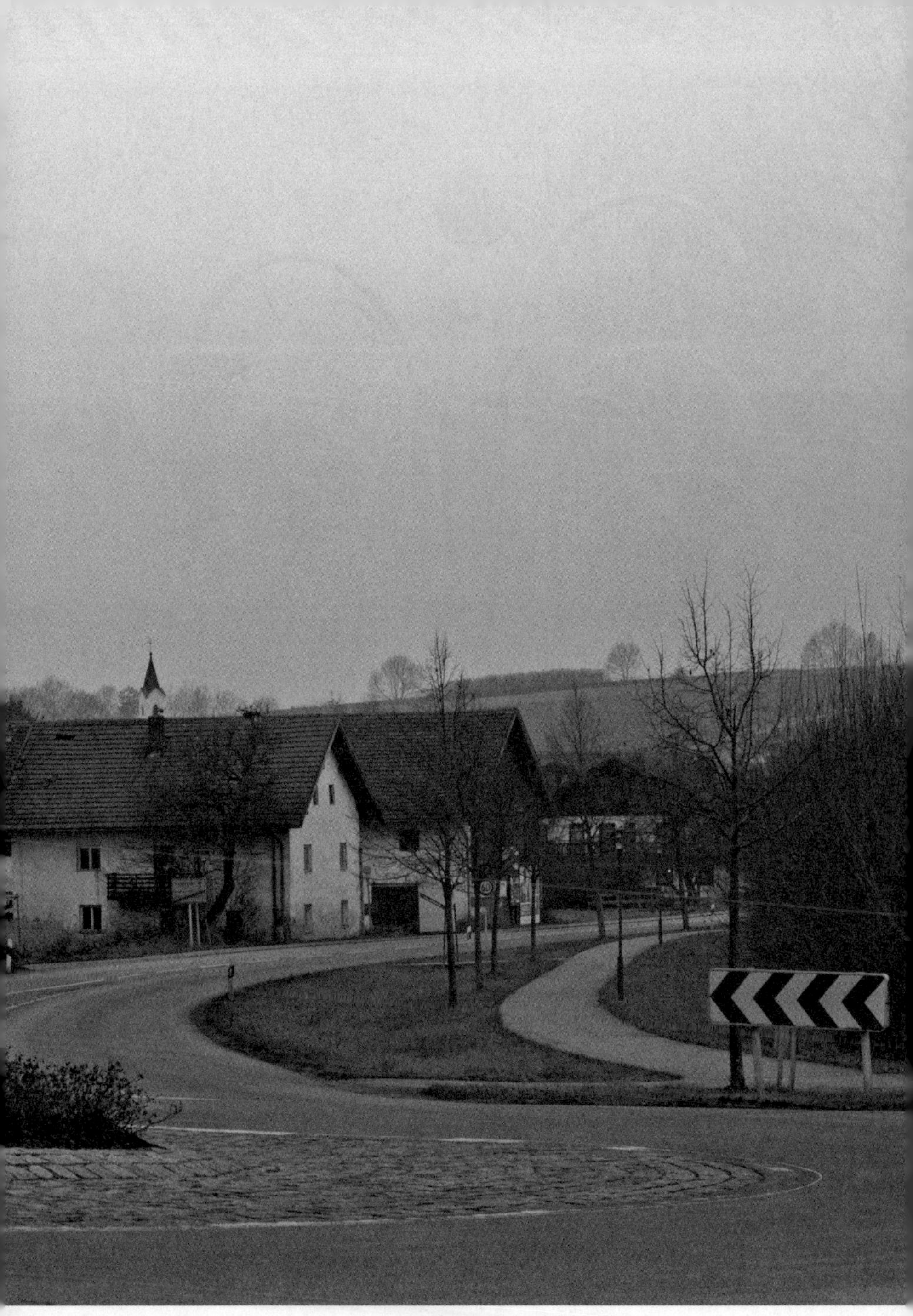

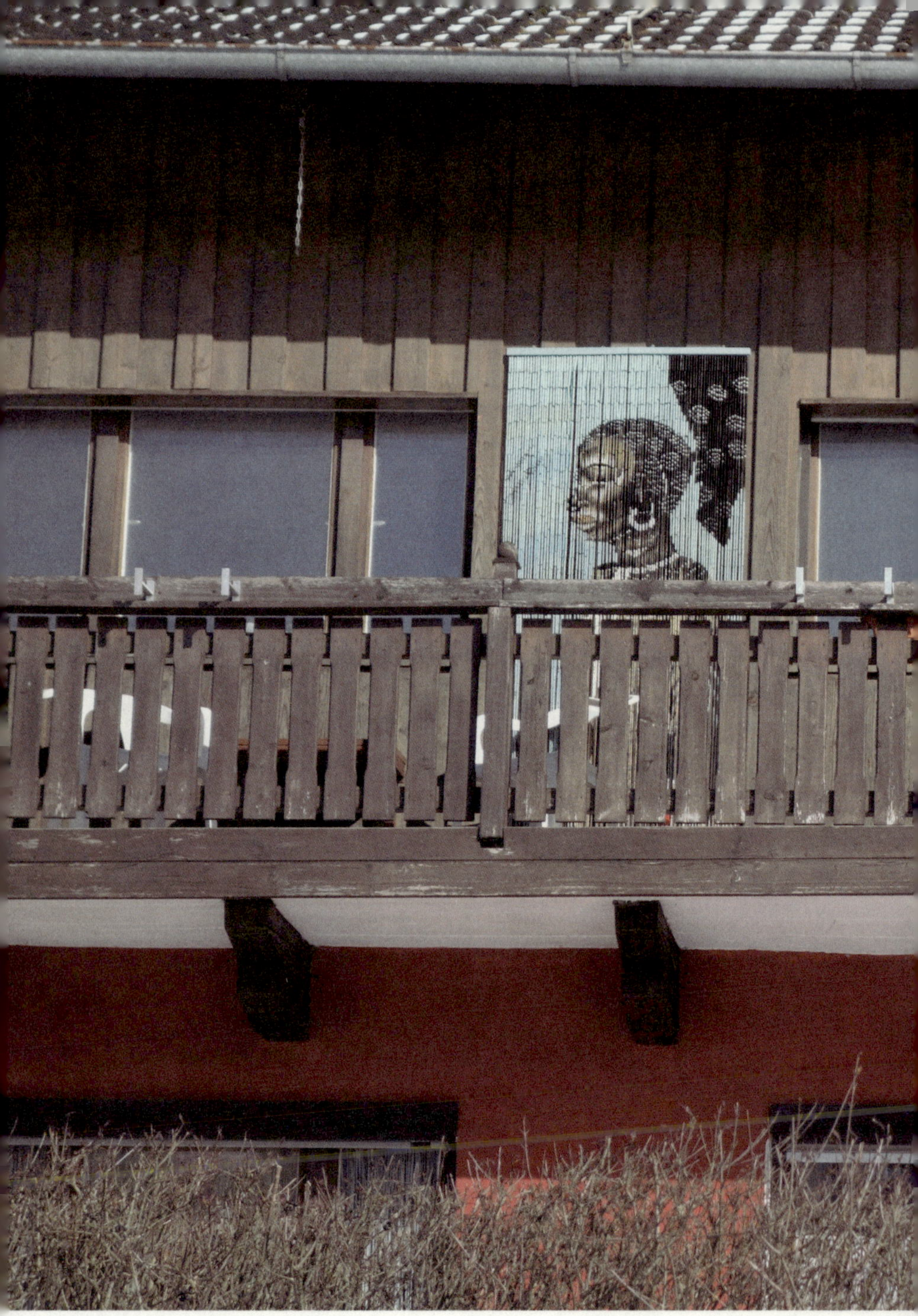

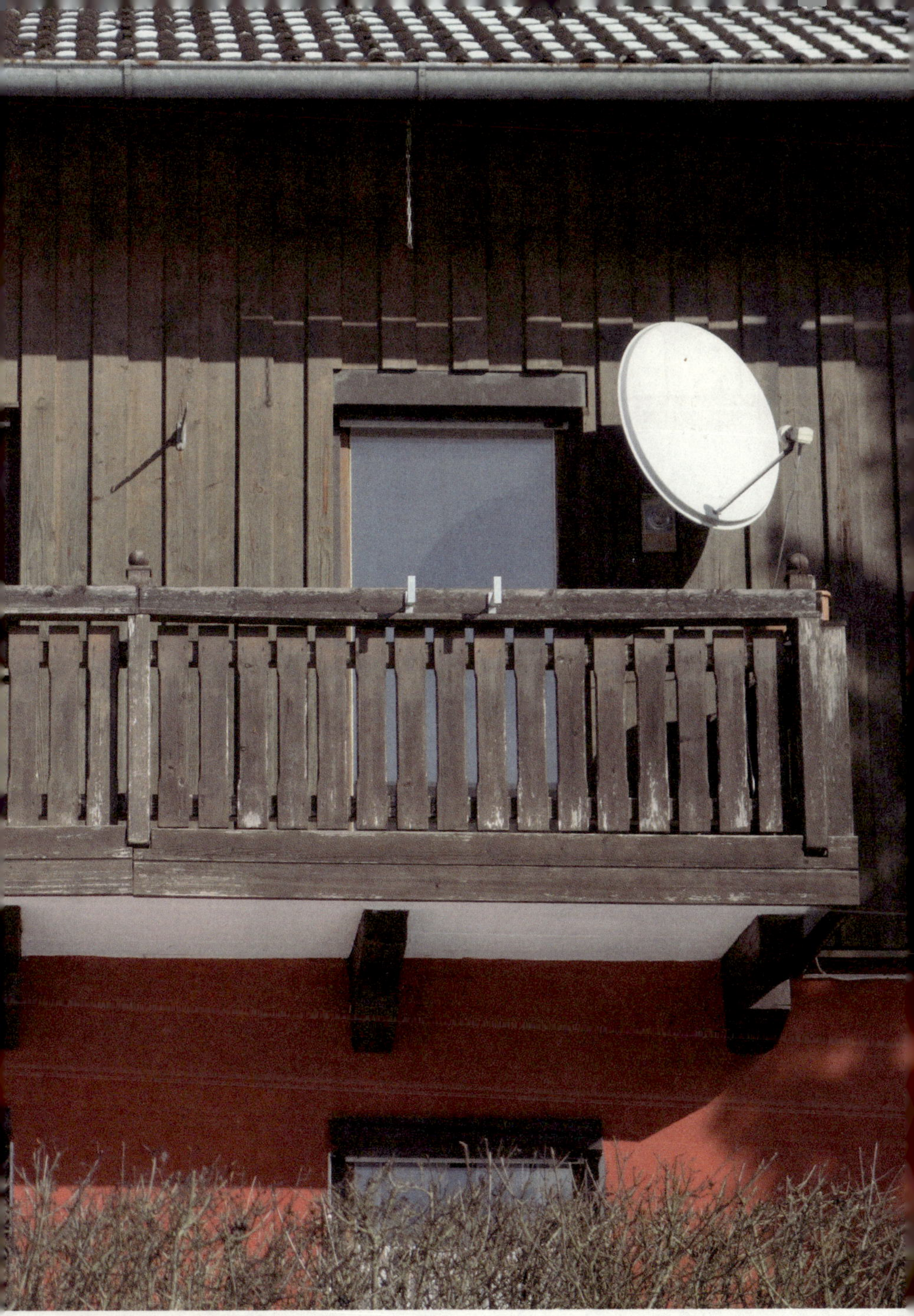

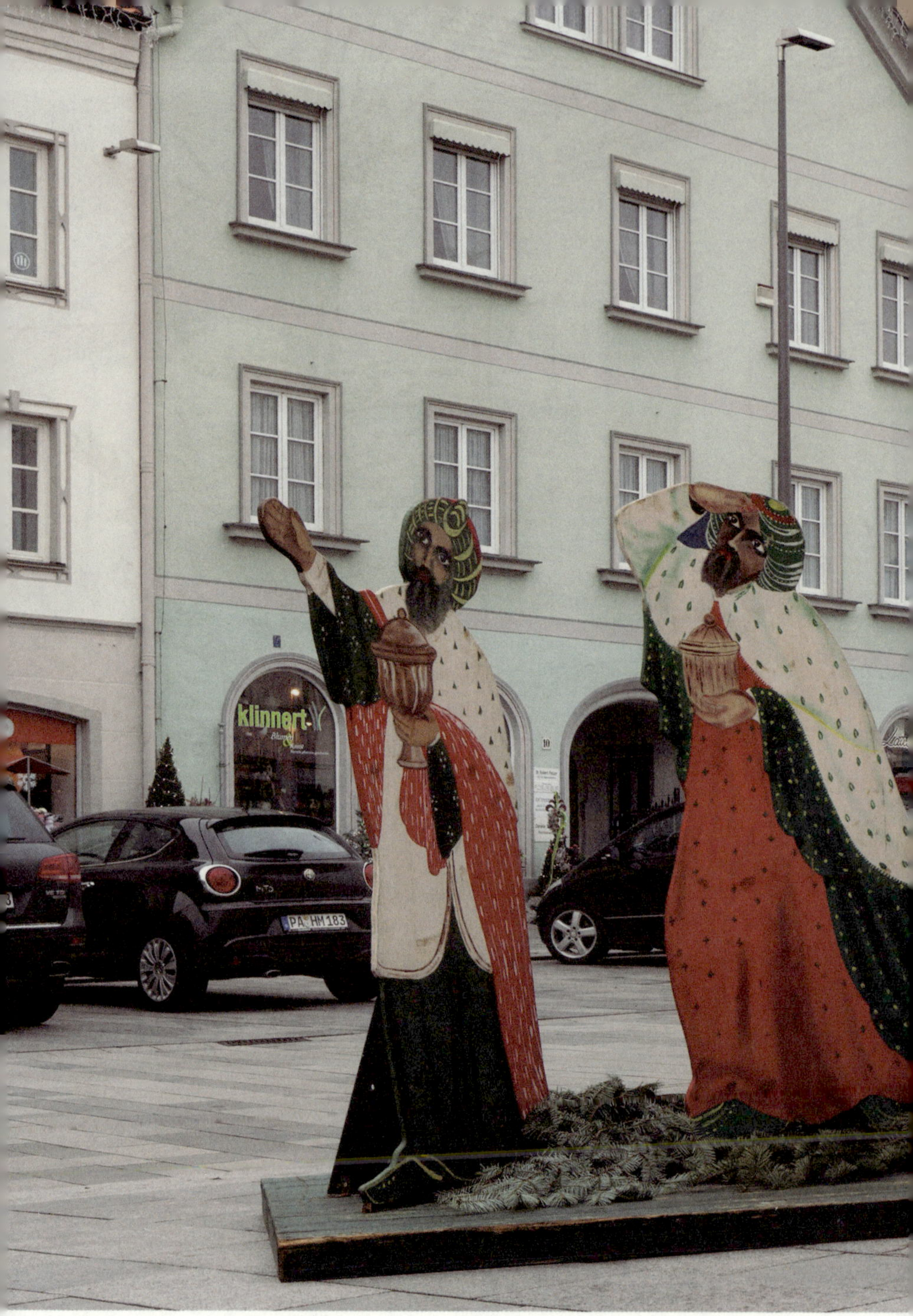
klinnert
PA HM 183

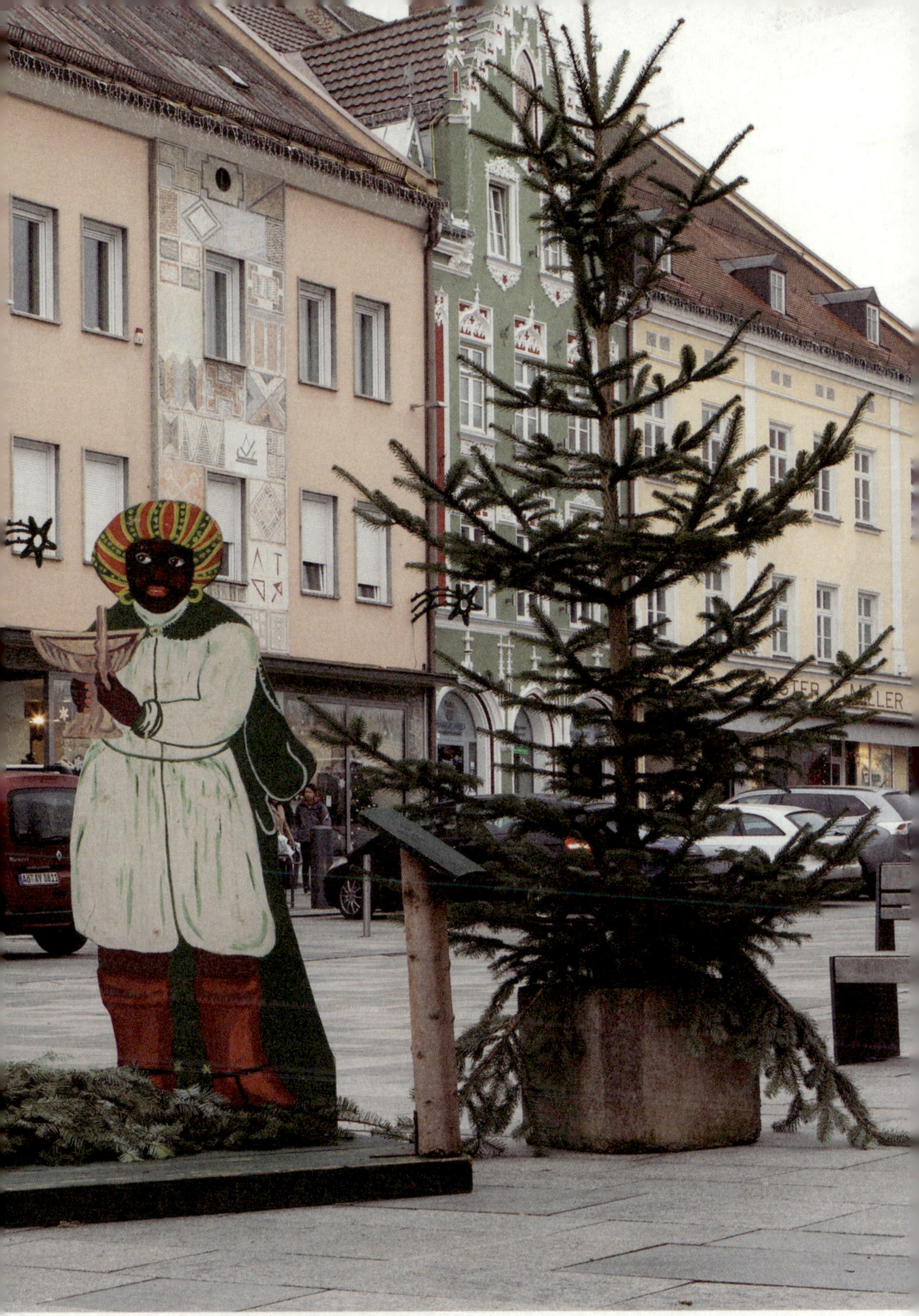

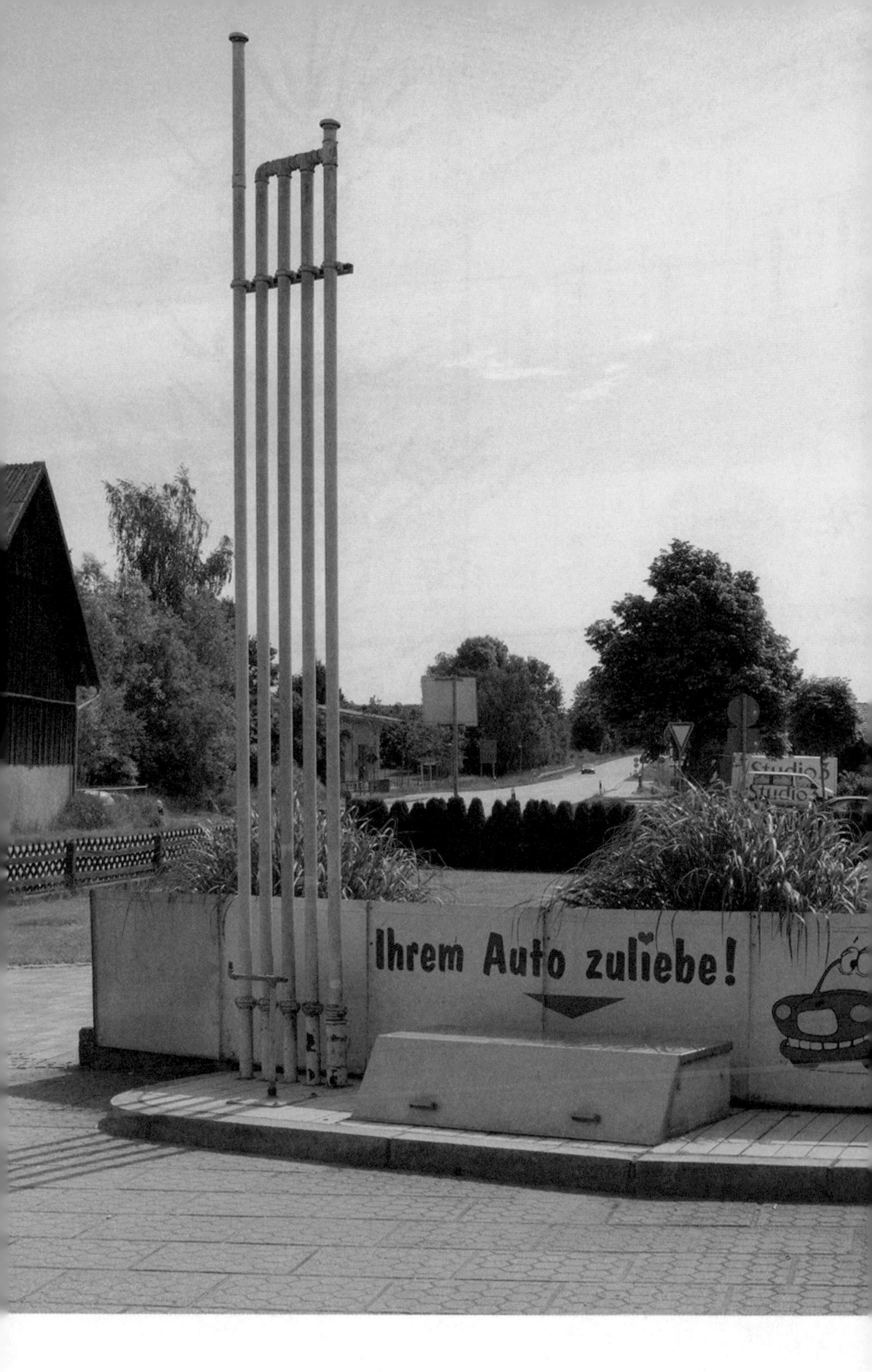
Ihrem Auto zuliebe!

Armin Nassehi

Warum PEGIDA hässlich ist …

… und daran deutlich wird, was die Kunst macht

Der Soziologe Georg Simmel schrieb vor etwa 100 Jahren: »Die soziale Frage ist nicht nur eine ethische, sondern auch eine ästhetische.«[1] Und es stimmt: Generationen, Schichten, Klassen oder Milieus werden an ihrer Kleidung, an ihrem Geschmack, an ihrer Mode, an ihren Stilen, an ihrer Musik und ihren Konsumgewohnheiten erkannt und bemessen. An der Form ihrer Automobile und Kleider, an der Stimmigkeit ihrer Erscheinung, an dem Bild, das sie abgeben, werden sie gemessen. Von Armin Mohler, dem rechten Vordenker des Antiliberalismus, stammt der ebenso böse wie schöne Satz, die Liberalen beurteilten die Menschen danach, was sie sagten, nicht danach, was sie seien.[2] Heute würde man wohl eher insinuieren, dass es nicht einmal mehr darauf ankommt, was sie sagen, sondern wie sie aussehen oder welches Bild ihrer selbst sie erzeugen. Die rechte Forderung nach einer eigentlichen Identität, einer unvordenklichen, einer solchen, die man gar nicht sagen muss, ja nicht einmal sagen darf, damit sie funktioniert, hat sich damit überlebt. Nicht einmal liberal im mohlerschen Sinne vermögen wir zu sein, sondern eher postliberal: Was sie sagen, wird gebrochen durch die ästhetische Erscheinung.

Aber diejenigen, die im Kampf gegen die Islamisierung des Abendlandes und für die völkische Identität des Eigenen demonstrieren, müssten für sich in Anspruch nehmen, danach beurteilt zu werden, was sie sind. Was sie sind, scheint tatsächlich der kleinste gemeinsame Nenner dieser Leute zu sein, und wenn es bei ihnen welche gibt, die danach beurteilt werden wollen, was sie sagen – man könnte in der mohlerschen Logik sagen: die Liberalen unter den Verächtern der Liberalen –, bleibt ihnen kaum etwas anderes, als darauf zu verweisen, was sie sind: deutsch nämlich. So nachzulesen in einem Briefwechsel, den ich im Jahre 2014 mit Götz Kubitschek, einem der führenden Rechtsintellektuellen des Landes, geführt habe.[3] Das letzte Argument war stets, dass das Besondere des Eigenen die Besonderheit des Eigenen sei, das besonders zu nennen zugleich ein besonderes Qualitätsmerkmal darstellen soll und nicht nur die Gesondertheit von anderem Besonderem. Also selbst jemand, der durchaus geübt darin ist, danach beurteilt zu werden, was er sagt, kommt nicht umhin, zu verstummen, wenn es um die Frage geht, was er denn im Unterschied dazu sei.

In einer Kultur, in der tatsächlich nicht einmal mehr gilt, was man sagt, müssen diejenigen, für die nur gelten soll, was sie sind, unter ästhetischen Druck geraten. Denn wenn es wirklich stimmt, dass wir heute eher danach beurteilt werden, wie wir erscheinen und welches Bild wir abgeben, dann hilft es nichts, authentisch zu behaupten, was oder wer man sei. Sieht man genau hin, dann sind die Bewahrer des Eigenen derzeit vor allem ästhetisch unplausibel. Sie demonstrieren geradezu, dass ihre Formensprache sich nicht jener kulturellen Routine fügt, dass wir heute nicht nur unterschiedliche Stile pflegen, sondern dass diese Stile sich vor allem nebeneinander auf Augenhöhe bewegen. Nichts darf mehr als Hochkulturelles mit mehr Würde ausgestattet werden, und noch die partikularste Äußerung wird mit der Würde der Kultur versehen.

Wie hieß es in der *Dialektik der Aufklärung*? »Kultur heute schlägt alles mit Ähnlichkeit.«[4] Ähnlichkeit meint: Alles ist auf Augenhöhe, vergleichbar und damit entdramatisiert. Das Eigene wird dabei immer wichtiger, aber eben neben vielem anderen Eigenen, das sich wechselseitig kaum ins Gehege kommt. In einer solchen Kultur hat es die Zumutung, sowohl fürs Eigene als auch fürs Ganze zu sprechen, schwer – vor allem ästhetisch.

Es mag überheblich klingen, aber es stimmt: Diese Zumutungen des Eigenen als letzter gemeinsamer Horizont, als etwas, das man ist im

Unterschied zu dem, was man sagen können müsste, sind vor allem ästhetisch unplausibel. Es mag darin, ganz im Sinne Georg Simmels, auch so etwas wie die ästhetische Verachtung des bürgerlichen Mittelschichtbeobachters für den Beobachteten aus der Unterschicht mitschwingen – nur stimmt diese Zurechnung gar nicht. Was etwa an PEGIDA ästhetisch missfällt, wird irgendwie sofort plausibel, ist aber schwer zu erklären. PEGIDA spielt Mitte und Bürgerlichkeit, kann aber letztlich nicht inszenieren, nicht verheimlichen, was es am Ende dann immer wieder ist: es selbst nämlich. Es ist eine gewisse kulturelle Inkontinenz zu beobachten, die nicht zurückhalten kann, was ans Licht will: eine Unmittelbarkeit, deren stärkster Ausdruck dann eine Form von Gewalt ist, die ganz ohne Interpretationsspielräume auskommt. Wer Körper jenseits der Grenzen bugsieren will, wer Asylbewerberheime anzünden lässt, wer alle anderen für Lügner hält und deshalb lieber schreit als argumentiert, erzeugt eine Eindeutigkeit, die weder das liberale Sagen noch das postliberale Bebildern ertragen kann. Das macht die Bilder jener Bewegungen so unattraktiv und falsch, weil sie so eindimensional sind, dass man nicht zwischen dem Bild und dem Original, zwischen der Repräsentation und der Präsenz, zwischen Sein und Bedeutung unterscheiden kann. Solche Alternativlosigkeit wird hässlich.

Ich bin an einem der Montage im Oktober 2015 dort gewesen, in Dresden, und es bedurfte keiner Reden und keiner Argumente, um die ganze Misere dieser Bewegung zu erkennen. Man konnte es schlicht sehen. Es ist eine wie aus der Zeit gefallene Bewegung, die gar nicht erst versucht, ein Bild abzugeben, sondern schlicht unplausibel aussieht. Die ganze Art des Sprechens, die Symbole, die Bilder, die Fahnen, die Kleidung, die Blicke – all das ist aus der Zeit gefallen und kann schon ästhetisch nicht überzeugen, schon bevor jemand den Mund aufgemacht hat.

Die Frage lautet nun, warum das so ist. Wahrscheinlich ist es in einer Zeit, in der die soziale Frage im Sinne Simmels auch eine ästhetische Frage ist, schlicht nicht mehr möglich, wirklich auf den Begriff zu bringen, was jemand oder etwas ist, sondern nur noch, als was es dargestellt und wie es ins Bild gebracht werden kann. Es dürfte ja auch schon aus logischen Gründen schwierig sein, Bildkompetenz zu haben, wenn man die Bilder mit der Sache selbst verwechselt. Nicht umsonst fällt etwa in der sakralen Kunst die Praxis, dass Kunstwerke nun mit Autorenschaft, also mit der Zurechnung auf einen individuellen Künstler belegt werden, zeitlich damit zusammen, dass sich methodische Formen der unterschiedlichen Auslegung der Heiligen Schrift etablieren. Beides, die Autorenschaft des Bildlichen und die Kontingenz der Auslegung, zerstört sofort die Möglichkeit, dass die Dinge sind, was sie sind, oder anders ausgedrückt: Sie dementieren sogar die Behauptung, dass sie sind, was sie sind. Denn die Individualität des Künstlers legt nahe, dass er auch anders hätte malen können, und die Notwendigkeit der Auslegung resultiert daraus, dass der Text ein Text ist und nicht das, was er berichtet.

Wer wie PEGIDA das Eigene authentisch behaupten will, dementiert es letztlich schon mit der Behauptung – schon weil es sich an Bilder halten muss, die aber nicht wie die Bilder funktionieren, an die wir in einer vor allem kulturindustriell geprägten Gesellschaft gewöhnt sind. Keine Sorge, es folgt nun keine Beschimpfung der Kulturindustrie, im Gegenteil: Es folgt der Hinweis darauf, dass man die Kulturindustrie im Sinne der *Dialektik der Aufklärung* nur dann so sehr verachten kann, wie es Horkheimer und Adorno prägend für eine ganze Generation (von kulturindustriell ziemlich Beschallten) getan haben, wenn man am Ende doch an so etwas wie eine authentische ästhetische Erfahrung und an eine authentische Kunst glaubt.

Die Kulturindustrie, wie wir sie heute kennen, nutzt vielmehr Bilder, um das Unsagbare auf den Begriff zu bringen. Ein schönes Beispiel sind Serien aus dem Fernsehen oder aus Streaming-Diensten. Haben wir nicht aus *House of Cards* oder *Borgen* mehr über den Machiavellismus konkreter staatlicher Machtpraktiken gelernt als aus argumentierenden Feuilletons? Bietet *Orange Is the New Black* nicht einen tiefenschärferen Blick in die merkwürdige Überlagerung von *race, class, gender*, als es postfeministische Pamphlete vermögen? Erzeugt *Suits* nicht einen kritischeren Blick auf die Differenz von Recht und Gerechtigkeit als eine Abhandlung über das Verhältnis von Recht und Rechtswirklichkeit? Macht *Sex and the City* nicht deutlicher auf oberen Mittelschichthabitus aufmerksam als ethnologische Milieustudien? Hat nicht sogar die Ästhetisierung der DDR in *Weissensee* mehr zum historischen Verständnis beigetragen als Geschichtsbücher und die Bundeszentrale für politische Bildung?

Ob die Bilder wirklich realistischer, genauer, klarer, zutreffender sind als das, was darüber kunstvoll in Büchern und Zeitschriften gesagt wird – das sei dahingestellt. Aber wirksamer sind sie allemal. Die soziale Frage oder besser die sozialen Fragen werden heute – Simmel! – tatsächlich ästhetisch plausibilisiert. Es ist dabei nicht wirklich wichtig, was die Protagonisten sagen, sondern *wie* sie es tun und ob das Ergebnis ästhetisch überzeugt, als Geste, als Haltung, als Habitus, als Form. Solche Bilder zu lesen, setzt vor allem voraus, dass man *unterschiedliche* Bilder lesen kann, dass also mit Alternativen hantiert wird, dass man den Bildern ansehen kann, dass sie Bilder sind, dass authentische Situationen vorgezeigt werden, aber eben vorgezeigt werden müssen. Schon wenn sie gezeigt werden und verglichen werden können, verweisen sie auf andere Möglichkeiten – und wie alle Kultur oszillieren auch diese Formen zwischen Sicherheit und Verunsicherung: Sicherheit durch schöne, plausible Bilder, Verunsicherung dadurch, dass auch andere Bilder denkbar sind.

Die vielgescholtene Kulturindustrie ist natürlich auch Industrie, ein Milliardenmarkt, auch ein Angriff auf bürgerliche Bildersprachen und auf den qualitativen Vorrang hochkultureller Qualitätsstandards und Narrationsgewohnheiten. Geschenkt! – Aber diese vielgescholtene Kulturindustrie ist auch ein Raum, in dem Kontingenz vorgeführt wird, ein Raum, in dem es eben Bilder sind, die auch anders sein könnten. Auch wenn gegenwärtig authentische Zustimmung und Erfahrungen gesucht werden – sie werden durch das nächste Bild wieder verunsichert und eingezogen, was einerseits einen Raum der Beliebigkeit erzeugt, andererseits aber auch Freiheitsgrade und experimentelle Zonen.

Diejenigen, die bebildern wollen, was sie *sind*, nicht was sie *sagen* oder wie sie sich *darstellen* können, müssen daran scheitern. PEGIDA scheitert vor allem an den Bildern, scheitert daran, dass keine plausible Formensprache gefunden werden kann. Dass PEGIDA vor allem dort gedeiht, wo es fast keine Ausländer/Migranten/Muslime gibt, ist dann auch konsequent, denn nicht einmal diese Bilder sind bekannt. Die Apartheid in den Köpfen stammt aus einer Apartheid in den Räumen – und kann sich deshalb auch nichts anderes vorstellen als das Eigene – wobei das nicht ganz korrekt ist. Auch das Eigene kann es sich nicht vorstellen, nur die konkrete Praxis dessen, was ohnehin geschieht.

Das gilt übrigens auch für intellektuelle Versuche, das Eigene auf den Begriff zu bringen, sich also so viel Liberalität zuzumuten, das, was man ist, auch zu sagen. Ich habe oben schon vom Verstummen gesprochen – wer wirklich *sagen* soll, was er *ist*, muss scheitern – derzeit in der Flüchtlingsdebatte schön zu beobachten, dass es relativ leicht gelingt, Flüchtlingen ein Narrativ abzuluchsen, weil sie der personifizierte Unterschied sind, weil ihre Andersheit selbst das Narrativ darstellt, während das Eigene spätestens dann verschwindet, wenn man es benennt. Es ist leicht, eine Geschichte über den Muslim zu erzählen, über den dunklen Menschen, über sein Leid, seine romantische Verfasstheit und seine orientalische Anziehungskraft, ebenso wie über seine orientalische Minderwertigkeit. Es ist aber fast unmöglich, das Selbe über das Eigene zu tun – übers Deutsche oder Europäische, über das Abendland oder den zivilisierten Westen. Das liegt daran, dass sich das Andere und Fremde schon durch seine Differenz als Information lesen lässt, während man beim Eigenen auf so viel Differenzen stößt, dass es nicht mehr als Identität sagbar ist. Deshalb bleibt am Ende entweder die Klage darüber, dass sich das Eigene selbst dementiert, oder aber es wird behauptet, dass man nicht sagen darf, was doch so offensichtlich ist: dass die Anderen so anders sind als »wir«. Letztere Lösung wählen die Intellektuellen unter den Vertretern des Eigenen, das man eben ist, bevor man etwas gesagt hat. Sie führen die Nicht-Sagbarkeit des Eigenen auf das Verbot zurück, nicht sagen zu dürfen, was an den Anderen anders ist und an dem Eigenen identisch. Man leidet dann auf hohem Niveau und beklagt Sprechverbote und *political correctness*, dabei ist es nur das Fehlen des Vermögens, mit Unterschieden umzugehen.

Schön lässt sich das an der amerikanischen *Tea-Party*-Bewegung und an Michel Houellebecqs Roman *Unterwerfung* zeigen.

Die *Tea Party* reagiert unter anderem darauf, dass sie an allen anderen Gruppen in der amerikanischen Gesellschaft – an den Schwarzen und den Hispanics, an den Juden und den *American Indians* oder *First Nations*, an den Muslimen und an sexuellen Minderheiten – erlebt, dass sie Geschichten erzählen können und attraktive, wenigstens registrierbare materialreiche Bilder erzählen können, während es solche Geschichten für die *White Anglo-Saxon Protestants* nicht gibt. Für sie gibt es keine Bilder, weil sie einfach da sind, weil sie sind, wie sie sind – und der Versuch, dieses Selbstverständliche als das Nicht-Abweichende zu beschreiben, erzeugt hässliche Bilder, oder aber neue Versuche, auch die weiße Mittelschicht erzählbar zu machen. Einem ausführlichen Gespräch mit der Mainzer Amerikanistin Mita Banerjee verdanke ich den Hinweis darauf, wie offensichtlich US-amerikanische Fernsehserien wie etwa *Monk*, mir würde parallel dazu *Lie to Me* einfallen, versuchen, das weiße Amerika erzählbar und ästhetisierbar zu machen, interessanterweise oft mit selbstironischen Elementen, was es dann ermöglicht, auch das Eigene vergleichbar zu machen. Es wird dadurch nicht schöner, verliert aber sofort seine verdruckste Hässlichkeit, weil es eben nicht einfach behauptet, was es sei, sondern es dadurch bricht, dass es erzählt werden muss. Solche Strategien bringen dann letztlich die Dominanzkultur auf Augenhöhe mit den erzählbaren Minderheitskulturen.

Houellebecqs Roman *Unterwerfung*[5] wird gerne von den Rechten in Anspruch genommen, um auf die Gefahr des Islamismus aufmerksam zu machen. Man kann das Buch aber auch anders lesen. Was der Protagonist François und andere an den neuen muslimischen Machthabern attraktiv finden, ist nicht die muslimische Kultur, sondern dass überhaupt etwas als Kultur und damit als Bild dechiffrierbar ist. Dass es ausgerechnet die muslimische Kultur ist, die der französischen den

Garaus machen will und macht, ist ein Hinweis darauf, dass diese den fremden Bildern offensichtlich nichts entgegenzusetzen hat. Allein die jüdische Freundin von François scheint das Französische mit seinen liberalen Möglichkeiten als ein attraktives Bild wahrgenommen zu haben – weil es für sie etwas bedeutet. Aber da es für die Franzosen selbst nur noch hässlich zu sein scheint, muss sie das Land verlassen. Vor diesem Hintergrund ist es kein Wunder, dass etwa PEGIDA besondere Angst vor dem Islam hat – Angst hat vor stimmigen Bildern und immer weiter verunsichert wird, weil die Bilder des Eigenen einfach nicht stimmen wollen.

Nicht umsonst gehören solche Bewegungen wie PEGIDA auch eher nicht zu den Kulturbeflissenen. Sie hassen die Kultur und die Kunst, weil Kultur vergleicht und Kunst andere Möglichkeiten, andere Bilder vorführt. Und jetzt sind wir an dem Punkt angelangt, an dem man mit PEGIDA et al. funktional bestimmen kann, was die Kunst macht. Denn die Kunst müssten Pegidisten noch mehr hassen als syrische Moslems und afghanische Kameltreiber. Diese bieten wenigstens eine vermeintliche Gestalt an, die einem die Sicherheit darüber vermitteln kann, nicht nur wie anders sie sind, sondern was sie anrichten in einer Welt, die ihr Eigenes verliert, wenn sie nicht aufpasst.

Die Kunst und ihre Funktion

Die Kunst macht nämlich genau das Gegenteil. Sie führt vor, dass sich unser Bild der Welt nicht der Welt, sondern der Bebilderung verdankt. Kunst konfrontiert – und hier beginnt nun ein funktionalistischer Soziologe zu sprechen – die Welt mit mindestens einer weiteren Version derselben. Kunst verdoppelt die Welt, indem sie als Gemälde oder Literatur, als Skulptur oder Theaterstück, als Video oder Musikstück auf etwas verweist, was sie selbst nicht ist. Sie verdoppelt die Welt, indem sie zeigt, dass ein Bild von etwas nicht dies selbst ist. Sie verdoppelt die Welt, indem sie zeigt, dass wir uns stets einen Reim auf etwas machen müssen, das nur als Darstellung funktioniert. Sie erzeugt in der modernen Kunst, etwa in der abstrakten Malerei, sogar Bilder, die in ihrer Form das Original leugnen, also auf das Bebildern selbst aufmerksam machen und nicht auf das Abgebildete.

Wer die Frage beantworten möchte, für welches Problem Kunst die Lösung ist, stößt zunächst auf etwas anderes als auf die Kunst. Er stößt darauf, dass nicht nur Kunst die Welt verdoppelt, sondern auch andere Instanzen der Gesellschaft. Die Wirtschaft verdoppelt die Welt in Geldform, das heißt, sie bildet letztlich alles, womit sie zu tun hat, in Geldwert ab, um sich selbst darin zu kontrollieren, wie sie weiter operieren soll. Es gibt wirtschaftlich fast keine anderen Informationen als die Veränderung von Preisen oder die Kalkulation von Kosten; die Religion zeichnet ein Bild der Welt, das simulieren kann, als könne man sie von außen als eine Ganzheit sehen, obwohl man das nur immanent behaupten kann. Sie bildet die Welt als Schöpfung ab oder als Erlösungsraum; die Wissenschaft verdoppelt die Welt im Hinblick darauf, was der Fall ist und was man dazu methodisch kontrolliert sagen kann. Wissenschaft erzeugt schlicht ein wissenschaftliches Bild der Welt, genauer: viele unterschiedliche wissenschaftliche Bilder der Welt, muss sich aber darauf konzentrieren, das, was der Fall ist, wirklich zu erreichen; auch das Rechtssystem verdoppelt alles, was es gibt, im Sinne der Herstellung normativer Erwartungssicherheit und im Hinblick auf die Entscheidbarkeit von Konflikten; und die Politik verdoppelt die komplexe Gesellschaft in einem Bild, als wären Gesellschaften Kollektive, die sich bindende Entscheidungen geben müssen. Auch Medien aller Art – von der Sprache über die Schrift bis zu Massenmedien – erzeugen Versionen eines Originals, das für sie nur in diesen Versionen zugänglich ist. Selbst unser Wahrnehmungsapparat erzeugt Bilder, die bei Weitem nicht das Abgebildete sind. Es sieht also fast so aus, als sei alles Kunst, indem es Versionen von etwas erzeugt, das in seiner Originalität gar nicht erreichbar ist. Erreichbar ist die Welt nur in Gestalt all dieser Verdoppelungspraxen, die auf ein Original verweisen, das immer schon hinter der Verdoppelungspraxis verschwindet.

Poststrukturalistisch inspiriert könnte man das eine »Zeichenparadoxie« nennen, denn das Zeichen bezeichnet etwas, das kein Zeichen ist, aber nur im Bezeichnen zugänglich und erreichbar ist. Indem man hinsieht, kann man mitsehen, dass man nicht jenseits des Sehens sehen kann, nicht jenseits des Bezeichnens bezeichnen, nicht jenseits der Wahrnehmung wahrnehmen, nicht außerhalb der eigenen Praxis praktizieren kann und auch nicht jenseits der Kommunikation kommunizieren. Die Welt ist eine Welt, die sich dann dadurch stabilisiert, dass sie all diesen Bildern eine Art Realitätscheck verleiht – so kann dann das Geld, das ein sehr kontingentes Medium ist, zur harten Tatsache werden; und so können wir glauben, dass die Massenmedien tatsächlich jene Welt zeigen, die sie doch nur selbst erzeugen. Die Selbststabilisierung der Gesellschaft erfolgt dann dadurch, dass wir sehr geübt darin sind, die Verdoppelungspraxis in der Anwendung selbst unsichtbar zu machen. Diese Praktiken kondensieren zu einer Realität, die sich dadurch reproduziert, dass sie sich bewährt. Einfacher ausgedrückt: Die Verdoppelung muss unsichtbar gemacht werden, damit die Welt wie die Welt aussieht.

Nur die Kunst ist anders: Sie macht auf die Verdoppelung explizit aufmerksam. Kein Kunstwerk kann behaupten, das zu sein, was es darstellen soll. Ein Porträt lebt davon, dass es als ein Porträt wahrgenommen wird – und wir beurteilen die Schönheit oder die Gestalt eines Porträts nicht danach, ob das abgebildete Gesicht schön ist oder nicht, sondern ob das Bild als Bild überzeugt. Ein Musikstück erzeugt eine Zeitspannung, die für etwas anderes steht als sie selbst, ein Roman ist nicht einfach ein Informationsträger über ein Geschehen, sondern lebt davon, wie etwas erzählt wird, wie auch ein Gedicht zwar sachliche Informationen enthält, aber seinen künstlerischen Informationswert in der ästhetischen Form der Darstellung findet. Anders als die anderen Bereiche der Gesellschaft lebt die Kunst davon, dass die Verdoppelung nicht unsichtbar gemacht wird oder werden muss, sondern vorgeführt wird: als sichtbarer Pinselstrich, als kunstvolle Verschränkung von Tonarten in der symphonischen Musik, als Perspektivenverschiebung im

Film oder auch in der Provokation, naturalistische Gegenstände als Kunst vorzuführen – denn provozieren kann das nur, weil wir uns an die Verdoppelung gewöhnt haben. Kunst hat ein besonderes Verhältnis zur Welt. Sie kann weder im mohlerschen Sinne darauf pochen, was oder wer etwas oder jemand ist. Sie kann es auch nicht einfach sagen. Sie muss es als Bildhaftes vorführen, indem sie den Prozess der Verdoppelung selbst in den Bereich des Sichtbaren holt.

Eine Kultur, die nicht mehr in erster Linie eine Buchkultur ist, sondern vor allem eine Screen-Kultur, also eine Kultur, deren wichtigstes Zeigemedium Bildschirme und ihre Derivate sind, emanzipiert sich tatsächlich von der Frage nach dem So-Sein von etwas ebenso wie von der Frage, was man dazu sagen kann. Armin Mohlers Unterscheidung implodiert also dort, wo die sichtbare Verdoppelungspraxis den engeren Bereich des Kunstbetriebs verlässt und letztlich überall so etwas wie popkulturelle Formen der Verdoppelung und ihrer Visibilisierung etabliert. Dass es Fernsehserien sind, die den Roman wenn nicht abgelöst, so doch zumindest ergänzt haben; dass es die Rekombination von Stilelementen in der Mode, im Design, auch im Industriedesign und nicht zuletzt in der individuellen Lebensführung ist, die Distinktion und Identität ermöglicht, ist ein Hinweis darauf, wie stark die moderne Gegenwartsgesellschaft von der Funktion der Kunst durchdrungen ist. Die *gesellschaftliche* Funktion der Kunst und ihre Leistung für die Gesellschaft bestehen tatsächlich darin, die Gesellschaft mit der Varietät unterschiedlicher Versionen zu konfrontieren. Dass dies heute nicht mehr unbedingt in den distinktiven Formen der bürgerlichen Gesellschaft mit ihren kanonisierenden Zumutungen erfolgt, ist nur ein Hinweis darauf, wie wenig sich diese Funktion und Leistung für die Gesellschaft einschränken lässt.

Würde man kulturkritisch argumentieren, käme man darauf, eine Welt voller Benutzeroberflächen zu beklagen, die der Echtheit ihrer Originale verlustig gegangen ist. Aber das wäre eine naive Kritik, die letztlich die Potenziale des Ästhetischen in den Limitierungen einer »herrschenden« Kultur einschränkt. Der Verlust solcher Pluralisierung mag womöglich ein Traditionsabbruch im Hinblick auf hochkulturelle Formen sein, deren Qualität womöglich immer unerreichbarer wird. Ich bin davon überzeugt, dass eine Welt ohne die hochkulturellen Highlights unseres Kanons eine schlechtere Welt ist. Eine Welt ohne, sagen wir, die h-Moll-Messe etwa ist eine schlechtere Welt, daran gibt es keinen Zweifel.

Der Gewinn aber besteht darin, dass sich die moderne Kultur mit der Pluralisierung ihrer Verdoppelungspraxen und ihrer Sichtbarkeit bis in den alltagskulturellen Raum hinein vielleicht besser gegen allzu starke Einheitszumutungen wappnen kann. Es ist kein Zufall, dass PEGIDA ebenso wie religiöse Eiferer, politische Diktaturen ebenso wie rigoristische Zwangsneurotiker sich mit dem, was die Kunst anbietet, erheblich schwerer tun als diejenigen, die mit dem Varietätsangebot der künstlerischen Funktion rechnen. Was die Kunst womöglich am stärksten adelt, ist, von wem sie letztlich verachtet wird. Um es wieder auf den PEGIDA-Punkt zu bringen: Dass diese Bewegung ästhetisch so misslungen ist, spricht sowohl gegen sie selbst als auch für die Kunst und ihr Verdoppelungspotenzial. Es ist ja nicht die Kunst selbst – aber dass es sie gibt, ermöglicht der gesellschaftlichen Formenbildung, mit unterschiedlichen Varianten des Selben umzugehen. In einer solchen Welt ist PEGIDA hässlich – und das ist gut so.

Das hier entwickelte Argument ist nicht wirklich neu. Es kann auf eine lange Tradition zurückblicken. In der bürgerlichen Gesellschaft – das bestätigen auch die Kunsttheorien von Kant, Schiller und Hegel über Schelling bis Adorno – hatte die Kunst die Funktion, auf die Form zu verweisen, eine andere Erkenntnisweise beziehungsweise Erlebnisform zu präsentieren als in Wissenschaft, Politik und Religion, von Ökonomie ganz zu schweigen. Das Andere bestand darin, auf die Form der Welt, auf die Kontingenz ihrer Möglichkeiten und auf die Lesbarkeit der Welt über ihre eindeutige oder wenigstens Eindeutigkeit suggerierende Bedeutung hinaus hinzuweisen. Das sollte im Museum durch Ästhetisierung vorgeführt werden – und wurde in der bürgerlichen Gesellschaft zugleich wieder intellektuell und kenntnisreich eingehegt. Der

Kunst wurde jedenfalls – je nach theoretischer Variante – eine privilegierte Erkenntnis zugetraut und zugeschrieben. Sie sollte tatsächlich das ganz Andere sein. Heute müssen wir den Gedanken radikalisieren. Mit der Ästhetisierung unserer Positionen, auch mit der Ästhetisierung der »sozialen Frage(n)«, um es noch einmal mit Simmel zu sagen, zeigt sich die Gesellschaftlichkeit der Kunst.

Was die Kunst macht, ist nicht, Argumente gegen den Präfaschismus von PEGIDA zu liefern oder Argumente für eine pluralistische Gesellschaft auf den Punkt zu bringen. Wo Kunst das plakativ und belehrend tut, wird sie selbst hässlich und verliert ihre ästhetische Potenz. Was die Kunst macht, ist lediglich, dafür zu sorgen, dass Blicke darin geschult werden, ästhetische Insuffizienz wahrnehmen zu können. Und ästhetische Insuffizienz ist nicht so etwas wie ein ästhetisches Urteil, sondern zeigt die Bedingungen, unter denen etwas als so hässlich erscheint, dass es nicht einmal mehr hilft, etwas zu sagen. PEGIDA ist ein Lackmustest dafür, was mit einer Gesellschaft oder mit einer Bewegung passiert, die hauptsächlich Energie dafür aufbringt, sich anderen Blicken erst gar nicht zu stellen. Die Kunst macht die Welt nicht besser – aber die Blicke. Und bessere Blicke können zumindest dafür sorgen, dass auch das Eigene nur eine Variante ist. Wer das nicht sieht, wird zu Gewalt neigen und zu endgültigen Lösungen. Wer das sieht, muss auch die Gewalt noch in Bilder bringen und dürfte mit dem Gedanken der Endgültigkeit nichts anfangen können. Kunst ist kein privilegiertes Erkenntnismittel, was man schon daran sehen kann, dass der Kunstbetrieb zwischen Selbstmitleid als nicht wirklich anerkannter Praxis und Gigantomanie oszilliert. Kunst kann auch die Gesellschaft nicht ändern – was schon an der Gesellschaftlichkeit der Kunst liegt. Sie hat auch keine besondere Autorität vor den anderen Formen der Weltbeziehung. Sie ist nicht einmal schöner als der Rest. Aber dass es sie als offensichtlich unhintergehbare gesellschaftliche Funktion gibt, macht darauf aufmerksam, dass es einen Bedarf für einen reflexiven Blick auf Blicke gibt. Kunst konfrontiert nicht nur mit anderen Versionen der Welt, sondern macht alles zur Version. Auch sich selbst. Damit macht sie die Behauptung einer endgültigen Stellungnahme zur Welt, eines endgültigen Urteils oder der Behauptung einer bedingungslosen Identität schwieriger, weil sie stets dafür steht, dass es andere Versionen gibt. Und sie ist es, die die bedingungslose Identität abgrundtief hässlich macht. Diese Hässlichkeit ist nicht das Gegenteil von Schönheit, sondern das Gegenteil von kontingenter Beschreibbarkeit. Alles, was behauptet, solche Kontingenz nicht zu haben, wird hässlich. Das macht die Kunst, wenn es gut läuft. Wie sie das macht, steht auf einem anderen Blatt.

Anmerkungen

1 Simmel, Georg: »Soziologische Ästhetik«. In: Henrich, Dieter; Iser, Wolfgang (Hrsg.): *Theorien der Kunst*. Frankfurt am Main 1982, S. 252–259, hier S. 255.

2 Vgl. Mohler, Armin: *Gegen die Liberalen*. Schnellroda 2013, S. 9.

3 Nassehi, Armin: *Die letzte Stunde der Wahrheit. Warum rechts und links keine Alternativen mehr sind und Gesellschaft ganz anders beschrieben werden muss*. Hamburg 2015, S. 296–330.

4 Horkheimer, Max; Adorno, Theodor W.: *Dialektik der Aufklärung. Philosophische Fragmente*. Frankfurt am Main 1988, S. 128.

5 Houellebecq, Michel: *Die Unterwerfung*. Köln 2015.

Conny Habbel

Venedig im Regen

Politisches Engagement und Widerstand in der Kunst

In einer eisigen Herbstnacht steige ich in den EuroNight der Österreichischen Bundesbahn von Wien nach Venedig. Mein Schlafabteil begrüßt mich mit einer in die Jahre gekommenen Reproduktion von Klimts »Kuss« unter kaltem Neonlicht, im Format DIN A4 (das Original ist eigentlich quadratisch). Das Bild wurde hinter getrübtem Plexiglas in die graue Plastikwand meiner Kapsel versenkt. Was hier hängt, verweist nur im Entferntesten auf Klimts auratisches Jugendstilgemälde: schillernd, virtuos, visuell mächtig, kleinteilige, golden schimmernde Flächen, zwei Figuren, in inniger Umarmung, die zarte Blässe der Gesichter gerahmt von den floralen Ornamenten ihrer Kleider. Auch dort, wo ich hinfahre, wird es Kunst zu sehen geben, ob schillernd, verstaubt, konzeptionell oder ganz anders.

Die Biennale von Venedig, eines der weltweit wichtigsten Kunstereignisse, fällt diesmal in eine Zeit, in der ich an meinen behüteten Wohnorten, Wien und München, mit der Flüchtlingskrise eine weltpolitische Notlage deutlicher mitbekomme als je zuvor. Im österreichischen Erstaufnahmelager Traiskirchen, sozusagen vor meiner Haustür, müssen fiebernde Kinder bei niedrigen Temperaturen im Regen schlafen. Auf einer Autobahn im Burgenland werden 71 Leichen aus einem luftdicht verschlossenen Kühlwagen geborgen. Auf Facebook ist ein Video zu sehen, das Menschen zeigt, wie sie, zum Teil schreiend vor Schmerz, durch einen halb gefrorenen Fluss an der slowenischen Grenze waten. Tag für Tag die Untätigkeit der europäischen Politik, Tag für Tag neue schreckliche Nachrichten. Die Ereignisse machen mich rasend wütend und unfassbar traurig. Manchmal stehe ich mitten in der Nacht auf, in meiner gemütlichen, beheizbaren Wohnung, und streichle meinen schlafenden Sohn.

Als Künstlerin frage ich mich: Welche Kunst kann in dieser Zeit sinnvoll sein? Ist es überhaupt noch legitim, Kunst zu machen, die solche politischen Missstände nicht reflektiert? Ich bringe Spenden zu den Notunterkünften in Wien und überweise Geld an Flüchtlingsorganisationen. Doch in meinen künstlerischen Arbeiten beschäftige ich mich mit biografischer Erinnerung und der Suche nach einem Platz in unserer narzisstischen Gesellschaft mit ihrem Appell zur Selbstverwirklichung. Wann beginnt das »wirkliche Leben« und worauf warten wir eigentlich? Zu weltpolitischen Themen habe ich mich bisher nie geäußert. Geliebt habe ich immer spielerische Kunst, wie die Arbeiten des Künstlerduos Fischli und Weiss oder die inszenierten Fotografien und das Rollenspiel von Cindy Sherman; Kunst, die um psychologische Themen kreist, etwa die Werke Sophie Calles, und solche, die formal stark und magisch ist wie die Malerei Michaël Borremans, die Skulpturen Ron Muecks oder die Fotografien Rineke Dijkstras. Diese Kunst macht mein Leben reicher, mein Denken flexibler und mein Empfinden feiner. Und doch: Vielleicht ist es jetzt an der Zeit, mich mit politischeren Ausdrucksformen auseinanderzusetzen.

Wie berührt Kunst unser Denken?

Die 56. Venedig-Biennale ist ein guter Ort, um sich anzuschauen, wie Kunst funktioniert, die eine konkrete politische Stoßrichtung hat. Kuratiert wurde das Festival diesmal von Okwui Enwezor, der mit seinen großen Ausstellungen zur jüngsten Kunstgeschichte Afrikas für eine Hinterfragung des westlichen Kunstbetriebs steht. Der in Nigeria geborene Autor und Kurator mit US-amerikanischer Ausbildung richtete vor 13 Jahren bereits die documenta 11 in Kassel aus. Mit seinen Statements zur Weltlage, zu sozialen Konflikten und politischer Instabilität, gilt Enwezor als Kurator, dem es gelingt, »Kunst und Politik zu vereinen«.

Enwezors Anliegen ist es, auf dieser Biennale den Zustand der Welt aus verschiedensten Blickwinkeln zu erfassen: Unter den 136 präsentierten Künstlern finden sich viele Teilnehmer aus Afrika, Südamerika, Asien. Auf die schwierigen Zeiten, in denen wir leben – vom islamistischen Terror über Wirtschaftskrisen zu Umweltkatastrophen –, antwortet er mit Kunst, die diese Bedingungen konkret reflektiert: »In der Ausstellung nehmen wir auf aktuelle internationale Ereignisse Bezug, etwa mit den Filmen von Abounaddara, einem anonymen syrischen Videokollektiv, das jede Woche einen neuen Beitrag aus Syrien zeigen wird. Aber wir beschäftigen uns auch mit nationalen Debatten, etwa dem Gefängnissystem in den USA und wie es das Leben von Minoritäten beeinflusst, vor allem junger schwarzer und hispanischer Männer. Dazu gibt es eine spannende Sound-Arbeit von Jason Moran, der Arbeitslieder von Strafgefangenen untersucht hat.«[1]

Enwezor glaubt daran, dass Künstler »ebenso wie Schriftsteller, Philosophen und Politiker teilhaben an den Ereignissen und die Art und Weise formen, wie wir darüber denken«. Ganz sicher! Gute Kunst berührt unser Denken und Wahrnehmen. Die Frage aber ist: Wie macht sie das?

Morgens weckt mich die Zugbegleiterin mit lautem Klopfen an die Abteiltür. Nach dem Verzehr einer Styropor-Semmel mit Gummikäse betrete ich ein Venedig, das vollkommen unter Wasser steht. Von unten sowieso, aber heute auch von oben: »It's raining cats and dogs!« Mit dem Trolley in der einen und dem Regenschirm in der anderen Hand läuft es sich etwas anstrengend, umständlich. Ich mache mich auf, in den kommenden drei Tagen die Giardini, das Arsenale und einige in Venedig verstreute Palazzi zu besuchen.

»Die Schwachen«

Vor allem zwei Kategorien »politischer Kunst« begegnen mir. Zum einen eine solche, die über Benachteiligung spricht: Sie weist auf Missstände hin, zum Teil klärt sie auf und informiert. Im Arsenale etwa sehe ich T-Shirts und andere Kleidungsstücke auf langen, an die Wand gelehnten Holzlatten: eine Arbeit der Petersburger Künstlerin Gluklya, in der sie Kleidung zeigt, die 2012 bei der »Demonstration gegen die verlogene Wahl von Wladimir Putin« getragen wurde. Ihr Motto: »Der Platz eines Künstlers ist der neben den Schwachen.« Von dem 1968 verstorbenen Künstler Pino Pascali wird unweit hiervon eine aus Schrott zusammengebaute Kanone präsentiert (»Canone semovente«). Mit ihrem Film über die neoliberalen Machtverhältnisse im Ägypten der Mubarak-Zeit sind die in Kairo lebenden Künstler Jasmina Metwaly und Philip Rizk vertreten. Etwas länger halte ich mich auf im deutschen Pavillon bei den Fotos und Geschichten von Flüchtlingen aus Afrika, die Tobias Zielony in Hamburg und Berlin aufgenommen und niedergeschrieben hat. Seine Recherche stellte der Künstler der afrikanischen Presse zur Verfügung, die großflächig über seine Arbeit berichtete.

Arbeiten dieser Art sind zweifellos aus einer guten Absicht heraus entstanden. Ein Engagement für Freiheit, Menschenwürde, Gerechtigkeit. Zielony liefert mit seinem Beitrag eine wertvolle Reportage, die uns Information, Hintergrundwissen, Empathie und Denkanstöße vermittelt. Vor allem sein Spiel mit der medialen Präsenz des Themas, durch die Einbindung der afrikanischen Presse, ist ein interessanter Twist in diesem Beitrag. Doch beziehe ich diesen Erkenntnisgewinn nicht ebenso gut aus den Kommentaren von Philosophen, Soziologen und Politologen? Glücklicherweise ist Kunst heute kein abgeriegelter Bereich mehr, der nur L'art pour l'art gelten lässt. Dennoch stellt sich mir die Frage, ob dieses dokumentarische Projekt das Potenzial der Kunst nutzt.

Letztlich bestärken mich die genannten Werke in einem bereits vorhandenen Wissen um die Missstände, Ungleichheiten und Ungerechtigkeiten auf der Welt, wie sie mir (und dem Großteil des kulturell gebildeten, mehrheitlich westlichen Publikums) bekannt sind. Diese Kunst irritiert mein Denken oder meine Wahrnehmung nicht, sie verstärkt nur ein bestehendes schlechtes Gewissen über die eigene Privilegiertheit zulasten anderer. Leider werden aber diejenigen, die bekehrt werden sollten – wie die Hetzer und Rassisten, die Europa vor der wachsenden Überfremdung des christlichen Abendlandes warnen –, von solchen Werken aufgrund ihrer lokalen wie soziokulturellen Platzierung äußerst selten bekehrt. Oder nie.

Auf der anderen Seite gibt es Kunst *von* Benachteiligten, einen Wettbewerb der Krisenregionen. Mit Stühlen, zusammengeschweißt aus Waffen und afrikanischen Masken, macht etwa Gonçalo Mabunda aus Mosambik auf die postkoloniale Situation Afrikas aufmerksam (unter anderem »Throne of Non Slavery«). Diese Arbeit erscheint mir sehr plakativ, ich verweile nicht länger als eine halbe Minute und bilde mir ein, sie trotzdem »erfasst« zu haben. Böse gesagt erfüllen viele dieser Arbeiten eher eine Quote, als mit starken Werken zu bestechen – die Stärke liegt ja schon in der Schwäche ihrer Produzenten. Schließlich weiß der progressive Kunstbetrieb seit Langem, dass das Böse schlechthin im »weißen, heterosexuellen, mitteleuropäischen Mann« zu finden ist (auch wenn dieser immer noch den Hochpreiskunstmarkt dominiert). So haben afrikanische, asiatische oder lateinamerikanische Künstlerkollektive hier gute Karten, selbst wenn sie mancherorts nicht viel mehr als Ethnofolklore präsentieren.

Natürlich ist es wunderbar, wenn neue, spannende Arbeiten gezeigt werden, jenseits der üblichen Verdächtigen des Kunstbetriebs. Werden diese Künstler aber vorrangig aus Gründen ihrer Nationalität, Unterdrücktheit, ihrer »Schwäche« eingeladen, so entwürdigt das nicht nur ihre Arbeit, sondern auch die Kunst an sich. Ganz so, wie jene Kuratoren, die mich als Künstlerin nur dann ernst nehmen, wenn ich mein Frausein als schwerwiegendes Problem behandle. Wäre Mabunda aus Mosambik auch dann hier vertreten, wenn er in seiner Kunst dem Betrachter die Eigenständigkeit der Kunst gegenüber der herkömmlichen

Wirklichkeit vor Augen führen würde? So wie etwa Georg Baselitz, dem hier mit seinen auf den Kopf gestellten Malereien ein ganzer Raum gewidmet wird? Oder muss Mabunda aus Mosambik in erster Linie benachteiligt sein und in dieser Position auch unbedingt verhaftet bleiben, um die Aufmerksamkeit des Kunstbetriebs nicht zu verlieren?

Mit dem guten Gefühl, politisch auf der richtigen Seite zu stehen und die Augen vor dem Elend anderer nicht zu verschließen, sondern sich in asketischer Weise unangenehme, nicht euphorisierende Kunst zuzumuten, kann man jedenfalls durch beide Varianten unbeirrt und mit intaktem Weltbild spazieren.

Wie kann Kunst die Welt bewegen, wenn sie nicht einmal mich bewegt?

Es ist weniger die ihm vielfach vorgeworfene mangelnde Radikalität und Konsequenz, mit der Enwezor politische Debatten auslöst, die mir gegen den Strich geht. Auf meinen Wegen durch die Ausstellung bleibe ich bei all der verständlichen Absicht, die hinter seinem Projekt steht, seltsam unberührt. Man kann gut über diese Kunst reden, sie nachvollziehbar erklären. Aber: Ist es das, was Kunst am besten kann? Und: Wen trifft solche Kunst? Abends im Hotel merke ich, wie gelangweilt ich letztlich bin, von dem, was ich tagsüber gesehen habe: Die politisch ausgerichteten Beiträge sind meist so eindeutig, konkret und simpel in ihrem Weltbild, ihre Symboliken so plakativ! Selten findet sich Fantasie und Raffinesse, also Dinge, die mein Denken auf neue Bahnen lenken.

> *»Reportagephotos sind sehr oft einförmige Photographien … Das Photo kann ›schreiend‹ sein, doch es verletzt nicht. Diese Reportagephotos werden registriert (mit einem Blick), mehr nicht. Ich blättere sie durch, ich vergegenwärtige sie mir nicht; … sie interessieren mich (so wie mich die Welt interessiert), ich liebe sie nicht.«*[2]

Offenbar besteht heuer in Venedig die Befürchtung, Poesie könnte den Blick auf das »Wesentliche« verstellen. Aber: Was ist dieses Wesentliche? Und bin ich womöglich unpolitisch, dekadent und naiv, dass ich Spielerisches, Persönliches, Magisches verehre, anstatt konkreten Problemen auf der Welt ins Auge zu blicken? Wer weiß? Nur frage ich mich: Welche Kunst kann die Welt bewegen, wenn sie nicht einmal mich bewegt?

Hat man von Venedig nicht diese Idee, elegant gekleidet über die kleinen Brücken zu schlendern, sich träumerisch in den verwinkelten Gässchen zu verlaufen? Gerade das herbstliche Venedig könnte doch herbromantisch, melancholisch sein! Mit so einem Erleben kann ich heute leider nicht dienen. »Venedig im Regen« klang selbst bei Thomas Forstner irgendwie besser. Ich sitze in der überfüllten Vaporetto-Linie 1, die mich im Schneckentempo durch den Canal Grande zu meinem Hotel am Lido fährt. Unter der Überschrift »Venedig – Neue Kunst in alten Schachteln« hat ein Blogger über diese Bootsfahrt geschrieben: »Wie fantastische Magie. … Die Fahrt auf dem Canal Grande. Das Vaporetto tuckert. Die Sonne scheint. … Jetzt gibt es nur noch: Venedig und ich. Wie in einem Tagtraum gehört die geheimnisvolle Lagune nur mir.« Mir gehört sie leider nicht, und ich sehe sie auch nicht, denn die Scheiben des Vaporetto sind von innen vom Dunst der Fahrgäste beschlagen, von außen verregnet. 80 Prozent der Touristen tragen Plastiküberziehschuhe, die von den fliegenden Händlern entlang des Canal Grande für ein paar Euro verkauft werden, praktische Schuhkondome, die sich bis zum Knie hochziehen lassen. Ganze 100 Prozent – mich inklusive – aber laufen mit dazu passenden »Regenponchos« in allen Farben herum. Keine Frage, diesen Outfits ist ihre Relevanz nicht abzusprechen, sie sind eine sinnvolle, konkrete Antwort auf derzeitige lokale und meteorologische Problemstellungen. Ganz wie die Kunst, deren vorrangiges Ziel es ist, auf aktuelle politische Probleme zu antworten, müssen sie ihre Relevanz nicht lange rechtfertigen.

Leider haben solche überdimensionierten Plastiksäcke aber nichts mit dem roten Regenmäntelchen gemein, das wir aus Nicolas Roegs wunderbarem Film *Wenn die Gondeln Trauer tragen* kennen, der ebenso in Venedig spielt. Dieses Meisterwerk, dessen zentrales Thema das Sehen mehrerer Dimensionen ist (Originaltitel: *Don't Look Now*), brennt sich tief in die Wahrnehmung seines Betrachters ein. Ein durch den Tod seines Kindes traumatisiertes Paar. Fantastische Schauspieler. Die Musik von Pino Donaggio, die Liebesszene, die Mystik der Bilder, die Liebe und Trauer, das Rot. Dieser Film bewegt etwas auf verborgener Ebene, und man könnte sich wohl in einem dicken Wälzer darum bemühen, seine Zielsetzung und Wirkung in Worte zu übersetzen, und dennoch würde etwas Unbeschreibliches übrig bleiben.

Nur selten geht mir auf dieser Biennale etwas unter die Haut. So etwa, als ich am zweiten Tag den dänischen Pavillon besuche, in dem Danh Vo mit größtenteils vorgefundenen Materialien gearbeitet hat. Die Formensprache ist hier feinsinnig, noch bevor ich die genauen Hintergründe der seltsamen skulpturalen Collagen kenne, ist meine Wahrnehmung ganz wach. Die Räume wirken weitgehend leer. Vereinzelt bestückte Vo sie mit rätselhaft poetischen Arrangements aus eigenen Werken und Readymades: mittelalterliche Skulpturen, ein dänischer Designertisch, ein Brief aus dem 19. Jahrhundert, den Vos Vater – ohne Kenntnis seines fremdsprachigen Inhalts – in Schönschrift kopiert hatte. Eine Christusfigur, die um 1600 in Portugal entstanden ist (der überraschend gellende Titel: »Do you know what she did, your cunting daughter?«), ein hölzerner Engelskopf aus dem 17. Jahrhundert (»Your mother sucks cocks in Hell«).

In formaler Präzision erzählen Vos Arrangements von Kulturtransfers zwischen Orten und Zeiten, von der Sehnsucht nach einer Heimat. Vos Familie war nach der Kapitulation Südvietnams 1979 aus dem Land geflohen. In ihrem selbst gebauten Boot wollte sie in die USA einreisen. Die »Boatpeople« wurden jedoch von einem dänischen Frachter abgefangen, und so wuchs Danh Vo in Kopenhagen auf. Auch jenseits der Biennale enthält Vos Werk immer wieder Bezüge zu Familienmitgliedern und erzählt von Verlust und Sehnsucht. Vos Werk ist politisch in seiner Individualität. Diese rätselhafte und persönliche Arbeit dringt weit tiefer in meine Wahrnehmung und mein Denken ein als die Anklagekunst mit ihren plakativen Kriegssymboliken drumherum. Beim Weitergehen fühlt sich der Regen auf einmal nicht mehr so plump an.

»To like« oder »to love«?

Der Kunstbegriff, der hinter dieser Biennale steht, glaubt nicht an die Kraft der Form, an Glam oder Poesie. Diese Begriffe sind den Vertretern der dezidiert politischen Kunst suspekt. Form, Spiel, Magie: Sie würden von der Ernsthaftigkeit des Anliegens ablenken, es verklären. Dabei vermögen es doch *gerade* diese Dinge, Großes zu bewirken. Wie arm ist ein künstlerisches Anliegen, das ohne sie auskommen muss! Wie milde seine Schlagkraft!

> *»Nur oberflächliche Menschen urteilen nicht nach dem äußeren Erscheinungsbild. Das Geheimnis der Welt ist das Sichtbare, nicht das Unsichtbare.«* (Oscar Wilde)

Ohne Würdigung der Form kann ein Werk höchstens das hervorbringen, was Roland Barthes in seiner Analyse von Fotografien das *studium*[3] nennt: »eine Art allgemeiner Beteiligung, beflissen zwar, doch ohne besondere Heftigkeit«. Ein »*höfliches* Interesse«. So gehört das *studium* für Barthes auch zur Gattung des *to like* und nicht des *to love*. Um diese Kategorie handelt es sich bei den lehrreichen Werken, die über Arbeiterelend oder Postkolonialismus informieren. Die Intention des Künstlers wird sehr gezielt kommuniziert, was kennzeichnend für das *studium* ist, welches eine Beschäftigung des Betrachters mit der Intention des Autors voraussetzt und das Verstehen derselben einfordert.

Anders solche Ausdrucksformen, wie Danh Vo sie im Dänischen Pavillon präsentiert. Hier existiert ein *punctum*. Nach Roland Barthes das Element, welches das *studium* durchbricht oder skandiert. Hier muss ich mich als Betrachter dem Werk nicht annähern, sondern »das Element selbst schießt wie ein Pfeil aus seinem Zusammenhang hervor, um mich zu durchbohren«. Das *punctum* eines Bildes erzeugt also eine Art unbewussten Stich in uns, der von etwas Zufälligem im Werk ausgeht, nicht von der Intention des Autors, nicht von einer planmäßig vermittelten Aussage. Es ist jenes unbeschreibliche Element, das wir auch das »gewisse Etwas« nennen, oder »Magie«. Hierin besteht jene expansive Kraft, mit der ein Bild wirklich über sich selbst hinausweist.

Das ist das Wesen der Kunst: genau dieser »magische« Anteil im Werk, der über die enthaltene Information und deren Übersetzbarkeit in Sprache hinausgeht. In ihrem Essay »Gegen Interpretation« schildert Susan Sontag das Problem vonseiten der Kunstbetrachtung: Die richtige Frage an Kunst sei nicht, was sie aussage, sondern was sie bewirke. Der Versuch aber, den scheinbar eigentlichen Gehalt eines Kunstwerks aufzudecken, indem man sich hinter dieses gräbt und dessen »Untertext« freizulegen sucht, zeuge von einer Verachtung des äußeren Erscheinungsbildes. Laut Sontag vergiftet eine solche Herangehensweise an Kunst unser sensuelles Empfindungsvermögen.

Der Anspruch, Kunst habe klar übersetzbare, verständliche Aussagen zu liefern, beschneidet deren interne Kritikfähigkeit und beraubt sie ihres eigenen Potenzials an Widerspenstigkeit und Rätselhaftigkeit. »Wirkliche Kunst hat die Eigenschaft, uns nervös zu machen«[4], so Sontag, der Interpret aber, der das Kunstwerk auf seinen Inhalt reduziert, *zähmt* es.

Die inhaltistische Herangehensweise also entmachtet die Kunst, verachtet ihr äußeres Erscheinungsbild, macht sie bequem und manipulierbar. Natürlich muss die Kunst sich mit allen Mitteln gegen diese Verharmlosung zur Wehr setzen! Will man meinen. Jedoch scheint es, als würde Enwezors lehrreiche Kunst bereits im vorauseilenden Gehorsam gefügig und kampflos alles Nötige für ihre eigene Kastration mitliefern: Diese Werke sind so konzipiert, dass selbst ihr Kern in Sprache übersetzt und verstanden werden kann. Nicht mehr der Interpret muss sie zähmen, die Kunst selbst verzichtet auf ihr Potenzial und legt ihre Waffen nieder. Wie konnte es dazu kommen, dass sich die Kunst heute selbst entmachtet? Warum fürchtet sie ihre eigene Magie?

Bedauerlicherweise befeuert gerade eine sich als aufgeklärt und politisiert verstehende Ausrichtung des Kunstbetriebs seit den 1990er-Jahren diese Selbstneutralisierung. Möglichst direkte Kommunikation über »wichtige« Themen, so fordert es die Strömung, für die Enwezor beispielhaft steht, von der Kunst und stellt diese damit in den Dienst pragmatischer Ziele. Die Kunstkritik ist längst dazu übergegangen, Werke zu Belegstücken für aktuelle Diskurse werden zu lassen, und das Feuilleton hat seinen Schwerpunkt verlagert: Schrieb früher ein Schriftsteller über die Eurokrise, so erschien dieser Text im Politik- oder Wirtschaftsteil der Zeitung. Heute werden solche Artikel im Kulturteil publiziert, indessen schwindet der Raum für kunstimmanente Fragestellungen. Form und ästhetische Rezeption haben an Würdigung verloren. Dabei meint Form selbstverständlich nicht allein »Schönheit«. Wie Sigmund Freud ausführt, ist Ästhetik nicht als Lehre vom Schönen, sondern als Lehre von den Qualitäten unseres Fühlens zu verstehen. In der Form ist Gehalt und Intention immer inbegriffen. Von Kant bis Adorno wurde sie als essenzielle Qualität der Kunst gesehen. Gerade die politische Schlagkraft von Kunst war für Adorno oder Marcuse untrennbar mit deren Form verbunden. Hierin lag der mögliche kritische Gehalt eines Werks.

Dass die Form in den vergangenen Jahrzehnten mehr und mehr in Verruf geraten ist, mag an der Abwendung vom Formalismus liegen oder am Aufkommen von »Kontextkunst«, einem Kunstbegriff, der den Kontext eines Werks weit über dessen immanente Eigenarten stellt; oder am Bedeutungszuwachs von Kuratoren, an der Krise eines überhitzten Kunstmarktes und einer vermehrten Abhängigkeit der Kunstschaffenden von öffentlichen Geldern. Förderanträge, die man als Künstler stellt, um Projekte realisieren zu können, sollen heute ihre Interpretation am besten gleich mitliefern, um die Relevanz der geplanten Arbeit zu belegen. Ich musste bereits in einigen Formularen ausfüllen, ob meine Arbeit feministische Aspekte »abdeckt«. Na ja, ich bin eine Frau, gilt das? Es scheint eine Liste an gesellschaftspolitischen Zielen zu geben, die step by step abzuhaken sind. Je mehr Häkchen, desto förderungswürdiger. Je klarer die »Zielsetzung« des Kunstwerks, umso besser. Ich habe aber bei der Antragstellung um Projektförderung noch nicht das fertige Kunstwerk vor Augen. Könnte ich dieses von A bis Z durchplanen, seine Wirkung bereits im Vorfeld abschätzen, so würde sich die Verwirklichung erübrigen.

Der Traum aller

Auch am zweiten Tag regnet es. Noch mal Giardini. Auf der Damentoilette schiebt sich eine avantgardistisch gekleidete ältere Dame ihre Plastikzahnspange in den Mund und bemalt ihre Lippen mit hellem Pink. Eine französische Schulklasse blockiert rauchend den überdachten Durchgang zum Bistro.

Ich frage mich, was Nicolas Roeg in der Einreichung für seinen Venedig-Film geschrieben hätte. Was ist die »Aussage«? Bitte in wenigen Sätzen auf den Punkt bringen! Wie sieht es mit den Genderaspekten aus? Sind thematische Bezüge zu Migration, Homosexualität, Arbeiterelend enthalten? Warum sind alle Hauptdarsteller Weiße? Wie ist die Zwergin zu rechtfertigen, die am Ende des Films den grausamen Mord begeht? Wird hier nicht eine Behinderung mit Horror konnotiert?

Im Deutschlandfunk kommentiert Carsten Probst, dass der Goldene Löwe dieses Jahr an den armenischen Pavillon ging, weniger »für die Kunst aus der armenischen Diaspora, die dort gezeigt wird, als für die Sache selbst, denn in ihm wird des Völkermordes an den Armeniern gedacht«. Diese Kunstauffassung instrumentalisiert Kunst im Sinne einer gesellschaftlich gut gemeinten Idee. Man glaubt, Kunst müsse konkret wirksam sein, die richtige Haltung vermitteln, in die Realpolitik einwirken. Nur ist die Folge keine bessere Gesellschaft, sondern eine schlechtere Kunst: ein Inhaltismus, dem jegliche Magie der Formensprache suspekt ist. Kunst so eindimensional zu denken, schmälert das, was sie wirklich vermag, die Konsequenz ist eine ärmere Gesellschaft, die nicht mehr auf das politische Interventionsvermögen der Kunst zählen kann. Damit entmachtet sich gerade jene Kunst politisch, deren Ursprung das politische Engagement ist.

Ein Werk kann nicht nur bildnerisch, sondern auch in seiner Struktur formal genial sein. So bin ich bis heute hin und weg von Sophie Calles Beitrag für den französischen Pavillon auf der Venedig-Biennale 2007. Grundlage der Arbeit »Prenez soin de vous« war eine Nachricht von Calles Geliebtem, in der dieser die Beziehung beendete. Übermittelt ganz ohne Umschweife per E-Mail. Nach eigenen Angaben wusste die Künstlerin nicht, was sie antworten sollte. So ließ sie das traumatisierende Schreiben von 107 Frauen interpretieren. Der Pavillon war gefüllt von den Briefinterpretationen einer Wahrsagerin, einer Richterin, einer Psychoanalytikerin, einer Profilerin, einer Bharatnatyam-Tänzerin etc. auf Videos und Fotografien. Dieser multiperspektivische Verstehensversuch packte mich damals weit mehr als die gesamte Biennale 2015. Die Arbeit ist strukturell kraftvoll, spielerisch und kühn!

Und hier kommt neben der Form das weitere Tabu der »politisch korrekten Kunst« ins Spiel: das scheinbar »Private«. Calles Arbeit ist angelehnt an ihr Liebesleben. »Wen interessiert das?«, rümpfen die Verfechter politischer Kunst ihre Nase. Wer meint, um gesellschaftlich relevant zu sein, müsse man als Individuum hinter seiner Kunst zurücktreten, übersieht, dass das Individuum im Rahmen seiner Kunstproduktion eine *symbolische* Rolle spielt, *fiktional* wird, und somit eine Funktion einnimmt, die weit über den Einzelnen hinausweist. Das Verkennen dieser Dimension ist kennzeichnend für das, was Sennett als narzisstische Charakterstörung unserer Gesellschaft beschreibt, deren öffentliche Sphäre unter der »Tyrannei der Intimität« mehr und mehr an Bedeutung verliert.[5] Was Sennett die Öffentlichkeit nennt oder Lacan die symbolische Ordnung, ist untrennbar mit der Kategorie der »Form« verbunden: formales Verhalten, Höflichkeit, Rollenspiel. Diejenigen, die Angst vor dem Individuellen oder »Privaten« in der Kunst haben, sind diejenigen, die dieser öffentlichen Sphäre, dem Symbolischen, am wenigsten zutrauen. Calle plaudert nicht einfach »aus dem Nähkästchen«! Durch ihre Rolle als Künstlerin wird ihre Arbeit allgemein und entpersonalisiert. In seinem Aufsatz über den Genius schreibt Agamben: »Man schreibt, um unpersönlich zu werden.« Oder wie Freud in *Der Dichter und das Phantasieren* darlegt, sagt der Traum von irgendwem nur über diesen selbst etwas aus und ist für andere meist uninteressant. Der Traum aber, den ein Dichter beschreibt, sei der Traum aller. Die poetischen Mittel dienen der Verallgemeinerung. Das ist das Potenzial von Kunst.

Der nostalgische Widerstand

Diese Raffinesse, durch die das Individuelle und Formale politisch wirksam wird, fehlt dieses Jahr in Venedig. Die Werke klären in didaktischer Weise auf und rebellieren in ihrer nostalgischen Vorstellung von Gut und Böse noch im Stile der 1960er-Jahre, als die Fronten klarer gezogen waren und Kunst noch eine Gegenmacht zu einer von starren Konventionen geprägten hierarchischen Gesellschaft und zum Establishment darstellte. Heute ist unsere Arbeitswelt längst von einem Imperativ des Kreativseins durchzogen, von Chefs, die geduzt werden wollen, von einer Wirtschaft, in der die Künstler selbst das Vorbild sind: Verkörperung des spontanen, flexiblen, kreativen Geists. Die politisch engagierten Arbeiten, die ich in Venedig sehe, ignorieren derartige Verschränkungen in ihrer simplen Dialektik von den Schwachen und den Starken. Daraus wachsen keine neuen Blickwinkel auf die Weltlage.

Anfang der Nullerjahre, als ich Kunst studierte, war es längst nicht mehr möglich, die überkommene Vorstellung eines künstlerischen Gegenpols sinnvoll zu bedienen, und dennoch wurde es von manchen Nostalgikern unter den Lehrenden so erwartet. Die Konflikte, denen ich gegenüberstand, waren nicht die spießigen Unterdrücker da oben, vor denen ich mich in einer skandalösen Performance auf den Tisch entleeren hätte wollen. Die Gegner waren viel schwerer auszumachen, sie fanden sich mitunter in den eigenen Reihen. Etwa diejenigen, die von uns Studierenden wollten, dass wir uns nicht mit »Privatem« beschäftigen, sondern mit »dem Öffentlichen«. So riet mir ein Dozent, ich solle aufhören, in meinen Fotoserien Protagonisten aus dem privaten Umfeld zu verwenden. Sehr viel relevanter wäre es, ich würde mich mit öffentlichen Themen auseinandersetzen: etwa mit dem neu erbauten Wohn- und Einkaufskomplex am Stadtrand!

Heute weiß ich, dass meine damalige Beschäftigung mit dem Begriff »zu Hause« – mit familiären Strukturen und dem regressiven Bestreben, eine Geborgenheit wiederzufinden, die es nie gegeben hat – natürlich politisch und gesellschaftlich relevant war. Das waren die Herausforderungen, mit denen meine Generation zu kämpfen hatte. Für uns ging es nun mal nicht darum, die Autorität unserer Eltern zu zerstören, sondern darum, ihre Antiautorität zu verkraften und uns trotzdem einen Weg durchs Leben zu bahnen.

Bumm!

Der dritte Tag in Venedig, mein Trolley ist wieder trocken. Bei meiner abendlichen Rückfahrt zum Bahnhof nehme ich nicht mehr die Schneckenlinie 1, sondern die viel schnellere 5.1. Ein bisschen reicher bin ich in meinem Weltverständnis hier also doch geworden. Auf der Rückreise lese ich auf meinem Smartphone einen Artikel der *Zeit*. Der Autor kritisiert die mangelnde Radikalität von Enwezors Biennale: »Abermals zählt allein die Geste, egal, wie paternalistisch sie sein mag.«[6] Aber leider nein: Gerade die *Geste* zählt hier nichts. Alle magischen Techniken der Kunst, Extravaganz, Glamour, Ekstase, Aura, Verführung, Obsession und vor allem der kühne Anspruch, etwas Bedeutendes zu erbringen, wurden hier ausgemerzt. Das erschiene viel zu autoritär, zu chauvinistisch. Enwezor betonte bereits im Vorfeld, dass er eine »bescheidene« Ausstellung plant.

Kunst, die bescheiden auftritt, die darauf verzichtet, mit formalen Mitteln ihre Betrachter in ihren Bann zu schlagen und starke Gemütsregungen in Bewegung zu setzen, verzichtet nicht nur darauf, das Leben ihrer Betrachter zu bereichern, sondern auch auf jede nennenswerte politische Intervention. »Denn das politische Feld, an dem Kunst teilhat, ist das der Ideologie. Die ideologischen Kämpfe aber finden nicht auf der Ebene der Informationen statt, sondern auf der Ebene der Affekte und ihrer Organisation«[7], so der Philosoph Robert Pfaller.

Ich klicke weiter auf meinem Handy herum und scrolle durch die Fotos der letzten Tage: Bilder von Arbeiten, die ich schon wieder vergessen habe. Brave Belehrungen und politisch korrekte Anklagen eines »bescheidenen« Kunstfestivals. Nicht peinlich, nicht heiß, nicht naiv, nicht grandios vermessen. Lau. Das kann nicht der Sinn von politischer Kunst sein. Dass Ausbeutung nicht legitim ist, darüber sind wir uns doch alle einig. Sich dagegen aber zu wehren, die Verhältnisse wirklich zum Tanzen zu bringen, das kann uns *diese* Kunst nicht lehren. Hierzu muss sie sich erst wieder trauen, lyrischer zu sprechen und zu zaubern. So, wie der Musiker Little Richard, der 1955 eine wuchtige und wirksame Form für seine Beschwerde gefunden hat: Der Fluch, den er einst seinem Arbeitgeber entgegenschmetterte, verhext uns schließlich bis heute: »A-wop-bom-a-loo-mop-a-lomp-bom-bom!«

Anmerkungen

1 Thon, Ute: »Das Festival der Welterklärung«. In: *art. Das Kunstmagazin* vom 06.05.2015.

2 Barthes, Roland: *Die helle Kammer. Bemerkungen zur Photographie*. Frankfurt am Main 1998, S. 52.

3 Ebd., S. 35 f.

4 Sontag, Susan: »Gegen Interpretation«. In: Dies.: *Kunst und Antikunst. 24 literarische Analysen*. Frankfurt am Main 2006, S. 16.

5 Sennett, Richard: *Verfall und Ende des öffentlichen Lebens. Die Tyrannei der Intimität*. Frankfurt am Main 2004.

6 Rauterberg, Hanno: »Wenn Marx zum Künstler wird«. In: *Zeit* vom 13.05.2015.

7 Pfaller, Robert: *Das schmutzige Heilige und die reine Vernunft. Symptome der Gegenwartskultur*. Frankfurt am Main 2008, S. 245.

Kunst kann was

Gespräche mit Kuratoren & Direktoren (4).
Von Jakob Schrenk

Sheikha Hoor Al-Qasimi

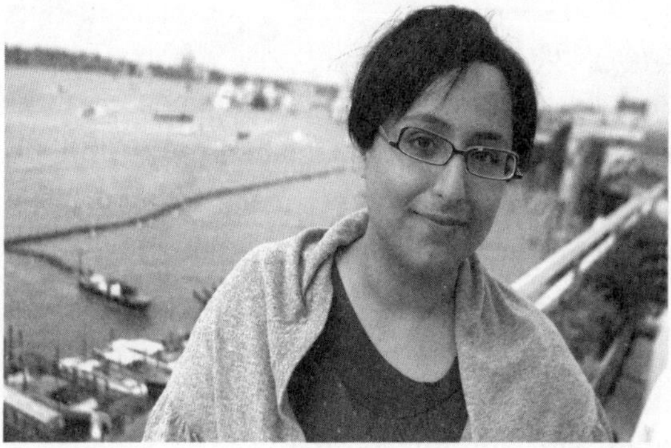

1. Was macht eigentlich ein Kurator?
Es ist die Aufgabe eines Kurators, sich genau zu überlegen, wer das Publikum ist und wie das Publikum sich auf die Ausstellung oder das Projekt einstellt. Noch nie zuvor hat die Kunst ein so diverses Publikum erreicht. Institutionen und Künstler entdecken ganz unterschiedliche soziale Gruppen, die sie ansprechen, unterrichten, informieren und manchmal auch unterhalten wollen. Es geht nicht darum, für eine Elite zu kuratieren, ein Netzwerk aus Insidern und Museumsfans. Es geht darum, diese Grenzen niederzureißen und es allen Menschen zu ermöglichen, sich auf die Kunst einzulassen und mit ihr zu interagieren.

2. Was kann die Kunst?
Kunst kann Menschen aus ganz unterschiedlichen Lebenssituationen und Lebenswegen zusammenbringen, aus unterschiedlichen Kulturen

und gesellschaftlichen Hintergründen. Viele Kunstwerke können auch Aussagen über politische und soziale Probleme treffen und so gesellschaftliche Diskussionen anstoßen.

3. Und was nicht?
Es wäre naiv, zu glauben, dass die Kunst zum Weltfrieden führt. Trotzdem haben Bildung und Kultur eine zentrale Funktion.

4. Ein Museum, in das jeder gehen sollte.
Jedes Museum hat seinen eigenen Charme und seine eigenen Qualitäten. Ich schätze, ich würde niemandem einen Gefallen tun, wenn ich nur ein Museum empfehlen würde. Ich glaube, jeder sollte so viele Museen entdecken und besuchen, wie er überhaupt nur kann. Und jeder sollte die Zeit und die Mühen wertschätzen, die in jedem Museum stecken.

5. Schauen Sie manchmal im Museum nur aus dem Fenster?
In der Tate Modern passiert mir das manchmal. Der Blick auf die St. Paul's Cathedral nimmt einem wirklich den Atem, man kann gar nicht nicht hinschauen.

6. Wie sieht das Museum der Zukunft aus?
Das Museum der Zukunft ist nicht ein Container, es ist mehr, als zwischen vier Wände passt. Das Museum der Zukunft breitet sich in der Stadt aus, in der Nachbarschaft, es berührt die Geschichten des Ortes, an dem es sich befindet, gesellschaftliche, architektonische, politische und kulturelle Geschichten. Das Museum der Zukunft ist nicht nur eine Vitrine für Kunstwerke. Es wächst und es verändert sich selbst, sein Programm, seine Arbeitsweisen, seine Ideen.

Friedrich von Borries, Mara Recklies

Design als Intervention

Über experimentelle Forschung

Design ist bis heute kein präzise umrissenes Feld. In Zuschreibungen wie »Grafik«, »Industrie«, »Produkt«, »Ausstellungs«-Design zeigt sich die immense Breite der mit Design benannten Praxen der Gestaltung. Im englischen Sprachgebrauch, und auch hierzulande, unterscheidet man Fashion-, Urban-, Interior-, Environmental-, Game-, Stage- oder Service-Design, und dies sind nur einige Beispiele, tatsächlich ist die Spanne noch wesentlich größer. Gleichzeitig sind innerhalb der eng umschriebenen Teilgebiete die disziplinären Selbstverständnisse höchst different; verstehen sich die einen als Künstler oder zumindest als »Autoren«, sehen sich andere als rein kommerzielle Dienstleister.

Dabei bleibt der politische Charakter von Design oft unbeachtet. Das politische Moment des Designs manifestiert sich in seiner Alltäglichkeit; Design betrifft alles und alle. Es prägt unsere Wahrnehmung und unseren Geschmack, beeinflusst unsere Alltagshandlungen, drückt bestehende Ordnungen aus und beeinflusst sie zugleich.

Design konstituiert Identität. Dabei ist es kein Unterschied, ob Nationalflaggen, das Logo von Vereinen oder Fußballmannschaften kollektive Identitäten prägen oder Modefirmen, Einrichtungshäuser oder Getränkehersteller uns Schablonen anbieten, mit denen wir unsere individuelle Identität auszubilden versuchen. Design ist auch ein entscheidender Faktor für die individuelle Ästhetisierung des Selbst – in Form des Umgangs mit dem eigenen Körper, der bewussten Kleiderwahl, der Einrichtung der Wohnung und des Sich-Umgebens mit schönen Dingen. Darüber hinaus steht Design in einem unmittelbaren Zusammenhang mit Produktionsmöglichkeiten und -bedingungen.

Durch Design wird aber nicht nur das Reale, das Alltägliche und Gewöhnliche gestaltet, sondern auch das Besondere. Design kann auch Möglichkeitsräume aufzeigen und so Utopien entwerfen. Ein Beispiel dafür liefert der vielleicht erste »Gesellschaftsdesigner«, der englische Philosoph, Staatsmann und Schriftsteller Thomas Morus. Sein berühmtes Werk *Utopia* aus dem Jahre 1516 bietet einen solchen umfassenden Entwurf eines »idealen« Staates und einer idealen Gesellschaft. Um anschaulich zu machen, wie das ideale, »utopische« Leben gelebt wird, beschreibt Morus die Stadtplanung, die Häuser und die Essrituale der Bewohner von Utopia. Er zeigt, wie Utopia »designt« ist. Design ist also politisch, weil Designer die Struktur, die Normen, die Bedürfnisse, die Begierden, die Identitäten und das Zusammenleben gestalten.

Die politische Dimension des Designs geht aber auch von konkreten Dingen aus, die uns umgeben – als Verbrauchsgüter, aber auch als Gebrauchsgüter. Denn Design betrifft alles: Hochspannungsleitungen und Straßenbeleuchtung, Unterseekabel, Telefon- und Internetverbindungen, Wohnzimmereinrichtungen und TV-Werbung. Design beeinflusst nicht nur die Produktion der Welt, in der wir leben, sondern auch deren Zugänglichkeit und Verteilung.

Trotz der eigentlich offenkundigen politischen Dimension von Design ist in Designtheorie und -forschung das politische Moment von Design noch unbestimmt. Eine relativ junge Form von Designforschung, die sich bewusst als politisch versteht, ist die interventionistische Designforschung. Es ist eine Form von Forschung, die in Anlehnung an die Praxen künstlerischer Interventionen in gesellschaftliche Prozesse eingreift oder zumindest einzugreifen versucht. Damit ist sie gleichzeitig Praxis von Design und Gegenstand von Designforschung.

Dass es für diese Form von Design als Forschung und Forschung als Design bislang keine eigenständige Theorie gibt, ist ein Versäumnis, das es aufzuholen gilt. Dafür soll hier ein erster Versuch skizziert werden. Dieser Text ist dabei Bestandteil eines praxeologischen Experiments im Grenzbereich von Design, Kunst und Wissenschaft. Er ist, was er zu untersuchen behauptet. Er ist Gegenstand und Beispiel, er ist Zwischenstand eines Design- und Forschungsprojektes, das sich selbst untersucht.[1] Damit werden neue Wege der Designforschung beschritten, die auf die Wirkmechanismen von Design aufmerksam machen. Denn mit Design sind Wahrnehmungs- und Aneignungspraktiken verbunden, die untersucht werden müssen, um auf die Macht und damit einhergehende Verantwortung von Design aufmerksam zu machen.

Interventionistisches Design als Form und Gegenstand künstlerischer Forschung

Für eine Theorie des interventionistischen Designs müssen Methoden gefunden oder entwickelt werden, mit denen das mehrschichtige Verhältnis zwischen Akteur, Produzent und Beobachter in und von Interventionen gefasst werden kann.

»Intervenieren« heißt, in Prozesse einzugreifen. Der Gegenstand, der untersucht und reflektiert wird, ist nicht entfernt, distanziert, »objektiv«, sondern er wird durch das eigene Eingreifen »einverleibt«, subjektiv. Für die interventionistische Designforschung heißt das: Um verborgene Prozesse im Design transparent zu machen, wird Design generiert, das dann zum Gegenstand der – eigenen – Forschung wird. Der Forscher wird zum Designer, der Designer wird zum Forscher. Um mit dieser Doppelrolle umzugehen, bedarf es einer Methode der selbstreflexiven Hinterfragung. Wissenschaftstheoretischer Ausgangspunkt dieser selbstreflexiven Methode ist eine Neuinterpretation der »autoethnografischen Forschung« auf Basis der goffmanschen Rahmenanalyse. Die beiden Methoden operieren auf unterschiedlichen Ebenen: Die autoethnografische Forschung interveniert in den Untersuchungsgegenstand und hat dabei sowohl eine deskriptive als auch eine offenlegende, dekuvrierende Funktion. Die Rahmenanalyse ist ein Instrument, dieses Vorgehen zu beschreiben, und dient der Auswertung von Vorgängen und Sachverhalten.

Um ein Verständnis für den systematischen Aufbau von interventionistischer Designforschung zu entwickeln, ist eine Grundannahme der Rahmenanalyse Erving Goffmans wichtig. Nämlich seine Aussage, dass sich Menschen immer in irgendeiner Situation befinden. Die Klärung dieser Situation erfolgt über die Frage »What's going on?«. Sie wird im Alltag permanent von allen Menschen gestellt und beantwortet. Dabei gibt es meistens Menschen, welche die jeweilige Situation schaffen, und Menschen, die sich in dieser geschaffenen Situation befinden und sich ihr entsprechend verhalten. Wenn aber Situationen geschaffen werden, so müssen sie nicht nur unwillkürlich, sondern auch willkürlich, mit bestimmten Zielen, geschaffen werden können. Das heißt, jemand plant und entwirft diese Situationen im Voraus – sie verfügen über ein »Design«.

Mit diesem Punkt setzte sich auch, von Goffman zitiert, der amerikanische Soziologe Harold Garfinkel auseinander. Er suchte nach Regeln, die es erlauben, jede gewünschte Wirklichkeit zu erzeugen. Sein Gedanke war, dass man eine Art Maschine erschaffen müsse, die speziell dazu »designt« sei, jede beliebige Wirklichkeit herzustellen. Diese Herstellung von »Wirklichkeiten«, synonym verstanden mit authentisch wirkenden, jedoch strategisch initiierten Situationen, kann, zusammengefasst, ein Thema interventionistischer Designforschung sein.

Als Beispiel: Die transmediale Intervention RLF

Strategisch initiierte Situationen werden durch Interventionen produziert. Die transmediale, halb fiktive, halb reale Intervention »RLF« ist ein Beispiel für interventionistische Designforschung. RLF war der Versuch, neue Methoden der Gesellschaftskritik durch Kunst und Design zu erproben. Dabei basiert RLF (der Name leitet sich von Theodor W. Adornos Diktum *Es gibt kein richtiges Leben im falschen* ab, kann jedoch auch für *real life fiction* stehen) auf einem Narrativ, das in einem Dokumentarfilm und einem Roman wurzelt.[2] Ausgangspunkt von »RLF«

ist ein Unternehmen mit revolutionärem Ansatz. Es möchte durch den Verkauf von luxuriösen Designobjekten die erstrebte antikapitalistische Revolution finanzieren. Innerhalb der Intervention sollen so der Protest gegen das System und der Konsum von Luxusprodukten zusammengeführt und zu einem revolutionären Akt werden. So werden die Käufer zu Shareholdern der Revolution, angefeuert durch den programmatischen Appell von RLF: »SHOW YOU ARE NOT AFRAID«.

RLF nutzte eine Fülle von Instrumenten zur Vermarktung der luxuriösen Designprodukte und den in ihnen enthaltenen politischen Aufruf. Abgesehen von den narrativen Mitteln wie dem Roman, gab es darüber hinaus repräsentative und performative Mittel wie eine Ausstellung und eine Demonstration, jedoch auch interaktive Elemente wie eine Webseite und ein *Serious Game*. Zusätzlich wurden soziale Netzwerke wie Facebook und Twitter zum Storytelling genutzt.

Als Projekt der interventionistischen Designforschung gehört es zum Selbstverständnis von RLF, die eingesetzten Methoden und ihre Wirksamkeit zu reflektieren. Das betrifft aber nicht nur die inhaltliche Ausrichtung der bereits abgeschlossenen Elemente von RLF, sondern auch das gegenwärtige Forschungsvorhaben, dessen politische, gesellschafts- und designkritische Intentionen auf der persönlichen Auseinandersetzung von Wissenschaftlern mit dem eigenen Forschungsanspruch und den Anforderungen an die Folgen der eigenen Forschung beruhen.

Autoethnografie als methodisches Werkzeug

Für diese Anliegen arbeitet die interventionistische Designforschung mit einer Neuinterpretation von Autoethnografie. Es ist ursprünglich eine Methode, die sich aus der qualitativen Forschung der Ethnografie beziehungsweise Sozialforschung entwickelte. Ihr Ziel ist, die Teilnahme des Forschenden an dem Erforschten, also die eigene wie auch die gemeinsame Wahrnehmung der Lebenswelt für die Forschung fruchtbar zu machen. Autoethnografie ist ein subjektives, deskriptives Forschungsinstrument, mit dem sich die Planung, Organisation, Durchführung und Vorgehensweise von politisch motivierter Designforschung, wie etwa Interventionen[3], beschreiben lassen. Sie eignet sich besonders, da sie subjektiven Perspektiven und persönlicher Involviertheit in den Forschungsgegenstand einen epistemischen Wert zuspricht. Dabei sind insbesondere drei Aspekte der Autoethnografie entscheidend, die hier kurz ausgeführt werden sollen und die gleichzeitig die für die Designforschung entscheidende Auffassung von autoethnografischer Forschung veranschaulichen.

1. Keine starren Begrenzungen

Die von uns fokussierte Autoethnografie entzieht sich einer strikten inhaltlichen, methodischen oder formalen Eingrenzung, weshalb wir sie als »blurred genre«[4], auffassen und keine Notwendigkeit sehen, sie disziplinär oder inhaltlich zu begrenzen.

Diese relative Unbestimmtheit der Methode entspricht der relativen Unbestimmtheit nicht nur von Design, sondern auch von Designforschung. Darüber hinaus erleichtert diese disziplinäre Offenheit gerade in den frühen Phasen der Erprobung von Autoethnografie als Methode der Designforschung die Arbeit, da die wenigen Vorgaben den Forschungsprozess kreativ und offen halten. Da es keine Grenzen gibt, ist der Spielraum des Forschenden weit.

2. Abschied von der Neutralität der Wissenschaft

Wir verstehen die von uns fokussierte Autoethnografie als eine Art Anmerkung zu dem Axiom der angeblichen Neutralität der Wissenschaft. Wir möchten damit die Vorstellung hinterfragen, Wissenschaftler könnten dem Ideal der Neutralität und Distanziertheit gegenüber dem Forschungsgegenstand grundsätzlich entsprechen. Da wir – mehr oder weniger – persönlich in den Forschungsgegenstand involviert sind, ist ein gewisser Grad an Subjektivität unvermeidbar. Diese Subjektivität wird in der Autoethnografie jedoch nicht als Makel gesehen, sondern ihr wird ein epistemischer Wert zugestanden.

Das bedeutet, es geht uns auch um die wissenschaftliche Anerkennung von Subjektivität. In dieser Form der Forschung geht es um einen Zugang zu dem Untersuchungsgegenstand, der nicht versucht, die Irritationen zu minimieren, die durch subjektive Faktoren entstehen, sondern sie als Material nutzbar zu machen. Damit gibt es letztlich, dieser Auffassung ist auch der Medien- und Kulturforscher Rainer Winter, keinen »privilegierten Standpunkt, von dem aus eine endgültige Version der Welt erfasst werden kann«. Wissen und Standpunkte existieren häufig nur »partiell, partikular und sozial situiert«.[5]

3. Politische Motivation

Wir beobachten – und das ist in diesem Zusammenhang entscheidend – Autoethnografie als einen politisch motivierten Forschungsansatz und zugleich als eine Art forschende Intervention.

Darin folgt die interventionistische Designforschung dem Medienwissenschaftler Rainer Winter, der betonte, dass es an der Zeit sei, sich von der Idee einer wertfreien Wissenschaft zu verabschieden. Tatsächlich sei nämlich auch die Wissenschaft eine politische Praxis, und demzufolge gelte es, als Forschender politisch Stellung zu beziehen.

Der Gedanke, man könne heutzutage angesichts der Verantwortung der Forschenden nicht mehr einfach entscheiden, ob man »neutral« oder »engagiert« Forschung betreibe, verdient Beachtung. Bei Winter wird dies sogar noch weiter zugespitzt, er bezeichnet Neutralität beziehungsweise den klassischen objektiven Standpunkt des Beobachters sogar als blinden Fleck der Wissenschaftler, die vor der Erkenntnis flüchten, dass jegliche Wissenschaft Folgen habe, und sie damit eine Verantwortung tragen.

Die Forschung hat demnach eine konkrete, nahezu politische Aufgabe. Es liegt an ihr, Möglichkeiten für ein besseres Zusammenleben, eine bessere Welt im weitesten Sinne aufzuzeigen. Ein Ziel, das man als Wissenschaftler zum Beispiel durch interventionistische Untersuchungen aufgrund ihrer transformativen Kräfte erreichen kann. Sie ähnelt der Aktionsforschung, die während des Forschungsprozesses, etwa bei der Untersuchung von sozialen Gefügen, in ihren Untersuchungsgegenstand eingreift, um diesen positiv zu verändern.

Dementsprechend positioniert sich auch diese Form der interventionistischen Designforschung dort, wo Autoethnografie als Kritik, als subversives Element, als radikales Mittel zur Erneuerung von Bestehendem und als Umkehrung klassischer Methoden der Ethnografie betrachtet wird.

Diese Standpunkte, von denen aus Autoethnografie als Widerspruch und Auflehnung betrachtet wird, eignen sich auch für interventionistische Designforschung. Denn auch uns geht es nicht darum, eine normative Wissenschaft und Methodik sprichwörtlich in Stein zu meißeln. Es ist für die interventionistische Designforschung dagegen von Interesse, von diversen Standpunkten aus die Wirklichkeit zu betrachten und zu analysieren. Damit können Ansichten produziert werden, die den bisher akzeptierten oder dominanten wissenschaftlichen Ergebnissen zum Teil bewusst widersprechen.

Experimentelles Arbeiten und Forschen – als bewusster Gegenentwurf – bedeutet vor allem, die etablierten Regeln zu überdenken und infrage zu stellen. In dieser Rolle der autoethnografischen Forschung als Gegenentwurf ist auch ihre subversive und interventionistische Kraft angelegt. Das autoethnografische Arbeiten ermöglicht, »ein breiteres und heterogeneres Publikum zu erreichen, das traditionelle Forschung üblicherweise außer Acht lässt, um zu persönlicher Veränderung und sozialem Wandel für möglichst viele Menschen beizutragen«.[6]

Im konkreten Fall der autoethnografischen Untersuchung von RLF bedeutet das, die persönlichen Erfahrungen verschiedener Akteure sichtbar zu machen und den Intentionen des Projektes gegenüberzustellen. Hierfür werden Interviews mit Initiatoren, Teilnehmern oder

Beobachtern geführt. Gerade dort, wo die Intervention eigene Dynamiken entwickelte, wo sie Emotionen hervorrief, wo sie Begeisterung oder Ablehnung erzeugte, entstehen kraftvolle Erzählungen für den autoethnografischen Forschungsprozess. Es geht darum, Akteure subjektiv sprechen zu lassen und sie gleichzeitig mit der mehrschichtigen Reflexivität des Projektes zu konfrontieren. Anstatt vermeintliche neutrale Daten auszuwerten (wie etwa die Besucherzahlen der Website, Verkaufszahlen der RLF-Produkte oder die Teilnehmerzahl an dem RLF-Game), werden zum Beispiel die Juroren des Businessplan-Wettbewerbs Berlin-Brandenburg damit konfrontiert, als Bewertende des RLF-Businessplans selbst Teil einer Intervention und Gegenstand der Designforschung geworden zu sein.

Das Potenzial der Autoethnografie ist es, in Dinge einzugreifen, sie zu kritisieren oder zu verändern. Wir möchten eine Designforschung, die in der Lage ist, zu gesellschaftlichen Transformationsprozessen einen kritischen Beitrag zu leisten, indem sie sich als Reflexionsinstanz betrachtet, die die Änderung des Untersuchungsgegenstandes zum Ziel hat.

Mit dieser Auffassung von Designforschung vollziehen wir den Schritt von einer rein deskriptiven Forschung hin zu einer offenen, interventionistischen Forschungspraxis. Die Schweizer Soziologinnen Andrea Ploder und Johanna Stadlbauer regten vor wenigen Jahren an, Autoethnografie auch als Chance zu sehen, sich mit dem Anspruch an die eigene Forschung auseinanderzusetzen. Dabei werden verschiedene Fragen aufgeworfen, wie die, ob das eigene Fach Kritik üben wolle oder Engagement anregen.

Der performative Charakter interventionistischer Designforschung

Autoethnografisches Arbeiten besteht zu einem Großteil darin, sich auf die Suche nach den aussagekräftigen Fragmenten, nach epistemisch reichen Narrativen zu machen. So kann der Eindruck entstehen, autoethnografisch erzeugte Forschungsergebnisse seien bloße Erzählungen oder *messy stories,* da alle möglichen Datenkombinationen wie Interviews, Artikel, Briefe, Medienberichte usw. zu ihrer Erstellung genutzt werden können. Und tatsächlich gleicht der Datenkorpus der Autoethnografie einem Flickenteppich. Seine Besonderheit ist, verglichen mit dem herkömmlicher sozialwissenschaftlicher Forschung, dass er nicht nur um nicht objektiv verifizierte Daten, wie etwa Erinnerungen, *ergänzt* ist – sondern sogar aus ihnen *bestehen kann.*

Die Effektivität solch einer intuitiv anmutenden Forschungspraxis stellt Erving Goffman unter Beweis. Er merkte in der Einleitung seiner *Rahmen-Analyse* an, dass ihm bei der Erstellung seines Datenkorpus die Grundsätze, nach denen er ihn erstellte, rätselhaft waren und stetig wechselten. Es war ihm unmöglich, seine Kriterien rational zu begründen oder zu erklären. Er bezeichnete sein Vorgehen hinsichtlich der Sammlung von Daten sogar als eine Karikatur von systematischer Arbeit. Ebenso, wie auch in dem laufenden Projekt zur Entwicklung von Methoden politischer Designtheorie, macht Goffman keinen Unterschied zwischen Hochkultur und niederer Kultur, Wissenschaft, Popkultur usw. – alles gesammelte Material ist Resultat von seinem speziellen Interesse, das keinerlei Wertunterschiede macht. Alles kann nützlich werden für die Erforschung der entscheidenden Passagen des Alltags, des persönlichen Erlebens und der sozialen Gefüge.

Aus der Fruchtbarmachung der autoethnografischen Methoden für die Designforschung ergibt sich, dass das Ziel der Forschung nicht zwingend das Ergebnis des Forschungsprozesses ist, sondern der Forschungsprozess selbst. Nicht das Verstandene steht im Vordergrund, sondern das Verstehen. Wir folgen damit einer performativen Forschungslogik, die uns eine epistemologische Alternative zu den üblicherweise genutzten verstehenden Zugängen bietet. Mit dieser unkonventionellen, experimentellen Forschungslogik wird der Forschungsprozess absichtlich kaum eingeschränkt und schwer voraussehbar oder planbar. Er ist vielschichtig und ähnelt, wie die amerikanische Autoethnografin Carolyn Ellis formulierte, einer Wanderung in ein Dickicht ohne Kompass.

Die Designforschung, die damit entwickelt und erprobt wird, steht ebenso wie die Autoethnografie an der Grenze dessen, was im akademischen Sinn als wissenschaftlich gilt. Auch den Forschungsprozess auf diese Art offenzulegen und zu analysieren, wie es die interventionistische Designforschung fordert, ist unüblich. Für gewöhnlich präsentiert die Wissenschaft finale Tatsachen, nicht primär den Verstehensprozess. Interventionistische Designforschung agiert anders: Das, was sonst im verborgenen Diskurs wissenschaftlicher Forschung abläuft, soll zugänglich gemacht werden. Insofern versteht sich eine solche Forschung nicht nur als Intervention in kulturelle, wirtschaftliche oder politische Diskurse, sondern auch in den wissenschaftlichen Betrieb. Sie entzieht sich der gängigen Forschungspraxis, in der fertige Ergebnisse als Tatsachen präsentiert werden, und bekennt sich zu einer performativen Forschungslogik, die permanent epistemisch offen bleibt.

Eine solche interventionistische Designforschung untersucht nicht nur die politische Dimension von Design, sondern ist selbst als gelebte Praxis ein Beispiel dafür, dass Design politisch ist.

Anmerkungen

1 Friedrich von Borries führt gemeinsam mit Mara Recklies ein Forschungsprojekt über die Intervention »RLF« durch. Das Forschungsprojekt ist Teil der Forschergruppe »Übersetzen und Rahmen« der Universität Hamburg und der Hochschule für bildende Künste. Gleichzeitig ist Friedrich von Borries Protagonist von RLF.

2 Borries, Friedrich von: *RLF. Das richtige Leben im falschen.* Berlin 2013.

3 Vgl. Borries, Friedrich von; Hiller, Christian; Kerber, Daniel; Wegner, Friederike; Wenzel, Anna-Lena: *Glossar der Interventionen. Annäherung an einen überverwendeten, aber unterbestimmten Begriff.* Berlin 2012. Und auch das von der DFG geförderte Forschungsprojekt »Urbane Interventionen« an der HFBK Hamburg unter der Leitung von Prof. Dr. Friedrich von Borries.

4 Ploder, Andrea; Stadlbauer, Johanna: »Autoethnographie und Volkskunde?« In: *Österreichische Zeitschrift für Volkskunde* 116 (2013), 3–4, S. 374–404, hier S. 379.

5 Winter, Rainer: »Ein Plädoyer für kritische Perspektiven in der qualitativen Forschung« In: *Forum Qualitative Sozialforschung,* Vol. 12, Nr. 1 (2011), S. 6.

6 Ellis, Carolyn; Adams, Tony E.; Bochner, Arthur P.: »Autoethnographie«. In: Mruck, Katja; Mey, Günther (Hrsg.): *Handbuch Qualitative Forschung in der Psychologie.* Wiesbaden 2010, S. 345–357, hier S. 348.

Stephan Opitz

Das Große und Ganze – verschwimmend

Über Kunst- und Kulturförderung aus Steuermitteln

Kultur ist – irgendwie – alles. Oder auch nichts. Oder – irgendwie – irgendwas dazwischen. Kulturpolitik steht uneingeschränkt für Kultur und für Kunst schon gar – wer gegen Kulturförderung als Ergebnis von Kulturpolitik ist, ist ein Trottel oder ein Finsterling oder beides zugleich.

Da ist was dran. Kulturpolitik abzulehnen entspräche einer Ablehnung von Gesellschaftspolitik. Und damit einer Verneinung aller anderen Politikfelder. Weder Innen- noch Verteidigungs- noch Wirtschafts- oder Umweltpolitik sind ohne Kultur zu denken. Und Bildungspolitik zumal ist stets Kulturpolitik. Die Kultur ist das diskursive Obersystem einer Gesellschaft, sie ist das am weitesten zu fassende Verständigungssystem einer Gesellschaft über sich selbst. Der Prozess, der diesem Verständigungssystem in jeder Gesellschaft zugrunde liegt, ist eine dynamische Angelegenheit. In und mit ihr ändert sich einerseits im Zweifelsfalle stündlich etwas. Im Verständigungssystem Kultur überdauern Geschichten oder Bauwerke oder Musik oder Bilder andererseits Jahrtausende und Jahrhunderte. Was mit der Frage nach kulturellen Standards, nach Ritualen und Symbolen und den mit allem zusammenhängenden Metaphern sehr eng zu koppeln ist. Welche (zum Beispiel Bildungs-)Systeme bedingen welche kulturellen Standards, welche Rituale gelten innerhalb welcher Gruppen, Regionen, Gesellschaften, welche Symbole tragen das Ganze und machen es erkennbar wie auch vermittelbar, und wie entwickeln die jeweiligen Sprachen jene Metaphern, die ein komplexes Verständigungssystem über sich selbst notwendigerweise zur Verfügung haben sollte? Und welche Rolle spielt in diesem Prozess die Kunst, spielen die Künste, spielen Texte, Bilder, Töne?

Die Kulturpolitik in Deutschland schwankt zwischen Emphase und Resignation, zwischen glanzvoller Selbstdarstellung und glanzlosem Durchwursteln, zwischen Überfluss und Mangel. »Kultur schafft Willkommensräume«, erklärt die Kulturpolitische Gesellschaft am 11. September 2015 per Pressemitteilung in Bonn und textet weiter: »Kultur steht für uns für die humane Identität einer ganzen Gesellschaft. Sie fördert und ermöglicht soziales Miteinander, gesellschaftliche Kommunikation, die Artikulation von Bedürfnissen und Wünschen, die Reflexion von Erfahrungen, die Entfaltung von Empowerment sowie das Denken und Leben in neuen Zusammenhängen. Deshalb wollen und müssen sich Kulturpolitiker, Kulturschaffende und -vermittler in die Gestaltung von menschenwürdigen Lebensbedingungen von Asylsuchenden und Migranten aktiv einbringen. Politik und Verwaltung sind aufgefordert, dies durch unkomplizierte Zugänge, Fördermöglichkeiten und Strukturen zu ermöglichen. Das beeindruckende Engagement vieler Menschen auch im Kulturbereich zeigt, dass eine Willkommenskultur möglich ist und Kunst und Kultur dafür ein Medium sein können.«

Dass Kultur für Kultur (die jetzt mit Willkommen zu tun hat) ein Medium sei, leuchtet ebenso wenig ein, wie die gute Absicht der nominalkompositorischen Formulierung »Willkommenskultur« mehr als deutlich ist. (Ginge es auch eine Nummer kleiner? Was spräche gegen eine Formulierung, die für Freundlichkeit, Bürgersinn und Nächstenliebe beim Empfang der Flüchtlinge wirbt?) Was soll man gegen die Prämisse einer Erklärung der immerhin wichtigsten zivilgesellschaftlichen Vereinigung für Kultur in Deutschland vorbringen, wäre da nicht der Umstand, dass die möglicherweise inhumanen Teile der Identität einer Gesellschaft in gleichem Maße Kultur bedeuten und die Frage nach der Kultur aufwerfen wie die zitierte humane Identität. Physische Gewalt, psychischer Terror von rechten Widerlingen und Knallköpfen gegenüber Flüchtlingen und ihren nicht auf der Flucht befindlichen

Mitmenschen, mangelnder Anstand im Umgang mit Bürgerinnen und Bürgern anderer Sinnes- und Geistesart seitens schnell definierter Dorf- oder Stammtischmehrheiten sind keine Naturerscheinungen wie ein Gewitter. Dahinter stehen kollektive und individuelle kulturelle Entscheidungen, die auf unterschiedlichen Bildungswegen und -erfahrungen beruhen. Die Kultur ist nur in dem Sinne human, dass der Mensch, das *Zoon politikon*, aller gesammelten Erfahrung und allem Wissen nach nicht ohne Kultur gedacht werden kann.

Ohne Kultur ist jede Art und Form gesellschaftlicher, regionaler, nationaler und individueller Differenz nicht zu denken. Kultur bedingt Unterschiede, sonst wäre die Welt weit mehr als öde. Im Verhältnis von Kultur zur jeweiligen Identität jedoch ist immer auch, im zu bejubelnden wie erschreckenden, im begeisternden wie im abstoßenden, im Interesse weckenden wie unberührt bleibenden Maße das aufgehoben, was die mehr als sieben Milliarden Menschen nun einmal ausmacht.

Das ist ein nüchterner Befund. Der jedoch weder das Beste, was Menschen tun, noch das Schlechteste, was sie auch gerne lassen könnten, ausschließt.

Kulturpolitik könnte mit dem Vorstehenden besser umgehen, als sie es tut. Wenn sie das tun will, müsste sie differenzieren und sich selbst (im Sinne diskursiver Öffnung) darstellen lernen. Sie müsste sich in einen tatsächlichen politischen Prozess begeben, ihre realen, konkreten Schnittstellen zu anderen Politikfeldern benennen und dann ihre Anliegen mit Blick auf öffentliche Budgets verhandeln.

Alle paar Jahre wird die Kulturfinanzstatistik vom Statistischen Bundesamt in Wiesbaden veröffentlicht, das letzte Mal im August 2015.[1] Das an die Veröffentlichung anschließende PR- und Medienritual läuft seit Etablierung des Amtes des Staatsministers für Kultur vor mehr als einem Jahrzehnt nach immer ähnlichem Muster. Im Bundeshaushalt (der prozentual den geringsten Anteil der Kulturausgaben bereitstellt im Vergleich zu den Ländern, Platz zwei, und den Kommunen, Platz eins) werden ein paar Millionen draufgelegt, und die Länder treten in einen

Wettbewerb der Kulturausgaben pro Kopf ein, in dem das Saarland oder Schleswig-Holstein regelmäßig eher hinten liegen. Das hat so viel nicht zu sagen, denn ein Bundesland mit weniger Schlössern und Burgen oder öffentlichen Theatern in Großstädten hat zwangsläufig weniger Haushaltsmittel für deren Erhalt und Betrieb auszugeben. Aussagekraft und Korrektheit der Kulturfinanzstatistik sind eine volatile Angelegenheit – manche Länder zählen die Filmförderung oder den Denkmalschutz oder die Erwachsenenbildung zu den Kulturausgaben, andere wieder nicht. Sobald ein Bundesland oder eine Kommune eine Vollkostenrechnung zur Darstellung des Haushalts einführt, steigen die dargestellten Ausgaben, ohne dass die tatsächlichen Ausgaben gestiegen wären. Die Abgrenzung der Kulturausgaben von Ländern und Kommunen ist in Teilen unscharf. Das Thema der Verlässlichkeit der kulturstatistischen und kulturfinanzstatistischen Mengen und Werte beschäftigt die Kultusministerkonferenz, deren Kulturausschuss um die Problematik weiß, seit Jahren, doch pragmatische wie in der Sache befriedigende föderale Abstimmungsprozesse sind nicht nur in der Kultur eher die Ausnahme.

Die Mehrausgaben des Bundes betrafen in der Ära Neumann bevorzugt den Film. Kulturelles Erbe und Denkmalschutz sind ebenso gern betroffen, und ein paar zusätzliche Millionen gibt es regelmäßig für die Stiftung Preußischer Kulturbesitz, da deren per Stiftungsgesetz vorgesehene Bund-Länder-Finanzierung nicht aktualisiert ausgehandelt ist. Dort kommen aktuell Problemstellungen inhaltlicher wie finanzieller Art wie das Humboldt-Forum dazu. Eine Grundlage, um beurteilen zu können, ob Bibliotheken oder Theater ihren politisch verhandelten Zielen entsprechend Budgets zur Verfügung haben oder nicht, liefern weder die Kulturhaushalte noch die Kulturfinanzstatistik.

Die kulturelle Infrastruktur Deutschlands ist vielfältig und beeindruckend. Als Phänomen der Fülle und mit ihrem Reichtum an Vielfalt hält sie jedem europäischen Vergleich stand. Es ist fantastisch, in einem Land zu leben, in dem noch im letzten Herrgottswinkel etwas Schönes zu bestaunen oder anzuhören ist, niemand also auf die Metropolen angewiesen ist, um kulturell à jour zu bleiben. Dass die Menge der hierzulande öffentlich geförderten Theater oder Landesmuseen sich weniger einer planvollen Kulturpolitik oder einer besonderen Kulturliebe seit der frühen Neuzeit, als vielmehr den repräsentativen oder intellektuellen, ästhetischen Vorlieben des Adels verdankt, schmälert Reichtum und Vielfalt nicht.[2] Man sollte sich dessen allerdings immer dann erinnern, wenn im Namen des »Schönen, Wahren, Guten« rationale Debatten über zu viel oder zu wenig kulturelle Infrastruktur zu führen wären, aber nicht geführt werden, weil rhetorisch positiv geladene Kulturinbrunst vorherrscht (der die immer gleichen, faden neoliberalen oder fiskalischen Argumente eher verhalten entgegengebracht werden). Ein Trost am Rande mag sein, dass politische Debatten über Erhalt oder Abbau von Klinikkapazitäten auch nicht anders verlaufen.

Kulturpolitik liefert die Begleitmusik – »Kultur gut fördern«, »Theater muss sein« sind Kernsätze ihrer Rhetorik in der Öffentlichkeit. Sie belegen ganz überwiegend eine diskursfreie Grundhaltung, die dem sehr ambivalenten inhaltlichen und betrieblichen Zustand der kulturellen Infrastruktur und der Kulturförderung nicht angemessen ist. Doch die Sache verhält sich sehr ambivalent.

Die Zahl der Museen ist in den letzten Jahrzehnten ebenso gewachsen wie die der Konzerthäuser, und ein urbanes Leitprojekt wie die Elbphilharmonie belegt die öffentliche Leidenschaft für Kultur. Debatten über kulturelle Ziele von Neubauten solcher Art mit der bestehenden Infrastruktur dagegen: Fehlanzeige. »Kulturelle Leuchttürme« sollen das erwähnte Humboldt-Forum sowie soziokulturelle Konversionsprojekte oder Museumsneubauten in Stadt und Provinz sein – Kultur überstrahlt alles (die Leuchtturmmetapher in der Kulturpolitik lässt allerdings außer Acht, dass zu viele Leuchttürme die Orientierung zumindest der Schifffahrt zunichtemachen). Einer dieser flott ausgerufenen Leuchttürme, das Hansemuseum in Lübeck, schickt sechs Monate nach der Eröffnung seine Chefin in die Wüste, und irgendeine Art konkret belegbarer Kooperation mit der vielfältigen Kulturinfrastruktur (Buddenbrookhaus, St. Annen-Museum etc.) in der Hansestadt gibt es nicht.

Nun hofft man auf weitere Besucher, deren begründungslos ausgerufene Zahl von 130 000 pro Jahr allerdings garantiert nicht erreicht wird. Viele Theater, Symphonieorchester, Museen in Stadt und Provinz haben – still going strong – ein treues, aber älter werdendes Publikum.

Das Interesse an Theater, Museen, Musik (vor allem die sogenannte klassische Musik, allerdings werden auch die Jazzfreunde älter!) geht bei der jüngeren Generation massiv zurück. Die Kulturverbände verneinen das – das ist ihr Job. Dem Rückgang wird mit einer Ausweitung des Angebots begegnet; die Folgen dessen, was Diversifizierung heißt, kann man in jeder Tankstelle beobachten. Doch hat der Rückgang eine einfache Erklärung: Das, was man Bildungsbürgertum nannte, stirbt aus. Der Wechsel in den Kulturprogrammen seit etwa Mitte der 1990er-Jahre vom eher komplexen Zusammenhang hin zum leicht konsumierbaren »event« begleitet die Demografie. Was etwa Gustav Seibt zu einem flammenden Bekenntnis für die Hochkultur in der *Süddeutschen Zeitung* veranlasste (»Wer will etwas gegen Hochkultur haben?«), dem wenig mehr zu entnehmen war, als dass dieser bedeutende Intellektuelle die Hochkultur wunderbar findet.[3] Da hat er ja recht. Und zwar eine Hochkultur, die sich nicht »zu rechnen habe«. Der inzwischen in Großbritannien ansässige Museumsmann Martin Roth unterstreicht demgegenüber für sein Haus, das Victoria and Albert Museum in London: »Wir sind hier nur erfolgreich, weil wir unternehmerisch denken.«[4] Dass den Museen in Deutschland im Gegensatz zu den (im Vergleich dazu sehr wenigen) Häusern im europäischen Ausland die Leute nicht mehr so wie noch vor einigen Jahren die Türen einrennen, ist bekannt. Dass Bibliotheken ihre Nutzerzahlen auch mit der Zahl der digitalen Zugriffe halten, weiß man ebenso.[5]

Die Rostocker Theaterdebatte, die Zusammenlegung der Rundfunkorchester in Baden-Württemberg, die Debatte über Schleswig-Holsteins Landestheater, die großen und kleinen Einspar- und Ausbaupläne landauf, landab erreichen die Öffentlichkeit ebenso wie die Forderungen von Künstlern und Kreativen in den Metropolen, allen voran Berlin, man möge doch bitte möglichst jede Erzeugung von Bildern,

Texten, Tönen mit Steuermitteln erleichtern. Kultur wird zur Altenbespaßung, befand Hannelore Schlaffer in der *FAZ*, jedoch wird die Zeit, in der noch mit zahlungskräftigen wie kulturhungrigen, weil gebildeten Rentnern gerechnet werden kann, schon in ein paar Jahren vorbei sein.[6] Die »Theater sprechen nicht zu uns« erkannte Peter Kümmel zum Saisonauftakt 2015 in der *Zeit*[7]; der Satz von Heiner Müller, man müsse die Toten so lange befragen, bis sie die Energie preisgegeben haben, die mit ihnen begraben worden ist, habe sich bedauerlicherweise erledigt. »Der Bühnenkünstler von heute – im neuen Bühnendeutsch: der Performer – will seine Zuschauer dazu bringen, sich in ihn hineinzuversetzen. Früher war der Schauspieler die Symbolgestalt eines gemeinsamen Glaubens an so etwas wie die Lesbarkeit des Menschen. Heute scheint er zu sein: die Symbolgestalt der Unlesbarkeit aller.« Und Peter Laudenbach fragt: »Hat das Theater seine Herkunft vergessen? Klassiker sind abgemeldet, Psychologie ist uninteressant, der Guckkasten wird abgebaut – stattdessen spielen Bürger und Flüchtlinge.«[8]

Es geht hier nicht um einen negativen Theaterbefund und auch nicht um ein »Früher war alles ...«. Die Äußerungen stehen Pars pro Toto für einen seit Jahrzehnten zunehmenden Trend: Möglichst alles (also auch alles, was man irgendwie auf die Bretter bringen kann) wird zur Kunst und damit zu einem potenziellen Bestandteil kultureller Infrastruktur erklärt. Denn es wäre fatal, würde man Kunst und Kultur von Wert politisch so übersehen, dass dafür keine Fördergelder flössen – nichts ist schlimmer für Kulturpolitiker, als für einen Kunst- oder Kulturbanausen gehalten werden zu können. Das Portfolio der zu fördernden Kultur und Kunst hat sich dementsprechend in den vergangenen fünf Jahrzehnten massiv ausgeweitet. Dies betrifft einerseits die zu fördernden Institutionen. Zum Beispiel Literaturhäuser gibt es erst seit den 1980er-Jahren, Autorenlesungen und Vorlesenachmittage fanden davor in Bibliotheken, Volkshochschulen und Buchhandlungen statt. Das ist weder ein Argument gegen noch für Literaturhäuser – der Befund erzählt vom dynamischen Prozess Kultur in einer von kulturpolitisch besten Absichten getragenen Gesellschaft. Wer andererseits behaupten kann, Künstler oder Künstlerin (das betrifft vor allem bildende Künstler) zu sein, hat bei Stehempfängen das große Los gezogen – gegen die Berufswahl kann niemand etwas haben, und die Frage nach dem täglichen Brot des Künstlers wird allenfalls hinter vorgehaltener Hand gestellt. Den Zwang bis Terror, vor allem in den urbanen Zonen, kreativ zu sein, hat Andreas Reckwitz[9] gründlich und klug beschrieben – wieso reicht es eigentlich nicht, Tischler oder Mechatroniker oder Filialleiter oder Musikschulchefin zu sein, warum soll jeder kreativ und im allerbesten Fall Künstler sein oder werden? Und damit ein potenzieller Fall für Kulturförderung, die immer auch Kunstförderung sein will?

Die Vorgeschichte der Idee von der Kunstautonomie und vom freien, selbstbestimmten Künstler reicht bereits in das späte 17. Jahrhundert zurück. Erheblichen Aufwind bekam die weitere Karriere der Begriffe und gesellschaftlichen Realitäten »Kunst« und »Künstler« aber erst zu der Zeit, als das christlich-europäische Bild von der Welt zusammen mit einer präzisen Vorstellung von ihrer göttlichen Ordnung mit Immanuel Kants *Kritik der reinen Vernunft* endgültig ins Wanken geriet. Erst damit bildete sich auch der moralische Bildungs- und Erziehungsanspruch einer autonomen Kunst (Friedrich Schiller) heraus, die sich in der Romantik bald wieder mit kunstreligiösen Geltungsansprüchen belasten sollte. Beide Entwicklungen und das im 18. Jahrhundert auf den Plan tretende »Genie« gingen in den wenigen Ansätzen kulturpolitischer Diskurse nach 1945 eine unglückliche Verbindung ein und spielen bis heute gelegentlich eine höchst diffuse Rolle.

Dass diese Vorstellung auch ein Teil der Durchsetzungskraft von Kunst in einem Markt ist, dass ihr symbolischer Wert und dessen Verhandlung so ganz allmählich unter anderen Bedingungen in den Wettbewerb materieller und immaterieller Güter und Werte eintreten konnten, hat Hans Zitko mit der *Kunstwelt* 2012 umfassend beschrieben.[10] Dass potenziell eigentlich alles Kunst sein könne, geht vor allem auf die Frühromantiker Friedrich Schlegel und Novalis zurück und findet sich als Forderung in den Avantgarden des 20. Jahrhunderts ebenso wie bei Joseph Beuys. Eigentlich die Quadratur des Kreises – Kunst als zweckfreie, aber zugleich hoch moralische und politisch relevante Übung (die erklärtermaßen nicht als Film, Text, Bild, Skulptur, Theaterstück, Oper, Musical, Ton von so vielen Menschen wie möglich nur bestaunt, erworben, gehört, bewundert werden soll) wurde so vor allem eins: ein Förderfall für die Kulturpolitik – die mit einem erstaunlich durchhaltefähigen Slogan (formuliert von Hilmar Hoffmann, einem der kulturpolitischen Zwölfender der 1970er/1980er-Jahre) ihre Ausweitungs- und Unschärfekarriere begann: Kultur für alle. Kultur von allen ist die Folge – die Kunst löst sich damit in dem auf, was zu Beginn der Moderne als ihr Ausgangspunkt gedient hatte: in der Subjektivität.

Die Folgen sind bis heute zu bestaunen. Der weltweite Kunstmarkt kann die in ihm für Kunstwerke ausgehandelten und in Teilen vollkommen aberwitzigen Summen nicht mehr als Relation Form – Inhalt – Symbolgehalt benennen. Er kann es übrigens, am Rande bemerkt, auch deswegen nicht, weil die Ausrufung einer Weltkultur deren Vorhandensein nicht garantiert. Auf der anderen Seite wäre das – politisch sehr berechtigte – Anliegen des Schutzes von Kulturgütern einer Gesellschaft eben exakt auf dieses Können angewiesen. Die Debatte um das Kulturgutschutzgesetz belegt diese Aporie sehr genau. Und wie müsste nebenbei gefragt eigentlich eine in Deutschland verfassungsmäßig auf Länderebene angesiedelte Kulturverwaltung beschaffen sein, um dieser Aufgabenstellung diskursiv gewachsen zu sein und in einigermaßen vertretbarer Zeit zu gut begründeten Urteilen zu kommen?

Die Folgen mündeten aber auch, nur ein Beispiel, in Behauptungen der seinerzeit für Kultur zuständigen Landesministerin Schäfer, dass einige Warhol-Bilder in nordrhein-westfälischen Spielkasinos in Landes- oder Landesbankbesitz zum kulturellen Erbe Mitteleuropas gehörten und deswegen nicht veräußert werden dürften.

Die Folgen zeigen sich mit einem Kulturfördergesetz wie in Nordrhein-Westfalen, das ohne jede im Text nachweisbare rechtliche Verbindlichkeit die Absicht formuliert, Kultur gut zu finden und kulturelle Bildung zu fördern. Das thüringische Bibliotheksgesetz macht damit bekannt, dass Bibliotheken etwas Gutes sind – wie konkret sie gefördert und unterhalten werden müssen, erzählt das Gesetz nicht.

Die Folgen zeigen sich in der Unverbindlichkeit der Kulturpläne, Kulturkonzepte, Kulturentwicklungspapiere landauf, landab, die einerseits der Notwendigkeit, Kulturpolitik konkreter und im Einzelfall belastbarer zu machen, entsprechen wollen, andererseits den alles umfassenden Anspruch dessen, was Kultur in einer Gesellschaft zu sein habe, ohne Differenzierung positiv formulieren (das schleswig-holsteinische Kulturpapier von 2015 ist von allen noch am differenziertesten[11]). Die Papiere werden auch verfasst, um das fiskalische Interesse an Kennzahlen zu befriedigen. Dass die Kultur dies nicht so liefern kann, wie man es von Antragsbearbeitungsparametern auf einem Kreisbauamt erwarten muss, hat sich noch zu wenig herumgesprochen. Wenn die Kultur so komplex ist, wie sie nun einmal beschaffen ist, dann ist die differenzierende, diachrone und synchrone Beschreibung von Qualitäten eine anspruchsvolle Angelegenheit, die mit dem bloßen Zählen von Theater- oder Museumsbesuchern nicht erledigt ist – mit einem Slogan »Theater muss sein« aber ebenso nicht. Die sehr deutsche Erfindung des Kulturmanagements ab 1988 hat im Einfluss- und Förderradius von Kulturpolitik auch nicht das abliefern dürfen, was man hätte erwarten können: sehr kurz gesagt für jeden – auch für Politiker – nachvollziehbare Relationen zwischen institutionell-betrieblichen Mengengerüsten und politischen Zielen.[12] Soll man sich wirklich über das sehr zurückhaltende Interesse der auf anderen Feldern tätigen Politikerinnen und Politiker an der Kulturpolitik wundern (vom ebenso unverbindlichen wie raumgreifenden »Dafür«-Kulturgetöse von Leuten wie Wolfgang Thierse oder Norbert Lammers oder Katrin Göring-Eckardt einmal abgesehen)?

Die Folgen zeigen sich in dem nie erfüllbaren Anspruch, aller Kunst gegenüber kulturpolitisch »aufgeschlossen« zu sein. Doch wer soll den Anspruch auf eine unendliche Subjektivitätsentfaltung als kreative

Selbstverwirklichung eigentlich in welchen administrativen Strukturen entgegennehmen und die Kriterien für dessen Befriedigung formulieren können?

Eine nüchterne Betrachtung der Bibliotheken, Theater, Museen, Archive, Volkshochschulen, Musikschulen, Akademien, soziokulturellen Zentren etc. lässt einen Mangel erkennen – man kann von großem Mangel sprechen. Die kulturellen Institutionen sind, in sehr weiten Teilen, nicht ausreichend mit öffentlichen Mitteln finanziert. Und sie sind – was mindestens ebenso problematisch ist – nicht ausreichend mit politischen Zielen unterfüttert. Die meisten Institutionen, welche mit kommunalen, Landes- oder Bundesmitteln finanziert werden, können ihre Aufgaben nicht angemessen erfüllen. Hinter dieser These steht in diesem Text keine diskursfreie Forderung nach »Mehr Geld für die Kultur«.

Doch Museen schließen schon nachmittags um 15 Uhr, weil nicht mehr Wachpersonal eingestellt werden kann. Wenn die Museen aber mehr Besucher haben wollen, müssen sie auch ein paar Abende geöffnet sein. Sammlungen werden vielerorts nicht angemessen konserviert, ihre digitale Erfassung steckt in Kinder- bis Pubertätsschuhen, und eine Besucherorientierung auf allen Ebenen ist häufig unterentwickelt. Neubauten werden prunkend eröffnet, doch ihre Energie- und Reinigungskosten sollen mit bisherigen Etats aufgebracht werden, Präsentation der Sammlungen und Forschungs- und Konservierungsarbeiten inklusive. (Zu schweigen von den eine erfolgreiche Kulturarbeit zumindest nicht befördernden Effekten des Beamtenstatus von dem zuständigen Ministerium gegenüber weisungsgebundenen wissenschaftlichen und leitenden Museumsleuten.) Bibliotheken schränken das ein, was ihre Öffentlichkeit ausmacht, nämlich die Öffnungszeiten. Ihre Anschaffungsetats, ob print oder digital, sind zu klein, um Attraktivität täglich zu begründen, und Bibliothekarstellen sind rar.

Archive und wissenschaftliche Bibliotheken können ihre Zeitschriftenbestände nicht à jour halten, geschweige denn zum Buchbinder geben. Die Digitalisierungsforderung und -problematik betrifft alle. Die großen Spezialarchive, zum Beispiel für Literatur, können Nachlässe nicht mehr aus ganz normal vorhandenen Mitteln ankaufen, was zur Folge hat, dass jeder stattfindende Ankauf aus öffentlichen (Sonder-) Mitteln mit öffentlichen (Sonder-)Reden bejubelt wird und die Dankbarkeitsschreiben der leitenden Institutionsebenen an die Politik Arbeitszeit in Anspruch nehmen, die der fachlichen Bewältigung besser gewidmet wäre.

Öffentlich geförderte Musikschulen stehen in der Konkurrenz zu privaten und zur eigentlich sinnvollen Forderung nach Ganztagsschulen (Bayern hat allerdings ein belastbares Musikschulgesetz – dort ist geregelt, dass eine Musikschule nur dann so heißen kann, wenn sie einen öffentlichen Auftrag und entsprechende Haushaltsmittel hat). Volkshochschulen und Akademien dümpeln dahin; man weiß – politisch –, dass man sie braucht (in der Flüchtlingsproblematik mehr denn je), man glaubt aber, irgendwie geht es auch mit wenigen Mitteln.

Öffentliche Theater spielen en suite oder heuern dauernd Gastschauspieler, Gastsänger an, obwohl ihr öffentlicher Auftrag eigentlich der Arbeit mit dem eigenen Ensemble zu gelten hat. Sie schließen Sparten, obwohl sie Drei- oder Vier-Sparten-Häuser ihrer Gründung nach sein sollen. Sie zahlen die auf der Bühne einzeln und kunstvoll Agierenden schlecht, die in Massen Angestellten (Chor oder Orchester; Bühnenarbeiter etc.) demgegenüber reichlich. Sie zahlen im Vergleich zu anderen Leitungsebenen der Kultur sehr hohe Chefgehälter und dass die amtierende Hamburger Kultursenatorin Präsidentin des Deutschen Bühnenvereins (oberste Lobby des öffentlich geförderten Theaterwesens) wird, ergänzt das Bild – nein, wir wollen nicht danach fragen, welche öffentliche Meinung entstehen würde, wäre Alexander Dobrindt zum Präsidenten des ADAC oder des Verbandes der Automobilindustrie gekürt worden.

Der Mangel an Steuergeld ist die Folge fehlender konkreter politischer, inhaltlicher und betrieblicher Verabredungen, Verträge, Gesetze. Es ginge um das, was man politisch durchsetzen, erhalten, nutzen und was man lassen sollte oder lassen möchte. Es ginge um die konkrete

Ausgestaltung von Projektförderungen, institutionellen Förderungen und auf gesetzlicher Grundlage stattfindenden Finanzierungen.

Dies wird ohne eine neue und sehr weitgehende Verkopplung mit Bildungspolitik nicht zu erreichen sein. Kulturpolitik redet vom Abbau von Schwellenangst und Teilhabegerechtigkeit – wenn möglichst alle insbesondere an hochkulturellen Projekten und Institutionen teilhaben sollen (ob dies auch bei besten Voraussetzungen möglich ist, lassen wir einmal beiseite), dann liegen die Voraussetzungen dafür vor allem in anspruchsvollem, verlässlichem, flächendeckendem, inspirierendem und nicht Spezialschulen vorbehaltenem Musik- und Kunstunterricht. Und in einem ebenso vertrauenerweckenden Deutschunterricht, in dem die oberste sprachliche Referenzebene Hochliteratur heißt und in dem Lust an Sprache und Bildung durch jene, zu erproben in Theater-AGs oder in der normalen Textproduktion im Unterricht, lebendig gehalten wird. Der Unterrichtsausfall in den musischen Fächern an den allgemeinbildenden Schulen liegt bundesweit durchschnittlich um einiges über 50 Prozent und wird beklagenswert unsauber bis ungenau dokumentiert. Es ginge darum, kulturell anspruchsvoll zu sein, ohne hochnäsigem Bildungsdünkel Vorschub zu leisten. Wer bedeutenden Rotwein genießen können möchte, sollte irgendwann zum Beispiel Bordeaux in qualifizierten Mengen zu sich genommen haben, um zu wissen, ob das für ihn etwas taugt oder nicht. Und irgendjemand sollte ihm das beibringen. Man kann das auch lassen – aber wenn man das nicht will, dann soll man nicht behaupten, etwas von Rotwein zu verstehen, nur weil man betrunken ist. Wer in der Lage sein möchte Opus 111 von Beethoven so zu hören, dass die Töne und Klänge ihm nicht vollkommen Hekuba sind oder starkes Gähnen bewirken, der sollte eine Menge komplexer Musik gehört, im schönen Fall vielleicht auch selbst zum Klingen gebracht haben. Die Teilhabe an Texten, Bildern, Tönen und ein ebenso lustvoller wie interessierter, ein sinnenhafter wie sinnvoller Zugang zu den Institutionen, die mit jenen professionell umgehen, setzt Bildung voraus, Kreativgedöns reicht nicht.

Bildung erfährt und erwirbt man in allgemeinbildenden Schulen; mit diesem Erfahrungs- und Erwerbsprozess ist Arbeit verbunden. Die Komplexität von Kultur stellt andere Ansprüche als die Entscheidung für den Erwerb des neuesten Smartphones; dass das Smartphone ein wunderbares Instrument bei der Bewältigung dieser Ansprüche darstellen kann, ist kein Argument gegen Ansprüche und Komplexität. Wer von Texten, Bildern, Tönen etwas haben will, muss etwas dafür tun – das ist ebenso einfach zu begreifen wie anstrengend zu bewältigen. Im besten Falle kann es glücklich machen. Eine von der Bildungspolitik isolierte Kulturpolitik wird sich, über das große Bekenntnis hinaus, nie in echter Konkurrenzkraft zu anderen Politikfeldern durchsetzen können. Was vermutlich durchaus nicht wenigen Menschen auf legislativen und exekutiven Ebenen, die gar keine Neigung verspüren, sich ernsthaft und komplex mit Kultur und Kulturpolitik auseinanderzusetzen, angenehm und bequem ist, also: Obacht – oder warum denn nicht mit Eichendorff: »Hüte Dich, bleib wach und munter!«

Kleiner Vorschlag für eine kleine Utopie: Um die Unzufriedenheit bei der Befriedigung der eigenen Ansprüche, die immanente Resignation, eingehüllt in den Mantel der besten Absichten, die Unverbindlichkeit des allzu schnell formulierten Großen und Ganzen, die Unzuverlässigkeit der Kultur- und Kulturfinanzstatistik mittelfristig zu vermeiden, könnte man politisch geordnet über folgende Dinge und Regelkreise reden (auf der Grundlage einer allem Wissen nach sehr notwendigen Föderalismusreform und der hier ebenso wenig zu vertiefenden Abschaffung des sogenannten Kooperationsverbotes in Bildungs- und Kulturfragen für Bund und Bundesländer sowie einer darauf bezogen grundsätzlich gedeihlichen politisch-osmotischen Beziehung zwischen Bund, Ländern und Kommunen):

- Auf allen legislativen Ebenen gibt es Kultur- und Bildungshaushalte (in *einem* Ministerium unter *einer* politischen Leitung zusammengefasst), die bei den Budgetberatungen für die Einzelministerien als ein Haushaltsansatz verhandelt werden.

- Für die Kultur werden innerhalb der Kultur- und Bildungshaushalte ein paar größere Einzelansätze sehr konkret definiert (das heißt politische und jeweils betriebliche Ziele im Abgleich mit institutionellen Gegebenheiten, darauf fußend bei nicht gesetzlich gebundenen Förderungen Verhandlung der sogenannten meritorischen Güter,[13] mehrjährige institutionelle Förderungen auf dem Weg der haushaltsrechtlichen »Verpflichtungsermächtigung« oder gesetzlich gebundene Finanzierungen, die allerdings auch mehrjährige Vereinbarungen ergeben sollten):

  - Kulturelles Erbe (für Museen, Gedenkstätten, Denkmalschutz, Archive, historische Bibliotheken, Kulturgutschutz – hierbei auch definierte Schnittstellen zu allgemeinbildenden Schulen);
  - ästhetische Bildung und Medienpolitik/-erziehung (für Unterricht an allgemeinbildenden Schulen in Kunst, Musik, Literatur, Theater, Medien-/Filmbildung; dabei Integration des Musikschulwesens in eine künftige Ganztagsschule; definierte Schnittstellen und -finanzierungen Schule/Museen, Schule/Theater und Konzerthäuser; ausreichend definierte Schnittstellen öffentlich-rechtlicher Rundfunk/Schule/Kultureinrichtungen);
  - Erwachsenenbildung/Volkshochschulen mit einer auch auf Schulabschlüsse abgestimmten Professionalisierung, in ausreichend definierter Gleichwertigkeit und Kooperation mit dem allgemeinbildenden Schulwesen, in ausreichend definierter Gleichwertigkeit von allgemeiner/ästhetischer und beruflicher Bildung; öffentliche Bibliotheken; Soziokultur als Medium der Erwachsenenbildung.

Mehr ist nicht nötig; vermutlich sehr nötig ist jedoch einiges mehr an Haushaltsaufkommen auf allen legislativen Ebenen als die bislang zur Verfügung gestellten circa zehn Milliarden Euro jährlich für Kultur. Auch wenn, ebenso sehr vermutlich, auf der Grundlage einer derart konkreten, verlässlichen, integrierten Kultur- und Bildungspolitik mehr ergänzendes Geld via Sponsoring und Mäzenatentum aus Wirtschaft und Zivilgesellschaft in die Kultur flösse.

Die Kulturwirtschaft und die Filmförderung, wirtschafts- und tourismusnahe Festivals können im Wirtschaftsressort angesiedelt werden; das wird das Einholen einer kulturfachlichen Expertise aus dem Kultur- und Bildungsministerium nicht behindern müssen.

Um den Rest, die Kunstförderung als Förderung von Gegenwartskunst aller Sparten, mögen sich die Kulturstiftungen auf Bundes-, Landes- und kommunaler Ebene kümmern. Wenn es einen Landeschef juckt, Kunst anzukaufen, dann möge er das aus dem Repräsentationsfonds leisten, immer dem eigenen Geschmacksempfinden nach, auf keinen Fall ein Gremium dafür einberufen – die Entscheidung für diese oder jene Kunst ist logischerweise eine rein subjektive Sache. Da den Museen nach der Neuordnung der Haushalte ausreichende Ankaufsetats wegen angemessener politischer Verhandlung der Museumszwecke zur Verfügung stehen, ergeben sich für die bildenden Künstler zusätzliche Möglichkeiten.

Den in Teilen durch Steuermittel aufgebauten Kulturstiftungen müssen jedoch zwei Dinge ins Pflichtenheft geschrieben werden: weitgehende Politikfreiheit auf der Aufsichts- oder gar operativen Ebene und ein strenges Intendantenprinzip. Eine Länderchefin als durch Satzung oder Gesetz gegebene Vorsitzende des Stiftungsrats der Kulturstiftung ihres Bundeslandes ist eine gut begründete Sache, eine Mehrzahl an politischen Personalien dort, egal ob a. D. oder nicht, ergibt Geschacher und Gemauschel, die beide ohnehin nie zu vermeiden sind. Also: zum Beispiel fünf Jahre ohne Möglichkeit der Wiederwahl, Berufung durch den Vorsitzenden oder die Vorsitzende. Für den Stiftungsvorstand gilt Vergleichbares: Bestellung eines kulturfachlich ausgewiesenen Menschen (aber niemals eines politischen Amts- oder Mandatsträgers!) auf fünf oder sieben Jahre, Wiederwahl nicht möglich, angemessenes Salär und umfassende Freiheit bei Förderentscheidungen. Das könnte bunt werden. Und manchmal richtig schiefgehen. Und manchmal richtig gut. Nichts ist einer richtig, weil subjektiv ernsthaft und genau getroffenen Entscheidung für oder gegen Kunst abträglicher als der Gremienwahn, der Demokratie sichern soll, aber landauf, landab lächerliche Oligarchenkungeleien schafft.

Doch, das könnte man alles so machen – eine halbwegs konkrete Utopie als Grundlage für einen Diskurs schadet nicht. Wenn ein Diskurs seinem Anspruch, ein System zur Herstellung von Rationalität und Nachvollziehbarkeit zu sein, gerecht wird. Es kommen viele Leute gegenwärtig ins Land, weil sie auf der Flucht sind vor Tod, Vertreibung und Gewalt. Sie haben Gutes von Deutschland gehört. Viele von ihnen haben Gutes in Hirn und Herz. Der Kultur Deutschlands können sehr viele dieser Leute weiteren Reichtum und Vielfalt bringen. Umso wichtiger ist, dass Politik, soweit es ihre Sache sein muss, sich konkret und belastbar zu Kultur und Bildung bekennt.

Anmerkungen

1 *Kulturfinanzbericht 2014.* Hrsg. vom Statistischen Bundesamt und den Statistischen Ämtern der Länder. Wiesbaden 2015.
2 Wagner, Bernd: *Fürstenhof und Bürgergesellschaft. Zur Entstehung, Entwicklung und Legitimation von Kulturpolitik.* Bonn 2009.
3 Seibt, Gustav: »Darum Hochkultur«. In: *Süddeutsche Zeitung* vom 21.02.2015.
4 Schipper, Lena: »Ein Schwabe von Welt«. In: *Frankfurter Allgemeine Sonntagszeitung* vom 06.09.2015.
5 Eichler, Kurt: »Von allem zu wenig und immer wieder neues«. In: *Jahrbuch für Kulturpolitik* 2013, Bd. 13. Essen 2014, S. 361–370.
6 Schlaffer, Hannelore: »Kultur wird zur Altenbespaßung«. In: *Frankfurter Allgemeine Zeitung* vom 31.03.2014.
7 Kümmel, Peter: »Sie sprechen nicht zu uns«. In: *Zeit* vom 10.09.2015.
8 Laudenbach, Peter: »Die Tatortreiniger. Hat das Theater seine Herkunft vergessen? Klassiker sind abgemeldet, Psychologie ist uninteressant, der Guckkasten wird abgebaut – stattdessen spielen Bürger und Flüchtlinge«. In: *Süddeutsche Zeitung* vom 28.08.2015.
9 Reckwitz, Andreas: *Die Erfindung der Kreativität.* Berlin 2013.
10 Zitko, Hans: *Kunstwelt.* Hamburg 2012.
11 Opitz, Stephan; Wolf, Heinrich: »Kontrakt- und Konzeptförderung – kulturpolitisches Grundlagenhandeln«. In: *Jahrbuch für Kulturpolitik* 2014, Bd. 14. Essen 2015, S. 315–324.

12 Opitz, Stephan: »Ungeklärte Kernfragen«. In: *Süddeutsche Zeitung* vom 24.06.2014.
13 Vgl. Opitz; Wolf 2014.

Literatur

Baecker, Dirk: *Beobachter unter sich*. Berlin 2013.

Baecker, Dirk: »Kulturpolitik als Gesellschaftspolitik?« In: *Jahrbuch für Kulturpolitik* 2013, Bd. 13. Essen 2014, S. 29–42.

Knüsel, Pius: »Das schöne Ende der Kulturpolitik«. In: *Schweiz am Sonntag* vom 08.02.2015.

Steinfeld, Thomas: »Meer der Widersprüche«. In: *Süddeutsche Zeitung* vom 04.08.2015.

Wagner, Bernd: *Fürstenhof und Bürgergesellschaft. Zur Entstehung, Entwicklung und Legitimation von Kulturpolitik*. Bonn 2009.

Kunst kann was

Gespräche mit Kuratoren & Direktoren (5).
Von Jakob Schrenk

Hans Ulrich Obrist

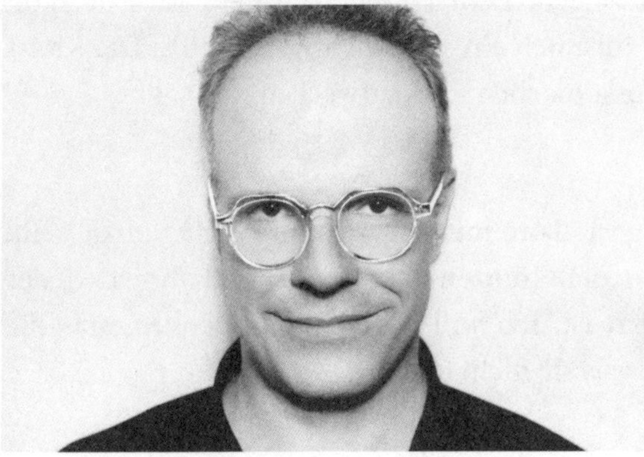

Foto: Youssef Nabil

1. Was macht eigentlich ein Kurator?

Ein Kurator wählt aus, er befördert Ideen und schafft Knotenpunkte. Der Kurator ermöglicht es dem Künstler, seine radikalsten Ideen zu verwirklichen, er schafft Verbindungen. Ein Weg, dies zu tun, ist beispielsweise, die Kunst mit anderen Disziplinen zusammenzubringen: Wissenschaft, Mathematik, Technologie, Geschichte, Philosophie, Dichtung, sodass diese voneinander lernen können. Es geht darum, neue Denkweisen aufzuzeigen. Es ist ein absolutes Gebot, dass der Kurator dem Künstler dient, er unterstützt, er macht Dinge möglich. Es ist auch wichtig, dass sich der Kurator mit der Zukunft und der Vergangenheit verbindet. Ich denke sehr oft an den großen politischen Theoretiker Eric Hobsbawm, der einmal sagte: »Wir müssen gegen das Vergessen protestieren.« Der Kurator hat die Verantwortung, die Geschichte der

Kunst zu bewahren, radikale Ideen der Vergangenheit zu enthüllen und neue Arbeiten zu entdecken. Das ist übrigens ein weiterer Weg, Verbindungen zu schaffen.

2. Was kann die Kunst?
Die Kunst kann sehr viel. Sie kann die Art verändern, wie wir auf die Welt schauen, sie kann neue Erfahrungen ermöglichen und uns die Dinge in neuem Licht zeigen. Ezra Pound trug dem Künstler auf: »Mach es neu!« Das ist für mich ein sehr wichtiger Impuls. Die Kunst kann uns die Welt bewusst machen, uns aufwecken.

3. Und was nicht?
Wenn die Kunst wichtig ist, dann müssen auch ihre Ziele radikal sein, dann muss sie immer wieder Grenzen überwinden und immer wieder neu fragen, was möglich ist. Ich will darüber nachdenken, was die Kunst kann, und nicht, was sie nicht kann.

4. Ein Museum, das jeder besuchen sollte.
Man sollte einfach in das nächstgelegene Museum gehen. Wenn man etwas neugierig ist, wird man dort etwas Außergewöhnliches und Inspirierendes finden. Ich kann mich erinnern, wie ich einmal eine Klosterbibliothek in St. Gallen besuchte, als ich noch sehr jung war. Die alten Manuskripte dort haben mich begeistert, die Verbindung zwischen Wissen, Kreativität und Inspiration. So hat alles angefangen für mich.

5. Schauen Sie manchmal im Museum nur aus dem Fenster?
Die Kunst hat sich in den vergangenen 50 Jahren stark gewandelt, es geht nicht mehr darum, einfach nur auf Objekte oder auf Bilder in einem Raum zu starren, obwohl das natürlich auch immer noch möglich ist. Tatsächlich wird es immer wichtiger, besondere Erfahrungen zu ermöglichen, den Raum zu aktivieren, den Besucher in Anspruch zu nehmen. Große Künstler können unsere Erwartungen an die Kunst verändern, und dazu kann ja auch gehören, den Besucher aufzufor-

dern, aus dem Fenster zu blicken oder ganz nach draußen zu gehen und neu auf die Welt zu schauen. Ausstellungen müssen nicht unbedingt physische Objekte ausstellen, sie müssen auch nicht in Galerien oder Museen beheimatet sein. Die Kunst kann überall sein, draußen vor dem Fenster, unter unseren Füßen, zu Hause.

6. Wie könnte das Museum der Zukunft aussehen?

Die Kunst hat sich enorm verändert, und das Museum muss diese Veränderung reflektieren. Kunst hatte einmal mit der Produktion materieller Objekte zu tun. Heute kann sich Kunst nach wie vor mit Objekten befassen, aber auch mit Nicht-Objekten, Quasi-Objekten, Hyper-Objekten. Das Museum der Zukunft wird alle diese Ansätze und Ideen möglich machen. Ich denke oft an Cedric Price und Joan Littlewood und ihre radikale Idee eines »Fun Palace«. Sie planten ein Laboratorium des Spaßes, die Besucher sollten selbst frei über den Raum bestimmen, und es würde dort Einrichtungen für die unterschiedlichsten Aktivitäten geben. Die beiden hatten diese Idee in den frühen 1960er-Jahren. Jetzt erscheint die Idee eines Raums, der von den Besuchern kontrolliert wird, absolut zeitgemäß. Das zeigt, wie kreativ und prophetisch die Menschen sein können, wenn sie immer wieder Neues wagen und testen, was möglich ist.

Peter Felixberger

More Talent, Less Ego

Über die Kunst des Buch- und Zeitschriftenverlegens

Was macht die Kunst des Zeitschriften- und Buchverlegens? Wer dieser Frage in Zeiten digitaler Transformation von Medien begegnen will, muss sich nicht nur mit dem Wandel publizistischer Formatierungen, sondern auch mit dem Wandel medialer Selbstbeschreibungen beschäftigen. Es geht also nicht nur darum, zu erkennen, wie sich die Schnittstelle zum Leser aus dem stationären Buch- und Zeitschriftenhandel mithilfe neuer digitaler Geschäftsmodelle ins Netz zurückzieht, sondern auch tiefer nachzuforschen, wie die Texte heute als weitverzweigte Gesprächskultur in Verbindung mit dem gesamten Arsenal von Online- und Offlineformaten inszeniert werden. An vielen Orten ist zu beobachten: Verlage werden immer stärker zu Content- und Kontextarchitekten – mit Gesprächen, Vorträgen, Weblesungen, Webinaren, enhanced E-Books oder Newslettern. Der Buchcontent wird transkribiert in innovativere Formate, um im Kontext neuer Technologien weiter kommuniziert zu werden. Der Autor wird zum Contentinitiator, dem ein Verlag eine gemeinsame Aktionsplattform zimmert.

Dieser kleine Entwicklungsschritt in der Mediengegenwart hat eine große Wirkung: Anspruchsvolle Literatur- und Sachbuchverlage, Zeitungen und Kulturmagazine können ihre bisherigen Geschäftsmodelle nicht länger aufrechterhalten. Das Problem liegt nicht so sehr an einem plötzlichen Verlust von Produktqualität und Vielfalt, es liegt auch nicht an Distribution und Logistik oder an starrsinnigen Verlagsleitern. Nein, das Problem liegt tiefer. Um es in einem Schwung zu sagen: Die Inhalte schreien heute nach mehr Belebung, Interaktion und Assoziation, nach Remix und Refill. Sie wollen frei flottieren und nicht mehr in ideologischen oder ähnlich codierten Zwangsjacken eingesperrt sein. Jedes Medium wird deshalb künftig zu einem multiverästelnden Intermediär. Die Einbahnstraßen-Senderwelt von früher ist hingegen vom Aussterben bedroht.

Wir müssen etwas ausholen, um die Tragweite des Arguments besser zu verstehen. Content was King! So kann man das untergehende Zeitalter betiteln. In Büchern und Zeitungen wurden Argumente und Theorien zementiert. Es ging um den einzigartigen Standpunkt, der die Komplexität der Welt zusammenschnurren ließ. Es war die Zeit der Meisterschreiber, die mit ihren endgültigen Urteilen und Beurteilungen messerscharf für Ordnung sorgten. Die Leser standen als blökende Schafe am anderen Ende der publizistischen Einbahnstraße und wurden im besten Fall zu Gesinnungsgenossen. Top-down, würde man heute sagen.

Wir erinnern uns: Es war die gute, alte Zeit der Grenzziehungen von links und rechts, traditionell und progressiv oder intellektuell und Boulevard. Es gab gute und schlechte Bücher und Zeitungen. *FAZ*, *Zeit* und *SZ* thronten, Suhrkamp und Merve gipfelten und *Kursbuch* und *Merkur* überhöhten. Niemand ahnte im elitären Kulturtrott des späten 20. Jahrhunderts, dass sich langsam ein paar grundlegende Dinge zu ändern begannen.

Die Nullerjahre marschierten ein. Im Rückblick könnte man es auch als Einmarsch der Suchmaschine bezeichnen. Die Denkfigur dahinter: Wir packen allen Content in eine große Suchmaschine, mit der sich jeder noch so komplizierte Kontext in alle Richtungen herstellen lässt. So entstand die Romantik der unbegrenzten Vernetzung allen Wissens und Denkens. Bottom-up, würde man heute sagen. Pop around the clock. Selbst die Gralshüter des enzyklopädischen Hochamtes gerieten dabei unter die Räder. *Brockhaus* und *Encyclopædia Britannica* landeten auf der Müllhalde der Printmediengeschichte.

Quick and Dirty

Die Suchmaschine ist längst die alles beherrschende und kontrollierende Medienarchitektur geworden. Sie wird gefüttert und genährt durch ständige Interaktion und Assoziation. Wissen, Meinung, Tagesaktualität, Gedankensplitter und Theorie verbreien sich permanent aufs Neue und bringen vor allem eines nicht mehr zustande: ein vorläufiges Ende. Denn alles, was wir denken und diskutieren, ist Anfang und Ende zugleich. Dieses Paradoxon löst Aktionismus aus: Es wird remixed, recycelt und rebranded. Jede Authentizität gerät unter die Räder. Alles passiert gleichzeitig und nicht. Denn die Suchmaschine fragt nicht nach intellektueller Tiefe, sondern nach dem beliebigen »quick and dirty«. Es braucht schnell wirkende Contentdrogen. Dann entspannt sie sich und blubbert synchron mit dem Datenbrei. Ohne Unterlass. Im Hintergrund dramatisieren, skandalisieren, bewerten und vergeuden selbst ernannte Co-Autoren das Weltgeschehen.

Die Folge ist epochal: Das Ich des Meisterschreibers stirbt langsam, Teil 1. Das kritische Denken verliert publizistische Versammlungsorte. Einzigartige Talente verstummen. Die Intelligenz wird verjagt. An seine Stelle tritt eine grenzenlos vernetzte Wir-Publizistik, eine Art von neuer Wir-Intelligenz, welche die alte Medien- und Buchwelt infrage stellt. Alle reden mit, senden und empfangen, sind gleichermaßen Anfang und Ende. Alles wird zum Content stilisiert. Niemand fragt mehr nach Relevanz und Substanz. Anything goes? Das hatte sich Paul Feyerabend auch anders vorgestellt.

Pop regiert heute die Buch- und Medienwelt. Befindlichkeit und Pose, Selbstdarstellung und Lebenswelt, Bekenntnis und Identifikation haben das Zepter übernommen. Form schlägt Inhalt! Und selbst der Kunstmarkt wird immer stärker in diese Richtung domestiziert. Kunst wird zum Popevent, um das herum große Spekulationsblasen drapiert werden. Die Bedeutung des Künstlers wird auf sein öffentliches Prestige degradiert. Das wiederum vereinfacht die Zugänge der Bildungsbürger zur Kunst und macht sie offener und weiter, selbst für eindimensionale Menschen, denen jetzt wenigstens der Diskurs erspart bleibt. Der Bildungsbürger, der sich früher die Kunstszene über intellektuelle Pfade erschlossen und sie als Trägergruppe beherrscht hat, ist ein zahnloser Tiger geworden, der sich der Geschmacksduselei des Popimperialismus unterworfen hat. Der Zauber der Kunst verglüht in den Selbstdarstellungsposen moderner Popkultur. Am Ende ist jeder Dorfdepp ein Contentinitiator.

Stellt sich die Frage: Was tun nach der Entzauberung? Wir werden in der Buch- und Medienwelt vermutlich zwei Dinge beobachten: Erstens den behüteten Streichelzoo der Meisterschreiber, die in kleinen Mikromedien als Partisanen ihr Widerstandsgeschäft scharfsinnigster Grenzziehungen weiter betreiben werden. Das gedruckte Buch bleibt in kleinen Auflagen das Schmiermittel dieser intellektuellen Tiefe und Intensität. Engagierte Verleger, Publizisten und Leser werden eigene Findungsrituale etablieren, man trifft und kennt sich, lebt als intellektuelle Boheme der Belle Époque einer peripheren Hochkultur. In Salons, Feuilletons und im Schatten großer Mäzene ist die Zukunft allerdings weitgehend gesichert.

Auf der anderen Seite beginnt die Suchmaschine, ihr brabbelndes Assoziations- und Vernetzungsgeschäft unaufhaltsam auszubauen. Ganz neue Kommunikationsarchitekturen des Wir werden entstehen. Ein kleiner Text wie dieser wird verdrahtet, gepostet, auseinandermontiert, in andere Kontexte eingebaut, rumgeschoben, bis er als kleiner Textrülpser in der großen Suchmaschine verschwindet, gleichzeitig aber an anderer Stelle wieder auftaucht.

Und damit kommen wir zur Konsequenz unseres Tuns. Wo liegt eigentlich der Fortschritt und wie sieht erfolgreiches Publizieren und Verlegen morgen aus?

Ein Buchverlag überlebt in der neuen Medienwelt nur dann, wenn er sich künftig als Network Publisher versteht. Seine Kompetenz besteht nicht mehr im Gatekeeping des Contents, im Lektorat, Satz und Druck der Bücher. Diese Wertschöpfungskette wird von externen Dienstleistern besser und effizienter erledigt. Es geht vielmehr um die Kunst des Aufbaus einer vernetzten Gesprächskultur. Buchverlage werden Agenten und Architekten eines weitverzweigten Darüberredens. Sie schaffen immer und überall Anlässe, um sich mit Kunden und Lesern direkt am Lagerfeuer zu treffen und miteinander zu reden.

Zeitungen wiederum werden zu reichweitenstarken Sortierstationen sekundenaktueller Neuzugänge in der Suchmaschine. Gatekeeper und Meinungsegos werden in den Streichelzoo ausgewildert. An ihre Stelle treten die Ministranten des kommunikativen Hochamts. Man schraubt, hämmert und klopft an der großen Wir-Kathedrale intelligenter Vernetzung. Content is slave! Vertiefung, Fehlanzeige! IS, Uli Hoeneß, G-7-Gipfel, Sonnenbrillen und Viagra für Frauen. Die Gleichschaltung des Banalen ist die Eigenlogik der Suchmaschine. Dieses Geschäft funktioniert ausschließlich online und digital. Wer wach ist, wird Teil dieses ständigen Daten- und Informationsbrausens. Man stöpselt sich am Morgen ein und vielleicht noch am Abend aus. Ein Dazwischen gibt es immer weniger.

Noch mal kurz zurück zu den Buchverlagen. Dort stirbt gerade das wichtigste Medium der Selbstvergewisserung: die Vorschau für Frühjahr oder Herbst. Zweimal im Jahr haben Verlage bisher ihr Programm in mehr oder weniger dicken Vorschauen angekündigt. Das gesamte Zeitmanagement vom Manuskript bis zum fertigen Buch war darauf ausgerichtet. Selbst die Verlagsvertreter, die mit dieser Produktpalette von Buchhandlung zu Buchhandlung zogen, lebten wohlgeordnet in dieser Zwei-Saisonen-Welt. Welche Energieverschwendung, sagt der Verleger in der neuen Welt. Seine Devise lautet: Verlegen rund um die Uhr, immer und überall, mit anschließend anschwellender Weltvernetzung, ebenfalls rund um die Uhr. Vor allem in der Verknüpfung mit dem gesamten Arsenal von Online- und Offlineformaten. Gespräche, Vorträge, Weblesungen, ein ständiges Dauerfilettieren des Contents für den nimmermüden Kontext wird uns verstärkt in den Bann ziehen. Mobile Endgeräte stehen sowieso in immer besserer Übertragungsperformance bereit.

Womit wir beim Herzstück angekommen sind: Buchverlage und Zeitungen werden zu Dienstleistern und Agenten in dieser Welt. Sie dienen der Suchmaschine, mit der sich jeder Einzelne ständig neu erfinden und entwickeln kann. Und am Ende selbst Medien- und Contentproduzent wird. Viele Leser schreiben eine imaginäre Tageszeitung, die nicht mehr sichtbar ist, weil längst verdaut und ausgeschieden. Hier liegt immer noch eine große Emanzipationsidee verborgen.

Die aber in höchster Gefahr ist. Denn mit der Kleinräumigkeit und Kleinteiligkeit wächst auch die Verblödung. Wer den größeren Kontext selbst nicht mehr herzustellen weiß, kann auch zum Pinball Wizard der Suchmaschine werden. Es steht außer Frage: Immer mehr Menschen verlernen das Lesen und Rezipieren eines sich langsam entwickelnden Arguments und einer theoretischen Vertiefung. Nur eine Minderheit kann das intellektuell noch verdauen. Der Rest verliert sich im kleingeistigen Flipperautomaten des totalen Wir.

Volksverdummung ist der Preis. So what?

Doch es hilft nichts: Wer die Messlatte des Besser und Schlechter nur intellektuell codiert, verleugnet den immensen Fortschritt der neuen medialen Kontextkulturen. Denn noch nie in der Geschichte der Menschheit ist es gelungen, das Enzyklopädische in einer vernetzten Anstrengung jedem Einzelnen zu dessen Selbstentfaltung zur Verfügung zu stellen. Noch nie ist es einer Suchmaschine gelungen, sich ständig umzuformen und anzupassen und zu liefern, wenn sie gefragt wird. Den Preis der Volksverdummung und allmächtigen Kontrolle werden wir wohl bezahlen müssen. Und was wir dann noch selbst entscheiden dürfen, steht sowieso in den Sternen.

Wir können aber auch davon profitieren: Die neue Wir-Intelligenz bedeutet nämlich auch, diese neue Medienarchitektur als Rebellion für eine modernere Ökonomie, Kultur und Gesellschaft einzusetzen. Warum sollte es nicht gelingen, die Stärken einer neuen digitalen Gesprächskultur in diesem Sinne zu nutzen? Die Aufgabe liegt entscheidenderweise darin, ein vielverästeltes Kooperieren und Inspirieren völlig neu zu organisieren. Voneinander profitieren, miteinander kreativ sein und sich gegenseitig helfen. Vielleicht bleibt dann sonntags noch Zeit, in den Streichelzoo der Meisterschreiber zu gehen und ihren Vorträgen zu lauschen.

Es wird sich zeigen, ob wir zu einer neuen medialen Fortschrittsidee finden, die eine politische und kulturelle, ökologisch und ökonomisch moderne Welt realisieren will. Verlage, Zeitungen und Magazine könnten in diesem Sinne die Gesprächs- und Aktionsarchitektur für eine intelligentere Gesprächskultur organisieren. Ganz im Sinne einer Kooperationswelt von allen mit allen. Kleine Schnellbootmedien werden hier erfolgreicher sein als behäbige Medientanker. More talent, less ego – wer diesen Bedeutungsverlust seiner selbst akzeptiert und begreift, ist reif für die neue Medienwelt von unten für unten.

Kunst kann was

Gespräche mit Kuratoren & Direktoren (6).
Von Jakob Schrenk

What, How & for Whom (WHW)

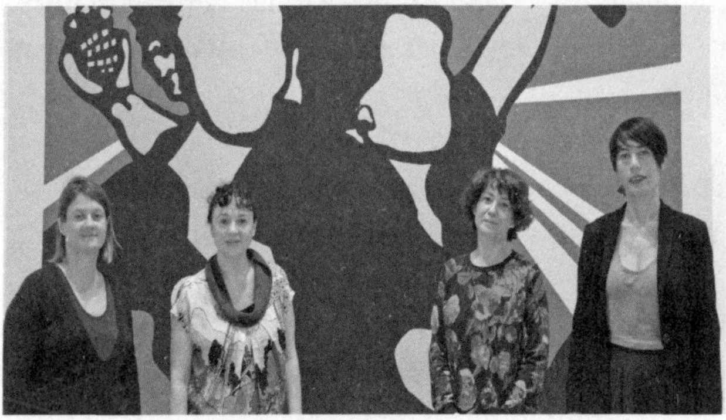

Foto: Lidwien van de Ven 2014

1. Was macht eigentlich ein Kurator?

Es geht um das richtige Gleichgewicht. Einerseits sind da die zeitgenössische Rolle des Schöpfer-Impresarios sowie der Konsum von Kunst, die es als Ware für den Massenmarkt zu verpacken gilt. Andererseits muss man sich ein komplexes Verständnis sowie eine respektvolle, optimistische, realistische und strategische Haltung gegenüber der Kunst bewahren.

2. Was kann die Kunst?

Alles, was du erreichen willst, kann die Kunst erreichen. Und dazu noch ganz viel, von dem du gar nicht wusstest, dass du es erreichen wolltest, was dann wiederum, auf dunklen Wegen, deine wahren Absichten verrät. Es kommt darauf an, mit welchen Kräften sich die Kunst verbindet und wie sie ihre relative Autonomie verhandelt.

3. Und was nicht?
Alleine kann die Kunst nicht die Welt verändern. Das kann nur der politische Kampf.

4. Ein Museum, in das jeder gehen sollte.
Jedes Museum in deiner Nähe, am besten eines mit freiem Eintritt. Es geht ohnehin immer nur darum, wie und zu welchem Zweck man ein Museum nutzt. Ein guter Start wäre ein Besuch des Pergamonmuseums in Berlin mit dem ersten Kapitel der *Ästhetik des Widerstands* von Peter Weiss als Führer.

5. Schauen Sie im Museum manchmal nur aus dem Fenster?
Selten. Der permanente Fokus ist unsere Déformation professionnelle.

6. Wie sieht das Museum der Zukunft aus?
Wie ein Philantropen-Outlet, das den Neoliberalismus ausschmückt, dazu noch ein Wellness-Programm für den Geist. Aber noch ist nicht alles verloren. Es hängt von uns ab.

Ernst Pöppel, Eva Ruhnau, Alexandra von Stosch

Menschen haben zu viel Gehirn

Kunst und Langeweile

Mindestens drei Bedeutungen hat die Frage »Was macht die Kunst?«. Wenn man die banale Frage »Wie geht's?« etwas eleganter ausdrücken will, dann kommt die Kunst ins Spiel, und man sagt: »Was macht die Kunst?«. Und wenn man der banalen Antwort »gut« aus dem Weg gehen will, denn »schlecht« sagt man selten, dann kann man sagen: »Gut genug.« Die Antwort verblüfft meistens, aber »genug« ist eigentlich genug. Und mit dem »Gut genug« ist man mitten in der Biologie, denn es geht uns als biologischem System mit unserem evolutionären Erbe nur darum, ein Gleichgewicht der verschiedenen Systeme unseres Organismus herzustellen und zu erhalten. Die Frage »Was macht die Kunst?« im Sinne von »Wie geht's?« bezieht sich also auf Homöostase als Grundprinzip des Lebens überhaupt, und »genug« bestätigt, dass es keine besonderen Abweichungen gibt. »Gut« ist schon des Guten zu viel, und es trifft die wirkliche Sachlage in den wenigsten Fällen; »gut« ist nur die Simulation einer Befindlichkeitsoberfläche, damit die anderen einem nicht zu nahe kommen.

Wie kann man »Was macht die Kunst?« also verstehen? Was kommt einem noch in den Sinn? Eine weitere Bedeutung ist: Was macht die Kunst mit uns? Was sind ihre Wirkungen? Was bedeutet Kunst für einen selbst, welche Funktion hat Kunst in der Gesellschaft? Hier erreichen wir eine rezeptionsästhetische Ebene: Wo begegnen wir denn Kunst? Oder vielmehr: Wo sind wir frei davon? Tatsächlich ist hier zunächst die Rede von »bildlicher Kunst«: Seit jeher kennt die Kunstgeschichte figurative oder Abbildungen der Natur oder historisch-symbolische Szenen bis hin zu den Bildschöpfungen der Avantgarde oder den abstrakten Bildern der dritten Art eines LaoZhu. Wie Gottfried Boehm mit seinem *Iconic Turn* treffend darstellte, leben wir nun inmitten einer medialen Bilderflut, für deren Umgang wir eigentlich nicht oder unzureichend geschult sind. Faszinierend ist zudem das Phänomen der weltweit wie Pilze aus dem Boden schießenden Kunsttempel – in der westlichen Welt umgekehrt proportional zum Engagement öffentlicher Mittel meist von privater Hand finanziert. Es gibt eine neue Form der mäzenatischen Selbstdarstellung, die den alten Kunstauftrag der Verherrlichung und Identitätsstiftung neu erfüllt. Im Zuge der Globalisierung hat man nicht nur in Nord- und Südamerika, sondern auch im Nahen und Fernen Osten begriffen, dass Bilder die Welt regieren. Man muss ihnen einen Raum geben. Kurioserweise führt dieser Trend dazu, dass beispielsweise in China Museen gebaut werden, bevor überhaupt feststeht, was eigentlich gezeigt werden soll – ein Phänomen, das der Diskussion um die »Leerstellen« in der Kunst, dem eigentlichen Motor der Avantgarde, eine ganz neue Bewertung verleiht.

Dieses offensichtliche Bildbedürfnis bestätigt dem biologisch denkenden Menschen, dass wir mit unserem evolutionären Erbe hauptsächlich »Seh-Tiere« sind. Von den verschiedenen Sinnessystemen und deren Verankerung im Gehirn nimmt das Sehen tatsächlich den größten Platz ein. Dieser »Imperialismus des Sehens« vernachlässigt natürlich die anderen Sinnessysteme, in denen sich auch Kunst entfaltet. Die Frage ist nur: Warum gibt es so etwas wie Kunst in allen Sinnessystemen, bei allen Lebensäußerungen?

Und dies führt zur dritten Bedeutung der Frage »Was macht die Kunst?«. Um die Prosodie unseres Sprechens auszunutzen: von »Was MACHT die Kunst?« zu »WAS macht die Kunst?«. Auch das ist eine biologische Frage, und deshalb sei ein Blick ins Grundsätzliche unseres irdischen Seins geworfen, aus naturwissenschaftlicher Sicht. Eine Warnung vorweg: Wer im epistemologischen Sinn in der cartesianischen Tradition unseres kunstdurchseuchten Abendlandes ein Dualist ist, der sollte jetzt nicht weiterlesen, sofern er oder sie überhaupt bis hier vorgedrungen ist. Wer also meint, dass das Körperliche und das Geistige verschiedene Substanzen seien, wie es der philosophische Diskurs bei manchen oder gar vielen nahezulegen scheint, dass also Kunst aus dem platonischen Himmel zu uns herabzusteigen sich erbarmt, kann nur irritiert oder sogar empört sein über die Beantwortung der Frage in der dritten Bedeutung »WAS macht die Kunst?«. Und das wäre nicht gut; Autoren haben auch die Verpflichtung, auf das Wohlbefinden potenzieller Leser zu achten, damit die Beantwortung der Frage »Was macht die Kunst?« in ihrer ersten Bedeutung erhalten bleibt: »Gut genug.«

Um als Naturforscher einen Weg zu den Künsten, nicht DER Kunst, zu finden, muss man mit den elementaren Grundbedürfnissen beginnen, die alle Lebewesen kennzeichnen. Letzten Endes geht es jedem Organismus, dem Menschen, dem Affen, der Fliege, der Schnecke wie auch jedem Einzeller nur darum, sein inneres Milieu, sein homöostatisches Gleichgewicht, zu bewahren. Jeder Organismus fragt sich, sei es explizit oder implizit, und meist ist es implizit, und sei es mit oder ohne Gehirn (wie bei Einzellern): »Was ist gut für mich, was ist schlecht für mich?« Hierfür ist nicht notwendig, ein »Ich-Bewusstsein« zu haben. Organismische Identität ist ohne Selbstreflexion garantiert; diese stellt das leibliche Selbst eher infrage. Hierzu ein Gedanke von Novalis, vielleicht beeinflusst durch seine Nebenidentität als Naturforscher: »Durch allzu häufiges Reflektieren auf sich selbst wird der Mensch für sich selbst abgestumpft und verliert den gesunden Sinn für sich selbst.« Nach Beantwortung also der Frage, was für einen gut oder nicht so gut ist, wiederum meist implizit, wird dann entschieden, was zu tun ist. Ist man aus dem Gleichgewicht gekommen, werden alle Anstrengungen unternommen, dieses wiederherzustellen. Dies gilt für den Einzeller genauso wie für den Menschen, für jeden Organismus. Meist muss man sich dann woanders hinbewegen, wo die Bedingungen besser sind und die Bedürfnisse erfüllt werden können.

Was sind das für Bedürfnisse, deren Befriedigung uns im Gleichgewicht hält? Das ist alles recht einfach, dennoch sei daran erinnert, denn wenn diese Bedürfnisse unerfüllt bleiben, werden die existenziellen Grundlagen gestört oder zerstört. Hunger und Durst stehen am Anfang. Die richtige Temperatur muss gegeben sein. Dieses Wärmebedürfnis zeigt sich nicht nur darin, dass wir uns der äußeren Temperatur entsprechend kleiden. Es äußert sich auch in unserer Sorge um Geborgenheit und Behausung, Wärme also im übertragenen Sinn. Es gibt offenbar auch so etwas wie Temperaturprägung in ihrer zeitlichen Dynamik in der frühen Kindheit; wenn man in nördlichen oder südlichen Regionen aufgewachsen ist, fern vom Äquator, wird man immer die Jahreszeiten vermissen. Zu den Grundbedürfnissen gehört auch die Selbstbehauptung, die der Sicherung der eigenen Identität dient. Selbstbehauptung zeigt sich manchmal in Aggression; man muss sich anderer erwehren, um sich selbst nicht zu verlieren. Vermeiden von Schmerz und Sehnsucht nach Vereinigung sind weitere Antriebe. Wir sind getrieben vom Verlangen nach Dualität, nach unmittelbarer Kommunikation mit anderen. Uns kennzeichnet die Sorge für andere und unsere eigene Zukunft; Sorge äußert sich in der Angst um unsere Kinder. Aktivität ist ein weiteres unmittelbares Bedürfnis; die rein sessile Lebensweise ist unnatürlich; der Körper verlangt nach Bewegung. Wir ordnen unsere unmittelbare Umgebung, wir herrschen über andere, manchmal unterwerfen wir uns, und wir suchen die Zeit zu beherrschen. Wir verdrängen meist unsere Angst vor dem Tod; die Neugier treibt uns, das Unbekannte zu entschlüsseln. Und wir genießen in immer neuer Weise, was unsere Sinne uns über die Welt und uns selbst erfahren lassen.

Alle diese Grundbedürfnisse stehen nicht für sich allein. Sie kennzeichnen Leben und Erleben in komplementärer Weise und sind zwar voneinander getrennt zu denken, aber nicht getrennt zu verwirklichen. Alles dient dem Überleben, und alles ist erforderlich zur Gestaltung unseres Lebens. Mit den Grundbedürfnissen sind auch die zentralen Themen der Künste angesprochen, denn letzten Endes ist der Künstler immer bezogen auf menschliche Grundbedürfnisse. In welchem Medium werden diese Themen gestaltet, welche Erscheinungsweisen werden gewählt? Hierzu eine sehr einfache Aussage: Biologisch gesehen leiten sich die Künste aus den unmittelbaren Erfahrungen der sinnlichen Wahrnehmung ab. Sehen, Hören, Tasten, Fühlen, Riechen, Schmecken, Bewegen sind das jeweilige Medium, und damit der Ausgangspunkt künstlerischen Schaffens. In allen Kulturen und zu allen Zeiten wurden die gleichen Künste entdeckt, und vermutlich geschah dies sogar unabhängig voneinander. Auffällig ist, dass alle Ethnien, von den Steinzeitkulturen bis zu den sogenannten Hochkulturen, ähnliche sensorische Kunstformen entwickelten, und dies gilt offenbar auch für Kulturkreise, die miteinander nie in Kontakt standen. Diese Gemeinsamkeiten sprechen für die Universalität des künstlerischen Darstellens und seiner Verwurzelung in grundlegenden Mechanismen der sinnlichen Welterfahrung. Die Tatsache, dass es in allen Kulturen die gleichen Künste gibt, kann als Argument dafür herangezogen werden, dass die Künste biologisch verankert sind, und dass sie sich aus sensorischen Primärerfahrungen herleiten.

Doch warum »machen« Menschen Kunst, denn diese dient ja nicht der unmittelbaren Bedürfnisbefriedigung? Das mag allerdings für eine kleine Gruppe von Menschen gelten, die mit Kunst ihr Geld verdienen, was im Übrigen auch für Wissenschaftler gilt. Bei biologischem Lichte betrachtet sind die Künste wie auch die Wissenschaften überflüssig. Warum also dennoch? Die Antwort liegt wiederum in der Biologie, und sie ist verbunden mit einem Gedanken des Soziologen Arnold Gehlen, der den »Hiatus« entdeckt hat, also die Pause zwischen dem Auftreten eines Bedürfnisses und seiner Befriedigung. In dieser Pause würden sich kulturelle Kreativitäten entfalten. Doch warum? Die Antwort ist einfach: Menschen haben zu viel Gehirn.

Unser evolutionäres Erbe ist dadurch gekennzeichnet, dass sich immer mehr Großhirnrinde oder Kortex entwickelt hat. Dieser Teil des Gehirns, der aufgeblähte kortikale Mantel, hat es durch seine rasante Entfaltung in den letzten Jahrhunderttausenden (ein kleines Zeitfenster im Rahmen des evolutionären Geschehens) mit sich gebracht, dass wir schnell und effizient Lösungen finden können, dass wir bewerten können, eine Zukunftsperspektive haben, über uns selbst Bescheid wissen, uns also gleichsam neben uns stellen können, dass wir wissen, und dass wir wissen, dass wir wissen. Das sind aber alles Nebeneffekte, die wir geneigt sind, überzubewerten. Das erste Ziel ist und bleibt, mit diesem fabelhaften Gehirn seine elementaren Bedürfnisse zu befriedigen. Und hier kommt nun der Zeitfaktor ins Spiel. Mit diesem überentwickelten Gehirn des Menschen ist das meist sehr schnell erledigt, und dann bleibt viel Zeit übrig, denn es gibt nichts mehr zu tun. Wenn das Gehirn aber nichts mehr zu tun hat, wenn also als evolutionärer Nebeneffekt zeitlicher Freiraum geschaffen wurde, was bleibt dann noch zu tun? Konsequenz ist zunächst quälende Langeweile, die Folge ist das Leiden an der Leere. Wie kann man dieser entfliehen? Durch Aktivitätssimulation, die sich in vielen Nebenbeschäftigungen äußert, und mit denen man der Langeweile zu entfliehen sucht. Langeweile ist also der eigentliche Motor der Tätigkeitslawine oder auch der Untätigkeitsversessenheit. Langeweile und deren versuchte Überwindung sind damit der eigentliche Antreiber für Kunst und Wissenschaft. Kein neuer Gedanke. Albert Einstein hat einmal gesagt (in einer Rede zum 60. Geburtstag von Max Planck): »Zunächst glaube ich mit Schopenhauer, daß eines der stärksten Motive, die zur Kunst und Wissenschaft hinführen, eine Flucht ist aus dem Alltagsleben, mit seiner schmerzlichen Rauheit und trostlosen Öde.« Auf diesem neuronalen Hintergrund, das Gehirn gleichsam bei Laune zu halten, das Zeitfenster der Langeweile mit etwas als sinnvoll Empfundenem zu füllen, entfaltet sich dann das, was wir als »Kunst« bezeichnen. Und für die Wissenschaften gilt das Gleiche, zumindest für jene, die der Grundlagenforschung gewidmet sind, in denen es um die Befriedigung von Neugier geht. Biologisch gesehen sind das alles Sekundärtätigkeiten. Wenn man es positiv ausdrücken will, dann kann man sagen, dass sich das Gehirn Aktivitäten erfindet, um die neuronale Maschine am Laufe zu halten, damit sie für den Ernstfall gerüstet ist.

Einige Beobachtungen aus den einzelnen Künsten, »laterale« Beobachtungen einzelner Aspekte, die zeigen mögen, dass wir uns von unserem evolutionären Erbe nicht lösen und wohl nicht lösen können, dass also formale Prinzipien der neuronalen Informationsverarbeitung künstlerische Aktivitäten bestimmen, für immer bestimmen in dem Zeitfenster der Langeweile. Das Bild, die Zeichnung folgen aus der Primärerfahrung des Sehens. Der Maler und der Zeichner gestalten ein Bild auf der Grundlage elementarer visueller Erlebnisse, für die das Gehirn spezifische Verarbeitungsmechanismen bereitstellt. Der Rückgriff auf das bildliche oder episodische Gedächtnis kommt hier ins Spiel; für uns wichtige Bilder sind in uns für immer abgespeichert. Linien, Flächen, Farben, Kontraste und topografische Zuordnungen sind die Grundbausteine dargestellter Objekte; diese Elemente werden in verschiedenen Kunstrichtungen unterschiedlich betont, und sie gewinnen in manchen modernen Kunstrichtungen sogar eigenständige Bedeutung, indem nur innerhalb einer Kategorie künstlerische Variationen erlaubt sind oder vorgenommen werden. Die Bausteine selbst werden häufig zum Thema der Gestaltung. Der Versuch allerdings, in gemalten oder gezeichneten Bildern Bewegung darzustellen, scheitert, da die unmittelbare Erfahrung gesehener Bewegung umgangen wird. Dies sagt nichts gegen den besonderen Reiz von Bildern, in denen Bewegung nahegelegt wird; Bewegung kann im stationären Bild nur assoziativ erzeugt werden. Sich im stationären Bild nur über Kontraste topografisch angeordneter Flächen, durch Konturen oder durch Farben auszudrücken, kann dagegen gelingen, da ursprüngliche sinnliche Erfahrungen, für die das Gehirn eigene Mechanismen entwickelt hat, unmittelbar angesprochen werden.

Hören und Sprechen als Leistungen des Gehirns sind Ausgangspunkt von Musik und Dichtkunst. Wiederum müssen grundlegende Mechanismen des Gehirns berücksichtigt werden, will man elementare Phänomene dieser Zeitkünste nachvollziehen. Ein Musikstück ist nur verstanden, wenn das richtige Tempo gefunden worden ist, da bei einem falschen Tempo musikalische Motive verzerrt erlebt werden oder nicht mehr erkennbar sind. Die Kontrolle des Tempos bei der Musik kann sich nicht aus Traditionen oder gar dem Musikstück selbst ergeben, sondern unterliegt neuronalen Mechanismen, und zwar insbesondere jenen, die Bewegungsabläufe steuern. Es ist keineswegs selbstverständlich, durch ein Musikstück hindurch ein einmal begonnenes Tempo aufrechterhalten zu können, wie es auch nicht selbstverständlich ist, halbe, Viertel- oder Achtelnoten spielen zu können. Derartige Tempokontrollen oder die ganzzahlig definierten Zeiteinteilungen der Notenlängen erfordern spezifische Programme des Gehirns. Wie in der Malerei werden auch in der Musik der verschiedenen Richtungen unterschiedliche Komponenten besonders hervorgehoben, indem sie bevorzugt variiert werden. Oder es sind nur einzelne Komponenten als künstlerischer Rahmen erlaubt, wenn etwa wie in mancher afrikanischer Musik Rhythmen variiert werden, also auf Tonalität verzichtet wird. Ein Grundphänomen in der Musik ist die Tatsache, dass musikalische Motive häufig eingebunden sind in ein Zeitintervall von nur wenigen Sekunden. Experimentelle Untersuchungen haben ergeben, dass diese Zeit auf etwa drei Sekunden beschränkt ist. Offenbar haben Musiker und Komponisten ein implizites Wissen über neuronale Prinzipien, dass unser Gehirn nämlich eine zeitliche Arbeitsplattform bereitstellt, auf der einzelne Bewusstseinsinhalte als einheitliche Gestalt zusammengefasst werden. Gegen die zeitliche Beschränkung eines musikalischen Motivs auf etwa drei Sekunden spricht das Tristan-Motiv von Richard Wagner, das in der Tat sehr viel länger dauert; doch könnte es nicht sein, dass es seine Wirkung gerade dadurch erhält, dass in aufeinanderfolgenden Zeitfenstern musikalische Elemente miteinander verbunden und gleichzeitig kontrastiert werden, sodass die Komplementarität von Bindung und Gegensatz genutzt wird?

Die Nutzung eines vom Gehirn vorgegebenen Integrationsintervalls für die musikalische Gestaltung ist nicht auf den abendländischen Kulturkreis beschränkt. In japanischen Kunstformen, wie beim Noh-Spiel, findet man ebenfalls auf der Bühne klare zeitliche Strukturierungen auf der Basis von etwa drei Sekunden. Die vom Gehirn vorgegebene Zeitstruktur führt zu weiteren Überlegungen, die sich auf das Empfinden von Bewegung in der Musik beziehen. Wenn innerhalb eines Intervalls von etwa drei Sekunden nur ein einziges Klangereignis zu hören ist, dann kann sich kein Gefühl musikalischer Bewegung einstellen. Dem Künstler wird hiermit die Möglichkeit eröffnet, (im doppelten Sinn) bewegende und bewegungslose Musik zu komponieren. Durch das Halten eines Tones über drei Sekunden hinweg werden tonale Flächen geschaffen, die als bewegungslos erlebt werden, und die durch kurzfristige Klangereignisse unterbrochen werden können, die ihrerseits dann als ein Bruch erlebt werden, wie es bei manchen Stücken von Luigi Nono der Fall ist. Das Gefühl von Bewegung oder Stillstand ist nur möglich, weil dahinter ein neuronaler Mechanismus steht, der die beiden Wahrnehmungsphänomene erzeugen kann.

Für den Naturforscher ist es wichtig zu beobachten, dass der musikalische Ausdruck trotz aller Variationen geradezu zwanghaft von Mechanismen des Gehirns kontrolliert wird. Es ist einem Musiker unmöglich, so zu spielen, dass die Notendauer nicht in ganzzahligen Verhältnissen zueinander steht; automatisch wird an der zeitlichen Grundstruktur festgehalten. Erst der Einsatz des Computers ermöglicht völlig neue Formen der Musik, bei denen neue Tonalitäten und zufällige Zeitdauern angeboten werden können. Wie aber wird solche Musik gehört? Trotz aller Veränderungen in der Zeitstruktur solcher Musik wird im Hörer zeitliche Ordnung geschaffen; die Zufälligkeiten werden geglättet, und die Absicht einer Zufallskomposition scheitert; wir haben kein Organ für den Zufall. Ist ein Musikstück im mathematischen Sinne zufällig strukturiert, nimmt unser Gehirn eine Reduktion der Komplexität vor und erfindet Strukturen, auch wenn diese nicht vorliegen.

Lässt sich der Rahmen für ästhetische Bewertungen ändern, oder sind wir uns selbst ausgeliefert? Können wir uns beliebig weit von den biologischen Grundlagen des Ästhetischen entfernen, oder können wir sogar völlig neue Prinzipien des Ästhetischen entwickeln, die nichts mehr mit unserer ursprünglichen Sinnlichkeit zu tun haben? Es mag so sein, dass man andere Ästhetiken entwickeln kann, und vielleicht gibt es sie sogar. Doch der Biologie ferne Ästhetiken hätten eine andere Wirkung; sie würden den Rezipienten nicht in seinem unmittelbaren und unreflektierten Erleben erreichen, sondern einen rationalen Rahmen des Bewertens ansprechen. Bestimmte Grundstrukturen der neuronalen Informationsverarbeitung sind derart konservativ, dass sie auch im Hinblick auf das Ästhetische nicht abgeschüttelt werden können.

In der Dichtkunst finden wir ebenfalls einen unmittelbaren Bezug zur zeitlichen Segmentierung der Informationsverarbeitung im Gehirn. In Gedichten vieler Sprachen wurde festgestellt, dass universell über alle Sprachen hinweg die gleiche Zeitsegmentierung von etwa drei Sekunden gilt. Bei längeren Verszeilen macht der Sprecher automatisch eine Zäsur, wie beispielsweise beim Hexameter. Die Tatsache, dass wir in der Dichtkunst ein Phänomen wiederfinden, das sich aus Integrationsmechanismen des Gehirns ableitet, spricht für die Stabilität des neuronalen Geschehens. Wenn unabhängig von der jeweiligen Sprache Dichter stets den gleichen Segmentierungsprozess im Gedicht benutzen, bedeutet dies, dass unterschiedliche kulturelle Traditionen oder verschiedene syntaktische Regeln einer Sprache einen Grundmechanismus des Gehirns nicht antasten, der für zeitliche Strukturierung verantwortlich ist.

Also auch auf der operativen Ebene des künstlerischen Tuns können Menschen nicht ihrer Natur entsagen. Bilder, Melodien, Verse sind stets eingebettet in unser evolutionäres Erbe. Ist es dies, was Albrecht Dürer gemeint hat? »Die Kunst steckt wahrhaftig in der Natur; wer sie heraus kann reißen, der hat sie.«

Anmerkung:

Manche Überlegungen sind Ernst Pöppels Buch *Der Rahmen. Ein Blick des Gehirns auf unser Ich* (München 2006, Kapitel 16) entnommen. Die Autoren legen Wert auf die Feststellung, dass sie auch nach jahrelangen Diskussionen nicht in allen Punkten übereinstimmen.

Die Autoren

Sheikha Hoor Al-Qasimi, geb. 1980, studierte Kunst und Kuratieren in London, leitet die Sharjah Biennale in den Vereinigten Arabischen Emiraten, sitzt im Beirat des MoMA PS1 und kuratierte den Pavillon der Vereinigten Arabischen Emirate auf der 56. Biennale Venedig. Sie gilt als einflussreichste Frau der arabischen Kunstwelt.

Friedrich von Borries, geb. 1974, ist Architekt und Professor für Designtheorie an der Hochschule für bildende Künste in Hamburg. Zuletzt erschien *Weil Design die Welt verändert … Texte zur Gestaltung.*

Karl Bruckmaier, geb. 1956, ist Kolumnist im Feuilleton der *Süddeutschen Zeitung* sowie Hörspielregisseur und Rundfunkmoderator auf Bayern 2. Zuletzt erschien *The Story of Pop*.

Chris Dercon, geb. 1958, studierte Kunstgeschichte, Theaterwissenschaften und Filmtheorie, ist Direktor der Tate Gallery of Modern Art in London und wird ab 2017 Leiter der Volksbühne Berlin.

Jürgen Dollase, geb. 1948, studierte Kunst, Musik und Philosophie an der Kunstakademie Düsseldorf und den Universitäten Köln und Düsseldorf. Er ist Feinschmecker und Journalist und veröffentlicht Kolumnen in *FAZ, FAS, Port Culinaire* und *Fine Wine magazine.*

Peter Felixberger, geb. 1960, ist promovierter Soziologe, Publizist und Medienentwickler und arbeitet als Programmgeschäftsführer der Murmann Publishers. Zuletzt erschien *Wie gerecht ist die Gerechtigkeit?*

Juan A. Gaitán, geb. 1973, studierte Kunstgeschichte, war Kurator der 8. Berlin Biennale und ist zurzeit Direktor des Museo Tamayo Arte Contemporáneo in Mexico-Stadt.

Boris Groys, geb. 1947, ist seit 1994 Professor für Kunstwissenschaft, Philosophie und Medientheorie an der Hochschule für Gestaltung Karlsruhe, seit 2005 Global Distinguished Professor an der Faculty of Arts and Science, New York University, außerdem Senior Scholarship des Courtauld Institute of Art London und Mitglied der Association Internationale des Critiques d'Art (AICA).

Conny Habbel, geb. 1979, ist Künstlerin und lebt in München und Wien. Zuletzt erschien *Herzbrechhotel* (zusammen mit Franz Adrian Wenzl).

Max Hollein, geb. 1969, studierte Kunstgeschichte und Betriebswirtschaft, arbeitete in unterschiedlichen Rollen am Solomon R. Guggenheim Museum in New York und ist aktuell Direktor der Schirn Kunsthalle, des Städel Museums und der Liebieghaus Skulpturensammlung in Frankfurt am Main.

Martin Kornberger, geb. 1974, ist promovierter Philosoph und lehrt als Professor für Strategie und Organisation an verschiedenen europäischen Universitäten, unter anderem an der Wirtschaftsuniversität Wien, der University of Edinburgh und an der Copenhagen Business School. Zuletzt erschien *Management reloaded: Plan B.*

Armin Nassehi, geb. 1960, ist Professor für Soziologie an der Ludwig-Maximilians-Universität München. Zuletzt erschien *Die letzte Stunde der Wahrheit. Warum rechts und links keine Alternativen mehr sind und Gesellschaft ganz anders beschrieben werden muss.*

Hans Ulrich Obrist, geb. 1968, studierte Politik und Ökonomie, ist Gründer des Museums Robert Walser, Co-Direktor der Serpentine Gallery in London und gilt als einflussreichster Kurator der Gegenwart. Zuletzt erschien *Kuratieren!*

Stephan Opitz, geb. 1951, lehrt am Institut für Neuere Deutsche Literatur und Medien der Christian-Albrechts-Universität zu Kiel. Von 1999 bis 2014 leitete er das Referat für Kulturelle Grundsatzangelegenheiten im für Kultur zuständigen Ministerium des Landes Schleswig-Holstein. Zuletzt erschien *Marcel Reich-Ranicki. Peter Rühmkorf. Der Briefwechsel* (hrsg. mit Christoph Hilse).

Wilfried Petzi, geb. 1948, ist Fotograf in den Bereichen Kunstdokumentation und Künstlerporträts sowie Musiker in der Band F.S.K., siehe www.wilfried-petzi-fotografie.de und Diskografie.

Ernst Pöppel, geb. 1940, ist Professor für Medizinische Psychologie an der Ludwig-Maximilians-Universität München und Gastprofessor der Peking University. Zuletzt erschien, zusammen mit Beatrice Wagner, *Dummheit. Warum wir heute die einfachsten Dinge nicht mehr wissen.*

Hanno Rauterberg, geb. 1967, ist Kunsthistoriker, Publizist und stellvertretender Ressortleiter des Feuilletons der *Zeit*.

Peter Rawert, geb. 1959, ist Notar in Hamburg und Honorarprofessor für Vertragsgestaltung an der Universität Kiel. Er sammelt alte Zauberbücher und befasst sich mit der Geschichte der Zauberkunst. Zuletzt erschien »*Magie ist käuflich*«. In: *Weltkunst*, Oktober 2015.

Mara Recklies, geb. 1983, ist Philosophin und wissenschaftliche Mitarbeiterin an der Hochschule für bildende Künste in Hamburg.

Eva Ruhnau, geb. 1948, ist mathematische Physikerin, Professorin für Wissenschaftstheorie und war Gastprofessorin an der Humboldt-Universität zu Berlin. Sie leitet das interdisziplinäre Humanwissenschaftliche Zentrum der Ludwig-Maximilians-Universität München.

Jakob Schrenk, geb. 1977, lebt in München und arbeitet für das Journalistenbüro Nansen & Piccard. Zuletzt erschien *Die Kunst der Selbstausbeutung. Wie wir vor lauter Arbeit unser Leben verpassen.*

Alexandra von Stosch, geb. 1969, ist Kunstwissenschaftlerin und forscht an den Schnittstellen von Kunst, Wissenschaft und Wirtschaft. Sie lehrt unter anderem an der Bauhaus-Universität Weimar und war Gastprofessorin an der Humboldt-Universität zu Berlin.

What, How & for Whom (WHW) ist ein kroatisches Kuratorenkollektiv, bestehend aus Ivet Ćurlin, Ana Dević, Nataša Ilić und Sabina Sabolović. Das Kollektiv leitet einen Ausstellungsraum in Zagreb, die von ihm kuratierte Istanbul Biennale 2009 erregte großes Aufsehen.